2020
부동산
시그널

2020 부동산 시그널

영리하고 민첩하게 규제의 틈새를 노려라

서울휘
망고쌤
월용이
새벽하늘
시루
별부자

다산북스

추천사 1

여전히 '강세론'을 유지하는 이유,
이 한 권에 다 있습니다

| 홍춘욱(『밀레니얼 이코노미』 저자) |

『2020 부동산 시그널』의 출간을 진심으로 축하합니다. 사실은 제게도 이 책의 한 꼭지를 맡아달라는 제안이 왔었습니다. 하지만 그 이전부터 준비하던 책 『밀레니얼 이코노미』의 출간 시점과 겹치는 바람에 눈물을 머금고 거절할 수밖에 없었습니다. 그리고 지금, 추천사를 쓰기 위해 가제본된 책을 읽고 나니 '참여할 걸 그랬다!'라는 후회가 가슴을 치더군요. 그만큼 저자 6인이 공들여 쓴 내용이 너무나도 훌륭합니다.

이 책은 제가 이코노미스트로 일하면서도 접하지 못했던 다양한 정보가 집약돼 있습니다. 그래서 책장을 넘길 때마다 크게 감탄할 수밖에 없었습니다. 재개발·재건축 파트의 '서울 아파트 연도별 입주 세대수'(그림 1-15)가 그 대표적인 예라고 할 수 있겠네요. 이 자료는 저도 2000년대부터 모아오고 있었지만, 1970년대부터 나타낸 자료는 이 책에서 처음 보았습니다. 이뿐만이 아닙니다. 청약·분양권 파트에 있는 '수도권 주요 지역 아파트 입주 물량'(그림 2-21)처럼 서울을 벗어난 지역까지 이렇게 상세하게 다뤄주는 데이터는 흔치 않습니다.

아울러 이 책을 추천하는 또 다른 이유는 짜임새 있는 구성입니다. 아파트 기축 시장부터 재개발·재건축, 경매와 토지, 상가와 세금까지 『2020 부동산 시그널』이라는 책 제목이 전혀 과장으로 느껴지지 않았습니다. 부동산 시장의 거의 모든 분야를 망라해 최고의 분석을 이끌어낸 책이라고 말할 수 있습니다. 이 책에 대한 칭찬은 여러분이 직접 덧붙여주리라 믿고, 저는 지면을 빌려 이코노미스트가 바라본 주택 시장 전망을 살짝 더해볼까 합니다.

가장 근본적인 질문부터 던져보겠습니다. 부동산 시장의 향방을 결정하는 요인에는 어떤 것이 있을까요? 금융가의 구루로 칭송받는 워런 버핏은 2017년에 출간된 책 『워런 버핏 바이블』에서 이렇게 말했습니다.

"장기적으로 주택수는 가구수를 따라갈 수밖에 없다. 그러나 2008년 이전에는 가구수보다 주택수가 더 많았다. 그 결과 지나치게 커진 거품이 요란하게 터지면서 경제를 통째로 흔들어놓았다. (중략) 그러나 끔찍했던 수급 상황이 이제는 역전됐다. 지금은 주택수보다 가구수가 매일 더 증가하고 있다. (중략) 현재 미국 내 주택 착공수는 연간 60만 건으로 가구 증가수보다 훨씬 적다. 이제는 주택을 구입하거나 임차하는 사람이 증가하면서 과거의 주택 공급 과잉 상태가 빠른 속도로 해소되고 있다."

그림 미국 신규 주택 착공과 주택 판매가격의 상관관계(출처: 세인트루이스 연방준비은행)

다시 말해 결혼이나 이주 등의 이유로 주택을 새로 구입하는 사람은 늘고 있지만, 지난 10년간의 시장 불황으로 주택이 제대로 지어지지 않았으며 '신축 주택'을 향한 인기가 높아지고 있다는 이야기입니다. 위의 그림에서 파란 선으로 표시된 신규 주택 착공과 빨간 선으로 표시된 주택 판매가격의 흐름이 이를 잘 나타냅니다.

이런 현상은 우리나라에서도 벌어지고 있습니다. 주택이 왕성하게 지어지면 2~3년의 간격을 두고 주택가격 상승세는 꺾일 것입니다. 반대로 주택가격이 지속적으로 하락하면 착공하는 주택의 수도 급격하게 줄어들 수밖에 없죠. 그런데 최근 주거용 건축물의 착공 흐름(2019년 1~8월 기준)을 살펴보면 2016년 이후 4년째 줄어드는 모습을 보이고 있습니다.

이렇듯 공급이 줄어든 데에는 여러 요인이 있습니다. 재건축 연한 규

그림 우리나라 신규 주택 착공과 주택가격 변동률의 상관관계(출처: 통계청)

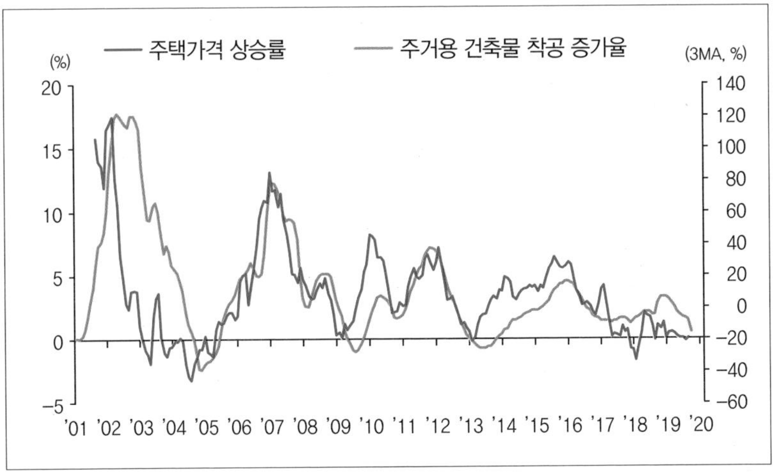

제가 강화된 것, 재건축 초과이익 환수제가 도입된 것 등이 복합적으로 영향을 미쳤습니다. 여기에 LH 한국토지주택공사 등 정부 주도의 공공택지 공급도 2018년 9·13 대책 이전까지 줄었습니다. 아무튼 과거의 주택 공급 변화는 미래의 주택 시장 수급을 결정짓는 강력한 요인입니다. 허공에서 주택을 뚝딱 만들어낼 수는 없으니, 지금의 공급 감소는 2~3년 뒤의 수급 불균형으로 돌아온다는 이야기입니다.

따라서 저는 2020년 부동산 시장에 지역별로 차이는 있겠으나, 전반적으로는 상승세가 지속될 거라고 보고 있습니다. 지역별로 다른 기류가 나타나는 이유는 이 책의 파트 2와 파트 3에서 상세하게 다루고 있으니 저는 이 대목에서 덧붙일 말은 없겠습니다. 조금만 더 책장을 넘기면 그 안에 제가 하고 싶은 말이 다 담겨 있습니다.

물론 전망은 이상과도 같아서 100% 들어맞는다는 보장은 없습니다.

지난 2018년 11월처럼 한국은행이 예상 밖의 금리 인상을 단행하거나, 2003년, 2006년의 역사적인 부동산 급등세가 또 한 번 우리 앞에 나타난다면 그때는 이 전망을 수정해야 할 것입니다. 아무리 공급이 부족하다고 해도, 이자율이 상승하고 절대적인 가격 레벨이 감히 범접도 못할 수준까지 치솟는데 당해낼 재간이 있을까요? 부디 이와 같은 극단적인 상황은 실현되지 않기를 소망합니다.

끝으로 이 책을 만드느라 수고한 다산북스 편집부 여러분, 그리고 필진에게 감사하다는 말을 전합니다. 저도 여러 권의 책을 내보았기에, 책을 쓰는 일처럼 신경 쓰이고 또 시간이 많이 드는 일은 없다는 것을 잘 알고 있습니다. 아무쪼록 이 책을 통해 많은 투자자가 성공 투자의 길을 걷게 되기를 간절히 바랍니다.

추천사 2

시장이 요동칠 때 기회를 잡는 사람이 진정한 투자자입니다!

| **청울림**(다꿈스쿨 대표, 『나는 오늘도 경제적 자유를 꿈꾼다』 저자) |

자본주의 시대를 살아가는 우리에게 부동산 투자는 반드시 필요한 삶의 영역 중 하나입니다. 내 집 마련을 포함한 부동산 투자에는 재개발·재건축, 분양권, 경매 등 여러 가지 투자 방법이 존재합니다. 부동산의 종류는 또 얼마나 많은지요. 아파트, 상가, 토지 등 다양한 형태의 부동산은 우리에게 매우 유용한 투자 수단입니다.

하지만 평범한 사람이 이 모든 것을 두루 알아가는 게 과연 쉬운 일일까요? 저는 사실상 불가능한 일이라고 생각했습니다. 그런데 여기, 이 모든 분야를 단 한 권으로 아우르는 책이 출간되었습니다. 저자들의 이름을 하나하나 살펴보니 우리나라 부동산계에서 손꼽히는, 각 분야의 '어벤져스급' 군단이더군요.

놀랍게도 이 책에는 그들의 모든 투자 노하우가 고스란히 녹아 있습니다. 심지어 정보를 아끼거나 숨기지도 않고 알차게 꾹꾹 눌러 담았습니다. 가히 '최고의 저자들'이 펼치는 '최고의 부동산 전략서'답습니다. 분양가상한제와 각종 세금 이슈로 요동칠 2020년 부동산 시장에서 자신만의 뚜렷한 기준을 세워줄 책이라고 확신합니다.

그런데 단순히 전략만 엿볼 수 있는 책도 아닙니다. 투자를 실행하는 데 반드시 필요한 실전 전략은 물론, 향후 부동산 시장에 대한 전망을 객관적인 근거를 들어 설명하고 있습니다. 실로 놀라울 따름입니다.

부동산 초보자도 이해할 수 있을 만큼 쉽고 재미있는 해설로 가득하지만, 그 내용의 깊이는 한없이 깊습니다. 2020년 내 집 마련을 꿈꾸는 사람들, 투자의 활로를 찾고 싶은 분들, 일정 수준 이상의 노하우를 갖고 계신 투자자 모두에게 이 책의 일독을 강력히 권합니다.

추천사 3

전문가 6인의 시각이 만들어낸 가장 강력한 2020년 투자의 지도

| 붇옹산(『붇옹산의 재개발 투자 스터디』 저자) |

부동산 성공 투자의 시작은 '일단 부동산에 관심을 갖는 것'입니다. 그런데 막상 관심을 가지려고 보니 무엇부터 공부해야 할지 잘 모르겠습니다. 아파트를 분양받는 것도 너무 복잡하고, 재개발 분야는 더 어렵고 무섭습니다. 경매로 주택을 싸게 구입할 수 있다는데 슬쩍 살펴보니 복잡한 절차가 마음에 걸립니다. 집값이 너무 올랐다고 해서 상가와 같은 수익형 부동산을 공략해볼까 고민하고, 남들이 잘 관심 갖지 않는 토지 분야를 알아봐야 하나 갈팡질팡합니다. 어떤 이들은 세금도 모르고 부동산 투자를 하면 반드시 낭패를 본다고 경고까지 합니다.

사실 부동산의 모든 분야를 통달하기도, 또 제대로 투자하기도 쉽지는 않습니다. 시장과 정책이 매우 급격하게 변하기 때문입니다. 투자자들이 주목하는 지역도 1년 전과는 완전히 달라졌습니다. 그러므로

2020년에 주목해야 할 부동산 투자 포인트도 분야별로 다를 수밖에 없습니다.

이 책은 대한민국 부동산계에서 내로라하는 최강의 전문가들이 재개발·재건축, 청약·분양권, 경매, 상가, 토지, 부동산 절세에 대해 2020년 우리가 주목해야 할 투자 포인트를 제시합니다. '2020년 대한민국'이라는 하나의 시장을 바라보고 있지만, 서로 다른 분야와 그에 맞는 시각으로 다채로운 투자 포인트를 제시하고, 그에 대한 근거를 충실히 설명합니다.

그렇다면 이 책을 어떻게 활용할 수 있을까요? 서울 부동산 가격이 너무 비싸서 가진 돈으로 투자하기에 엄두가 나지 않는다면 망고쌤이 주목하는 2020년 재개발 투자 테마 지역을 잘 살펴보기 바랍니다. 만약 내가 청약 저가점자라서 청약 당첨이 요원하다면 월용이 님의 조언에 따라 수도권 분양 매매시장에 관심을 가져보거나, 경기도권 청약 전략을 짜고 당첨의 문에 다가갈 수도 있을 것입니다. 경매 고수 새벽하늘 님의 분석에 따라 2020년 아파트 경매 시장에서 서울 또는 수도권에 소액으로 접근할 수 있는 아파트 경매에 관심을 가지는 것도 좋은 방법입니다.

전반적인 경기 불황에 의한 상가 공실로 괴로운 분들은 서울휘 님의 솔루션을 유념하기 바랍니다. 어떤 업종이 2020년 트렌드가 될지, 상가 투자를 위해 어떤 물건을 눈여겨봐야 하는지 자세히 짚어줍니다. 규제의 총애를 피하는 곳이 투자의 답이라는 시루 님의 말도 귀에 쏙쏙 들어옵니다. 남들이 서울 수도권 주택 시장에만 열광할 때 토지 시장에 관심을 가진다면 대접을 받으면서도 좋은 매물을 저렴한 가격에 쓸어

담을 수 있을지 모릅니다. 제가 지난 시장을 돌이켜봐도 원래 성공하는 투자는 남들을 따라 사는 게 아니라 남들이 눈여겨보지 않는 곳에 기회가 있었습니다. 규제를 피해 최대 이익을 누릴 수 있는 세제 전략에도 눈길이 갑니다. 특히 어렵고 복잡한 세금 이슈를 친절하게 질의응답 형식으로 풀어놓은 별부자 님의 파트는 결정적인 순간에 큰 도움이 될 것입니다.

각 분야의 최고 전문가 6인이 뭉쳐 한 권의 책을 탄생시켰습니다. 한 명의 시각이 아닌 여러 명의 시각으로 시장을 바라보았기에 더욱 풍성하고 통찰력 있는 내용을 담고 있습니다. 여러 분야의 이슈가 연이어 나오기에 초보자들이 읽기에는 다소 어렵다고 느낄 수도 있겠지만, 시간을 두고 한 분야씩 뜯어보며 각 저자가 제시하는 인사이트를 내 것으로 만들어보기 바랍니다.

'관심'이 곧 '시작'입니다. 그러므로 이 책은 여러분에게 시작입니다. 여러분의 성공적인 부동산 투자를 기원합니다.

부동산 고수 13인의 찬사

우리는 살면서 투자를 피할 수 없다. 아기가 걸음마를 하는 것도, 농부가 씨를 뿌리는 것도 모두 투자라고 할 수 있다. 지금 얼마를 버느냐보다 어디에, 어떻게 투자하는지가 중요한 요즘, 내 가족에게도 추천하고 싶은 책이 나왔다. 2020년 부동산의 가치는 어떻게 바뀔까? 부동산 최고 고수들의 혜안이 친절한 표현과 알기 쉬운 설명으로 담겨 있다.

– 골목대장(네이버 카페 '발품' 대표)

부동산은 흐름, 즉 타이밍을 포착하는 것이 관건이다. 그리고 이를 알아채기 위해서는 남들보다 먼저 '시그널'을 감지하는 일이 가장 중요하다. 이 책 『2020 부동산 시그널』 속에 2020년 대한민국 부동산 시장을 파악할 최고의 시그널이 숨어 있다. 명쾌하고 빠르게 부자가 되는 기회를 포착하고 싶다면 절대 이 책을 놓치지 마라!

– 제네시스박

이보다 더 유익한 부동산 책이 또 있었는가? 그야말로 '엑기스'로만 응축된 최고의 투자 지침서다. 혼돈의 부동산 시장에서 반드시 알아야 할 분야별 지식과 고급 정보가 한 권에 정리되어 있다니, 감탄에 감탄을 거듭했다. 실거주자부터 투자자까지 이 한 권으로 2020년을 확실히 대비하라!

– 앨리스허(허미숙)

이 책은 대한민국 부동산 판의 최고 고수들이 한데 모여 집필한 '부동산 투자 종합선물세트'이자 완결판입니다. 어디에서도 볼 수 없던 화려한 저자 라인업이 2020년 부동산 시장에 대한 인사이트와 투자 노하우를 짐작하게 합니다. 경제적 자유로의 지름길을 찾고 계신가요? 그렇다면 이 책 한 권으로 황금 나침반을 얻은 것이나 다름없습니다.

– 투에이스(『투에이스의 부동산 절세의 기술』 저자)

대한민국 부동산 분야 대표주자들이 자신이 가진 핵심 투자 노하우를 아낌없이 쏟아부었다. 6개 분야 투자 포인트를 짚어가다 보면 2020년 전망이 한눈에 들어온다. 무주택자로서 내 집 마련을 꿈꾸거나 갈아타기를 희망하는 1주택자에게 필독서로 추천한다. 더불어 다주택자 역시 그동안 투자했던 물건들을 돌아보면서 자신의 포지션을 명확히 설정하는 지표를 찾아낼 수 있을 것이다.

– 레오(대출 전문가)

부동산 투자를 어떻게 해야 하느냐는 질문을 받을 때마다 부동산에 대해 잘 아는 친구를 사귀라고 조언한다. 좋은 상품을 추천받기 위해서라기보다는 위험한 투자에 뛰어드는 걸 말려줄 것 같아서다. 지금 이 책을 펼친 당신, 정말 참 좋은 친구를 만났다.

– 박범영(다음 카페 '텐인텐' 대표)

누구나 부동산에 투자해 부자가 되기를 꿈꾼다. 하지만 넘치는 정보들 가운데 무엇이 진실이고, 거짓인지 분별하기가 쉽지 않다. 여기 대한민국 부동산 최고의 고수들이 당신에게 검증된 투자 노하우를 알려준다. 급변하는 정책으로 혼돈의 시기가 될 2020년, 이 책을 읽지 않고는 감히 투자를 논하지 마라!

– 김유라(유튜브 김유라TV 운영자, 『나는 마트 대신 부동산에 간다』 저자)

군더더기 없이 알맹이로만 꽉 찬 '2020년 부동산 투자의 결정판'이 세상에 나왔다! 초보 투자자에게는 기회를, 고수에게는 시장을 바라보는 강력한 인사이트를 선사해줄 것이다. 이 책이 당신에게 천재일우의 기회가 되리라 확신한다.

– 이지윤(『나는 소액으로 임대사업해 아파트 55채를 샀다』 저자)

부동산 규제 속에서 헤매고 있는가? 강력한 외압에도 불구하고 이 책은 당신에게 해답을 제시한다. 재개발·재건축, 청약·분양권, 경매, 상가, 토지, 절세는 물론이고 부동산 트렌드를 모조리 파악할 수 있는 전문가의 인터뷰까지, 이 모든 내용이 한 권에 담겨 있다. 2020년 변화의 시그널을 감지하고 싶은 사람에게 이 책을 강력 추천한다.

– 여신(네이버 블로그 '여신의 부동산 공부' 운영자)

남들과 똑같은 투자법에 지친 당신에게 『2020 부동산 시그널』을 추천한다.

이 책 한 권으로 부동산 각 분야 전문가 6인의 인사이트와 규제의 틈새에서 기회를 발견하는 법을 배울 수 있을 것이다.

– 원츄(부동산 투자로 욜로라이프)

여러 분야의 부동산 전문가가 총체적으로 담아낸 지식과 전망이 좁아진 투자 시야를 확실하게 넓혀줄 것이다. 빠르게 움직이는 시장에서 늘 누군가의 뒤를 쫓기에만 급급했다면, 이 책을 일독하기를 권한다. 책장을 덮는 순간, 어느새 조바심을 떨친 스스로를 발견하게 될 테니 말이다.

– 트루카피

부동산 정책과 규제의 대상은 수시로 바뀐다. 남보다 먼저 변화를 읽는 사람이 앞서는 시장이다. 이 책을 통해 2020년에 주목해야 할 부동산 시장의 시그널을 읽고 기회를 선점해보라.

– 레비앙(네이버 블로그 '레비앙의 부동산공부' 운영자)

각 분야에서 두각을 나타내는 고수들이 써 내려간 단 한 권의 책! 해당 분야에 대한 기본 이해를 토대로 여러 분야를 유기적으로 연결할 수 있는 더할 나위 없이 좋은 책이다. 이 책으로 당신도 부동산 투자의 관점을 넓히길 온 마음으로 기원한다.

– 공차생각

프롤로그

2020년, 시장의 신호를 읽는 자가 부를 거머쥘 것이다!

부동산 시장은 살아 숨 쉬는 생물과 같습니다. 시장에 참여하는 사람도 변하고 시장을 좌우하는 정책도 변하며 결과적으로 시장을 구성하는 환경도 변합니다. 이 변화에 뒤처지지 않고 살아남기 위해서는 현장에서 울리는 '긴박한 시그널'을 정확히 포착해 가장 확률이 높은 맞춤 전략을 구사해야 합니다.

이 책은 현재 대한민국 부동산 시장에서 가장 요동치는 핵심 분야만을 선별해 각 영역에서 미세하게 발산되고 있는 '시그널'을 독자에게 쉽고 정확하게 전달하기 위해 기획되었습니다. 분야는 서로 다르지만 집필에 참여한 6인의 전문가는 입을 모아 한목소리로 이렇게 말합니다. "시그널을 먼저 읽는 자가 내일의 부를 차지한다!"라고요.

과거 부동산클라우드에서 강의하며 부동산 관련 주요 이슈를 알기 쉽게 해설해준 저자들은 '2020년 우리가 주목해야 할 부동산 시그널'을 각자 세 가지 테마로 정리해, 지난 2019년의 흐름과 연결하여 앞으로 무엇이 바뀌고 그 변화 속에서 우리가 찾아야 할 기회의 신호가 무엇인지 일목요연하게 정리했습니다. 전문가들이 제시한 테마들을 따라가다 보면 무엇이 성공을 부르는 신호인지, 그리고 무엇이 성공을 방해하는 소음인지를 명확히 깨닫게 될 것입니다. 신호와 소음을 구별하지 못하면 규제로 가로막힌 2020년 부동산 시장에서 결코 살아남을 수 없습니다.

이 책은 크게 여섯 파트로 구성되어 있습니다.

파트 1. 재개발·재건축

파트 2. 청약·분양권

파트 3. 경매

파트 4. 상가

파트 5. 토지

파트 6. 절세

2020년에도 신축 아파트를 향한 투자자들의 열망은 사그라들지 않을 것입니다. 서울의 주택은 점점 더 늙어가고, 이와 동시에 신축 아파트 공급은 규제로 인해 계속 줄어들 것입니다. 이러한 현상은 2019년보다 2020년에 더 빠르게 진행될 것이고, 자칫하다가는 눈 밝은 투자자들이 남기고 간 빵 부스러기만 줍게 될지도 모릅니다.

재개발·재건축 분야의 1인자 망고쌤은 파트 1에서 재정비가 진행 중인 주택과 관리처분인가 이후 주택이 멸실된 분양권을 눈여겨보라고 조언합니다. '조합원 지위 양도 제한', '재당첨 제한', '대출 제한'이라는 3대 규제 속에서 숨은 진주를 찾으려면 지금 급부상 중인 인천을 이해하고, 그에 못지않게 뜨겁게 달아오른 수원의 구도심 재개발 현황을 주목해야 한다고 강조합니다. 특히 이 두 지역은 실수요자에게 가장 확실하고 유리한 시그널을 강하게 발산하고 있습니다. 어쩌면 이 신호는 2020년 수도권 신축 아파트를 잡을 수 있는 마지막 기회가 될지도 모릅니다.

서울 신축 아파트를 노리기에 자신의 청약 가점이 부족하다고 생각한다면, 과감하게 전략을 수정해 적정 가격에 분양을 모집하는 경기도권 아파트를 노려야 합니다. 청약·분양권 분야의 스타 강사 월용이는 '나라가 선물해준 로또'인 서울 신축 분양부터 수도권 분양권 매수, 경기도 청약까지 다양한 가점대를 폭넓게 아우르는 전략을 아낌없이 풀어놓았습니다. 특히 수도권에서 전매 제한 규제를 아슬아슬하게 비껴간 입주 예정 단지 리스트는 그 어디서도 취득할 수 없으리라 자신합니다. 분양가상한제 이슈가 시장을 잠식할 2020년, 지역에 따라 다르게 적용되는 소위 '핀셋 규제'를 제대로 숙지하지 않는다면 성공을 보장받기가 어려울 것입니다.

경매를 통해 시장가보다 저렴하게 아파트를 매입하려면 해당 부동산이 시장에서 어떻게 움직이고 가격이 어떻게 변화하는지 정확히 읽어낼 수 있어야 합니다. 상대적으로 가격이 높은 강남 아파트를 경매로 매입할 때는 분위기에 휩쓸리기보다는 냉정하게 판단해 철저히 시세보다 저렴하게 낙찰받는 방향으로 접근하는 것이 옳습니다. 부동산 경매 1인자 새벽하늘은 그동안 상대적으로 상승폭이 크지 않았던 아파트에 주목하라고 귀띔합니다. 특히 다가오는 2020년에는 강북의 아파트를 시세보다 저렴하게 매입해 그 어느 때보다 큰 차익을 남겨 매도할 수 있는 절호의 기회가 올 것이라고 말합니다.

오랜 기간 묵혀 있던 '모태 공실' 신도시 상가들도 이제 경매 시장에 쏟아져 나올 예정입니다. 이때 무리를 하거나 경솔하게 행동해서는 절대 안 됩니다. 물량은 많습니다. 입지, 접근성, 노출도 등을 철저하게 따져 옥석을 가려내야 합니다. 상가 부동산은 대개 시세의 절반 가격에 낙찰을 받게 되면 추후 임차인에게 임대료를 조금 낮게 받더라도 살아남을 수 있는 가격 경쟁력을 확보할 수 있습니다. 만약 상가 1층에 지속적으로 공실이 발생한다면 해당 공간에 무인 영업이 가능한 점포가 입점할 수 있는지를 머릿속에 그려봐야 합니다. 특히 병원 같은 의료시설이 들어올 수 있다면 추후 수익성 강화에 큰 기여를 할 수 있습니다. 엄청난 물량이 한꺼번에 시장에 풀릴 2020년이 되면, 반대로 우량 임차인을 내 상가에 들이기도 상당히 어려워질 것입니다. 따라서 변화하는 트렌드를 발 빠르게 좇아 어떤 점포가 내 상가에 가장 적합할지, 그리고 상가의 수익성을 가장 높여줄지를 고민하고 상상하는 훈련을 끊임없이 해야 합니다.

토지 투자는 서해안을 주목해야 합니다. 중국은 이미 한국의 최대 교역국이 되었습니다. 이런 상황에서 앞으로 아시아 국가들과의 막대한 국제 교류가 서해안 지역을 통해 이뤄질 것입니다. 특히 문재인 정부가 추진하고 있는 제5차 국토종합계획에 의하면 서해안은 동북아시아 물류의 중심지로 성장할 예정이며, 그중에서도 평택항, 당진항, 군산항, 목포항이 그 교역의 거점이 될 것입니다. 토지 투자 분야 1인자 시루는 만약 토지 투자 경험이 많지 않다면 우선 소액으로 저렴한 토지를 경매나 공매로 사들일 것을 조언합니다. 여기에 더해 근래 새롭게 떠오른 태양광 산업에 대해서는 알고 뛰어들면 '돈'이 되고 모르고 뛰어들면 '독'이 된다고 충고하면서, 위험 요소를 최소화하고 수익성은 극대화하는 태양광 산업 투자 전략을 구체적인 실행 방안과 함께 설명합니다.

공포의 9·13 대책이 발표된 2018년은 많은 투자자의 뇌리에 '법인'이라는 돌파구를 각인시킨 해였습니다. 그리고 2019년은 바야흐로 '부동산 법인'의 전성시대였습니다. 살인적인 과세를 피하기 위해 수많은 투자자가 법인 설립을 향해 질주하고 있고, 그 뜨거운 열기가 아직 식지 않았습니다. 그런데 과연 2020년에도 법인이 투자자의 구세주가 되어줄 수 있을까요? 부동산 절세 분야 1인자 별부자는 이 책의 마지막 파트에서 법인의 장점을 요모조모 따져봤습니다. 그는 전문가나 이해할 수 있는 복잡한 세금 공식을 나열하기보다는 2020년에 변화할 각종 과세 정책과 세금 관련 이슈를 알기 쉽게 설명하는 데 집중했습니다. 특히 실무 현장에서 가장 많이 궁금해하는 질문을 가져와 친절한 Q&A 형식으로 내용을 꾸몄습니다.

기회는 언제나 위기의 틈새에서 피어납니다. 그리고 진짜 고수는 요동치는 시장과 위기 속에서 남들이 읽지 못하는 시그널을 찾아내 완전히 새로운 기회를 만들어냅니다. 자타공인 대한민국 부동산 최고 전문가 6인은 당신에게 이렇게 묻습니다. "엄청난 지각변동이 몰고 올

2020년 부동산 시장에서, 무너질 것인가 기회를 잡을 것인가?" 지금 미약하게 울리고 있는 이 시그널들은 어쩌면 아직까지 일생일대의 기회를 잡지 못한 투자자를 부자로 만들어줄 마지막 구조신호일지도 모릅니다. 기회는 반드시 옵니다. 그 기회를 놓치지 말기 바랍니다. 많은 사람이 이 책을 통해 2020년 대한민국 부동산 시장의 결정적인 시그널을 포착해 진흙 속 진주를 거머쥐길 바랍니다.

2019년 11월

『2020 부동산 시그널』 기획자 서울휘

차 례

PART2 청약·분양권 - 월용이

강남4구·마용성 핀셋 규제가 청약 시장에 미칠 영향

PART3 경매 - 새벽하늘

10년 사이클 속에 숨겨진 상승기류를 주목하라

PART4 상가 - 서울휘

공실포비아, 암살의 징조인가 기회의 신호인가

PART5 토지 - 시루

2020년, 토지의 금맥은 서쪽으로 흐른다!

PART6 절세 - 별부자

정책의 흐름을 한발 앞서 읽는 절세의 기술

PART1
재개발 · 재건축
– 망고쌤

규제로 인한 풍선효과,
최대 수혜 지역은
어디인가?

2019년을 돌아보며

2019년 재개발 시장은 한마디로 '규제와의 전쟁'

2008년 금융위기 이후 오랜 침체를 겪어온 서울 아파트 시장은 2014년을 기점으로 다시 살아나기 시작했다. 먼저 침묵을 깬 것은 의외로 구축 아파트였다. 매매가와 전세가 사이에 가격 차가 줄어들면서, 9호선 인근의 구축 아파트는 적게는 2000~3000만 원으로도 투자할 수 있는 환경이 조성됐다. 그리고 이를 빠르게 눈치챈 투자자들은 이 일대 아파트를 소액으로 사들이기 시작했다.

부동산 투자에 새롭게 눈뜬 주부 L씨도 이런 움직임을 풍문으로 듣고 인터넷 카페와 블로그를 검색하기 시작했다. 놀랍게도 실제 서울의 아파트가 실투자금 2000~3000만 원에 매물로 나와 있었고, 9호선이 개통하면 강남까지 출퇴근하는 데 걸리는 시간이 대폭 줄어든다는 호재까지 기다리고 있었다. 처음에는 수중에 있는 돈으로 아파트 한 채만 구매했던 L씨는 이후에 가격이 점점 오를 것을 예상하며 두 채, 세 채를 차례로 사들이기 시작했다.

아니나 다를까 9호선이 개통하며 보란 듯이 가격이 오른 아파트는 2016년이 되자 호가가 2~3억 원씩 뛰었다. 이렇게 서울 부동산 시장의 열기는 구축 아파트부터 시작해 서울 중심부인 강남으로 전파됐다. 강남 아파트 가격이 본격적으로 상승하기 시작한 건 2015년부터다. 수천 세대에 달하던 서울시 미분양주택도 2015년 여름을 기점으로 1000세대 이하로 줄어들었다. 미분양주택이 줄어들자 건설사들도 그동안 지지부진하던 재개발에 관심을 두기 시작했다.

2008년 금융위기 전만 해도 부르는 게 값이었던 재개발 빌라의 지분

그림 1-1 2014년 이후 급상승하기 시작한 서울 아파트 매매가격지수

[단위: KB지수(2010.0=100), 출처: KB부동산]

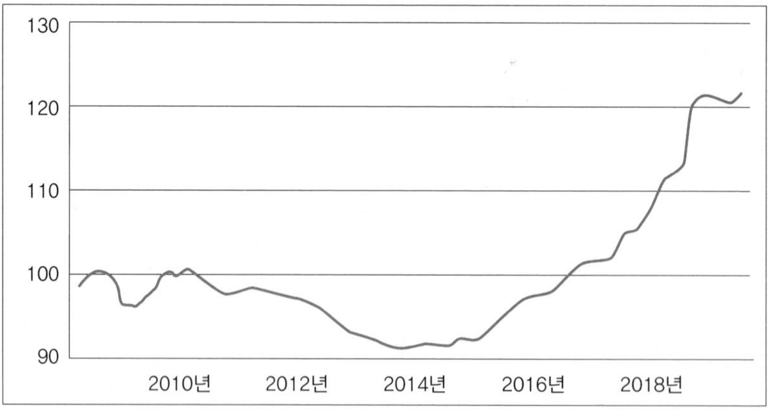

가격은 2014년 당시 형편없는 수준까지 떨어졌지만, 미분양이 해소되고 신축 아파트가 서서히 공급되면서 조금씩 기대감이 싹트기 시작했다. 신촌의 어느 재개발 구역은 2015년만 해도 실투자금 5000~6000만 원으로 투자할 수 있었으나, 이후 프리미엄이 1억 원을 넘어서더니 어느새 5~6억 원까지 붙었다. 신촌뿐만 아니라 서울 전역에서 수억 원대의 프리미엄이 형성되는 이 놀라운 광경은 불과 2~3년 사이에 벌어진 일이었다.

신축이 입지다

2019년 10월 기준 서울 성동구 옥수동의 재건축아파트인 e편한세상옥수파크힐스는 전용면적 59㎡가 12억 5000만 원 정도를 호가했다. 호가뿐만 아니라 실거래도 12억 원 수준에서 이루어졌다.

기존의 옥수동 이미지가 어땠는가? 금호동과 옥수동은 주택 대부분이 언덕 위에 분포해 있었다. 쉽게 말해서 산동네였다. 하지만 2000년 초부터 재개발로 신축 아파트가 공급되면서 동네가 변하기 시작했다. 2016년 12월 e편한세상옥수파크힐스가 세워지면서 아파트 가격은 기존보다 두 배 이상 높게 형성됐다. e편한세상옥수파크힐스뿐만 아니라 신금호파크자이, 힐스테이트서울숲리버, e편한세상금호파크힐스 등 연달아 들어선 새 아파트가 산동네 이미지를 완전히 변화시켰다.

옥수동만 그럴까? 답십리뉴타운이 그랬고, 얼마 전 아파트를 분양한 청량리 역시 천지개벽을 앞두고 있다. 이런 현상이 계속되자 '입지

그림 1-2 서울 성동구 e편한세상옥수파크힐스 전용면적 59㎡ 실거래가
(출처: 네이버부동산)

계약월	매매		전세		월세	
	거래금액(만원)	층	거래금액(만원)	층	거래금액(만원)	층
2019.10	-		63,000	1	-	
2019.09	115,000	1	-		10,000/195	12
	-		-		5,000/200	3
2019.08	120,000	16	65,000	9	30,000/110	13
	118,500	4	-		-	
	116,000	6	-		-	
2019.07	115,000	6	66,000	6	30,000/130	11
	115,000	7	63,000	7	5,000/210	13
	114,300	4	-		5,000/200	10
	114,000	6	-		5,000/200	9
	114,000	5	-		5,000/195	9
	112,700	15	-		-	
	109,000	3	-		-	

의 개념'이 흔들리기 시작했다. 아파트 가격을 결정하는 것은 첫째도 입지, 둘째도 입지라고 믿었는데, 상대적으로 입지가 떨어지는 곳의 신축 아파트 가격이 입지가 좋은 곳에 있는 구축 아파트 가격을 넘어서는 새로운 현상이 곳곳에서 목격됐다. 이를 두고 최근에는 "신축이 입지다"라는 말까지 나오게 됐다.

신축 강세는 재개발의 자양분

재개발의 핵심은 사업성과 속도다. 그리고 이 사업성과 속도를 결정짓

는 가장 중요한 요인이 바로 인근 신축 건물의 가격이다. 구도심의 재개발로 신축 아파트의 가격이 오르면, 다른 재개발 구역의 사업성도 높아지고 사업 진행 속도도 더 빨라진다.

앞서 언급한 e편한세상옥수파크힐스의 59㎡ 호가는 2019년 10월 기준 12억 5000만 원 정도였다. 하지만 금호역을 넘어 바로 인접해 있는 구축 아파트의 동일 면적 호가는 7억 원 선이다. 같은 금호역을 이용하고 상권과 학군도 동일한데, 단지 구축이라는 이유만으로 신축과 5억 원 이상의 가격 차이를 보이는 것이다.

과연 사람들은 옥수동의 아파트가 이렇게 비싸지리라고 예상이나 했을까? 게다가 당시는 미국발 금융위기와 유럽의 재정위기가 겹쳐 경기가 좋지 않을 때였다. 재개발이 잘 마무리돼 신축 아파트가 들어설지 말지도 확실치 않은 상황이었다.

아마도 많은 사람은 공사 현장을 지나며 '근처의 아파트보다야 조금 더 비싸겠지' 정도로 생각했을 가능성이 크다. 실제로 e편한세상옥수파크힐스가 한창 지어지던 2013~2014년에 바로 인접한 곳에 입주한 래미안옥수리버젠은 대략 5억 5000만 원에 거래됐다. 이런 상황에서 e편한세상옥수파크힐스는 당연히 래미안옥수리버젠을 조금 웃도는 선에서 시세가 형성되리라 예상하지 않았을까? 하지만 막상 뚜껑을 열고 나니 가격은 천정부지로 치솟아 12억 원을 호가하게 됐다.

정리하면 이렇다. 주변에 신축 건물이 없는 상황에서 재개발로 처음 공급된 신축 아파트는 입주 당시에 좋은 대접을 받지 못한다. 하지만 신축이 점차 대규모로 들어서면 일종의 '신축군'이 형성된다. 새로 이사 온 사람들과 그들의 자녀들이 뛰어다니며 동네에 생기가 돌기 시작하고, 이전의 이미지는 온데간데없이 사라진다. 이런 상황에서 시세는 기존에 예상하던 것과 차원이 다른 가격대로 형성된다. 5억 원도 부르기 힘들던 가격이 10억 원을 훌쩍 넘어서기 시작한다. 이런 신축 아파트의 가격 강세는 주변의 구축 아파트에까지 영향을 미치며 지역의 시세를 전체적으로 끌어올린다.

정부의 견제

구축 아파트의 강세로 살아나기 시작한 서울 아파트 시장은 신축 아파트 공급으로 한 단계 더 높은 가격군을 형성했다. 신축이 들어서면서 그 지역의 아파트값은 최고가를 갱신했고, 이를 본 사람들이 신규 분양이 나올 때마다 뜨거운 관심을 가졌다. 청약의 열기가 거세질수록 경쟁률은 날로 높아졌고, 언론에서는 연일 높은 청약 커트라인과 치솟는 아파트값에 대한 보도를 쏟아내곤 했다.

정부는 이런 상황이 계속되자 시장 안정화를 위해 카드를 꺼내들었다. 2017년 5월에 출범한 문재인 정부는 불안하게 오르내리는 서울 집값을 잡기 위해 집권 초기부터 강력한 대책을 쏟아내기 시작했다. 2017년에 꺼내든 카드가 바로 '실수요자 보호와 단기 투기 수요 억제를 통한 주택시장 안정화 방안', 즉 8·2 대책이다. 뜨거운 서울 부동산 시장을 잡기 위해 투자자들의 양도차익에 부과하는 과세를 강화하고, 노무현 정부 이후 사라졌던 투기지역과 투기과열지구를 새롭게 지정하는 것이 골자였다. 즉, 집값이 많이 오른 지역을 규제지역으로 지정하는 '규제 종합 정책'을 펼친 것이다. 바로 여기에 재개발 규제도 대거 포함됐다.

8·2 대책에서 나온 재개발 규제의 핵심은 투자자들의 시장 진입을 막고 입주권 매수를 봉쇄하는 것이었다. 말 그대로 투자자들은 규제지역에 투자를 삼가라는 내용이었다. 하지만 지금 와서 돌이켜보면 8·2 대책은 투자자에게 큰 영향을 미치지 못했다. 해당 규제를 피해 간 재개발 구역이 많았고, 이미 프리미엄이 많이 올라 투자금이 수억 원 이상 필요했기에, 여러 구역에 투자하는 일 자체가 불가능했던 것이다. 하지만 이후 신축 가격이 오르는 걸 본 실수요자와 현금 부자들이 시장에 가세하면서 재개발 시장은 또 한 번 달아올랐다. 강남과 인근 지역의 구축 아파트 가격까지 상승했다. 정부가 다시금 칼을 꺼내들 때였다. '주택시장 안정화 방안', 즉 9·13 대책이 나온 시점이다.

2018년 처음 9·13 대책을 접한 일부 전문가들은 크게 문제될 것이 없다고 평가했다. 하지만 재개발 투자자 입장에서는 매우 강력한 규제였다. 재개발 투자의 핵심은 대출이고, 크게 다음의 두 가지 대출을 필요로 한다.

1. 이주비 대출

2. (분담금에 대한) **중도금대출**

투자자가 대출을 받는 이유는 비용을 최소로 줄이기 위해서다. 하지만 9·13 대책이 시행된 후 조정대상지역에만 해당돼도 두 대출을 받을 길이 막혀버렸다. 무주택자에게는 크게 상관이 없지만 유주택자나 주

그림 1-3 재개발 관련 주요 규제

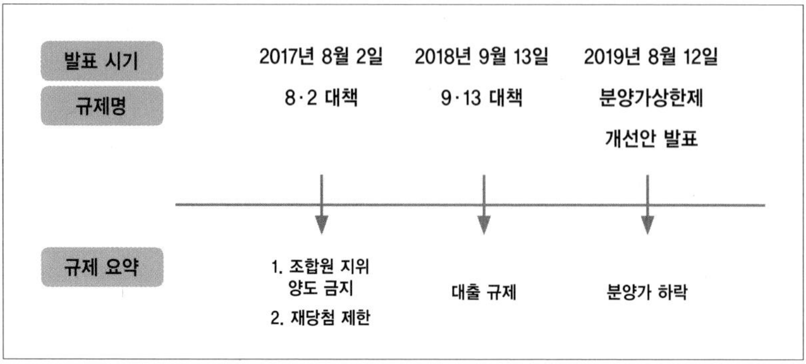

택담보대출이 있는 사람에게는 치명적인 조치다. 조정대상지역은 투기과열지구나 투기지역보다 지정 요건이 까다롭지 않아서 시장이 조금만 불안해도 정부에서 쉽게 지정할 수 있다. 이에 조합원입주권을 이미 갖고 있어도 해당 지역이 조정대상지역으로 지정되면 이주비와 중도금을 대출받을 수 없는 난감한 상황이 연출된다. 실거주자도 기존에 주택담보대출이 있거나 주택이 한 채 이상 있으면 대출이 거절되거나 한도가 대폭 축소될 수 있다. 요컨대 9·13 대책은 투자자에게나 실거주자에게 모두 영향을 미치는 규제 정책이었다.

2019년은 상저하고(上低下高)

2018년 투기과열지구 지정에도 아랑곳하지 않던 재개발 시장은 9·13 대책 이후 찬 서리를 맞았다. 재개발 시장뿐만 아니라 서울 아파트 시장도 덩달아 하락 길로 접어드는 듯했고, 2019년 상반기까지 그 분위기가 계속 이어졌다. 하지만 시장의 침체는 오래가지 못했다. 2019년 6월 KB부동산 매매가격지수가 조금씩 반등할 기미를 보이더니 7월 이후 시장이 불안해지기 시작했다. 이에 정부는 다시 한번 부동산 가격 상승을 좌시하지 않겠다는 의지를 보였다. 6월 이후의 부동산 가격 상승을 재건축 시장이 주도했다고 판단한 정부는 재건축 맞춤 규제 방안을 발표했다. 그것이 바로 '민간택지 분양가상한제 적용기준 개선 추진안(이하 분양가상한제)'이다.

분양가상한제란 직접적으로 분양가를 낮추는 규제다. 정부의 계산으로는 분양가를 20~30%까지 떨어뜨릴 수 있다고 한다. 이는 곧 재개발 시장의 위축을 불러올 수 있다. 특히 초기 재개발 구역은 사업이 표류할 가능성도 크다. 관리처분인가 이후 막바지 단계에 이른 곳은 일반분양 수입이 줄어들어 조합원이 추가로 비용을 부담해야 하는 상황이 발생할 수 있다. 조합원입주권 프리미엄도 영향을 받는다. 이에 따라 2019년 하반기는 분양가상한제의 사정권 안에서 혼란을 겪기도 했다.

그렇다면 2020년은 어떨까? 아마도 2020년은 '규제와 싸움을 벌이는 해'가 될 전망이다. 분양가상한제로 재개발의 수익성이 급격히 나빠지면서 투자자들의 발걸음이 비규제지역으로 쏠리는 현상이 가속화될 것이다. 반면 실수요자에게는 규제가 또 다른 기회로 작용할 수 있다. 즉, 재개발에 있어 분양가상한제는 '양날의 검'이다.

그럼 지금부터 2020년 재개발·재건축 시장의 화두를 세 가지 테마로 살펴보겠다. 많은 독자가 실거주 또는 투자할 곳을 찾는 데 도움이 되기를 바란다.

THEME 1

규제라는 흙 속에서 숨은 진주를 찾아라!

2017년 8·2 대책을 발표한 이후 정부는 재개발 관련 규제를 점점 강화하고 있다. 가장 대표적인 규제는 '조합원 지위 양도 제한', '재당첨 제한', '대출 제한'이다. 이 세 가지 규제가 2020년 재개발 시장에도 가장 큰 영향을 미칠 것으로 예상된다.

8·2 대책이 발표되는 순간, 많은 전문가와 투자자가 놀라움을 금치 못했다. 보통 규제는 시장의 반응을 살펴가며 점점 강화하기 마련인데, 8·2 대책은 한꺼번에 매우 강력한 규제로 맹공을 퍼부었다. 사실 일부 내용이 미리 떠돌기 시작했을 때부터 두 눈을 의심했다. '이렇게 강력한 규제를 한 방에 쏟아낸단 말인가?' 하는 생각이 들었다. 그런데 막상 뚜껑을 열고 보니 예상했던 것보다도 훨씬 더 강력했다. 특히 재개발에 대해 이토록 강력한 규제를 내놓으리라고는 생각지도 못했다. 주요 내

용을 자세히 살펴보자.

조합원 지위 양도 제한

8·2 대책에 따라 관리처분인가 이후 재개발 조합원입주권 매매가 금지됐다. 개인의 재산을 마음대로 사고팔 수 없게 된 것이다. 재개발 조합원입주권 매매의 개념을 파악하기 전에 재개발 진행 절차를 잠시 짚고 넘어가겠다. 특히 재개발 단계에서 후반부에 가장 중요한 절차는 사업시행인가와 관리처분인가다.

사업시행인가란 쉽게 말해 '앞으로 이 재개발 구역에 몇 평대의 아파트를 몇 세대 짓겠다'는 계획을 구청으로부터 허가받는 절차다. 즉, 빌라나 단독주택을 허물고 그 자리에 아파트를 얼마나 지을지 결정하는 단계다. 이 결정이 끝나면 그다음 단계인 관리처분인가로 넘어간다. 조

그림 1-4 재개발 진행 절차

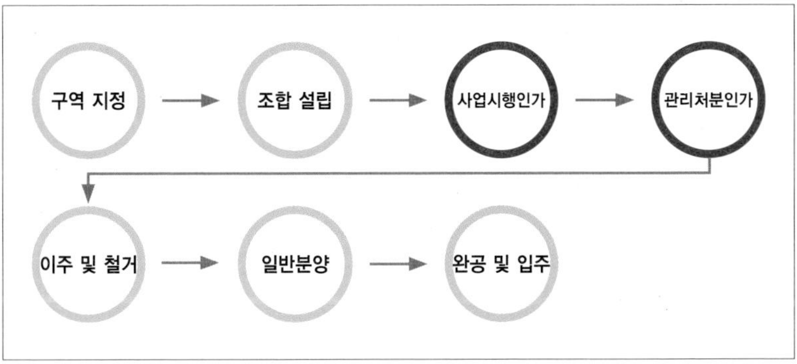

합원의 자산을 평가하는 감정평가와 조합원분양가, 일반분양가(예상) 등을 정한 뒤 조합원에게 동의를 얻는 절차다.

정리해보면 사업시행인가로 건축 계획을 세우고, 그 계획에 따라 감정평가액, 조합원분양가, 일반분양가 등을 정한 뒤 조합원의 동의를 받는다. 이후 조합원이 이주하면 기존 주택은 철거된다. 기존 주택을 철거한 후 일반분양을 시작하는데 이는 거의 재개발의 막바지 단계다. 관리처분인가가 끝나면 대략 95% 이상의 구역을 3~4년 안에 일반인에게 분양한다. 이렇게 일반분양이 끝나면 완공 시점에 입주하면서 재개발 사업은 마무리된다.

여기서 중요한 점이 있다. 관리처분인가가 나면 소유한 '주택'이 '입주권'으로 바뀐다는 사실이다. 이것을 조합원이 입주할 권리라고 해서 조합원입주권이라고 부른다. 이후부터는 주택이 아닌 조합원입주권으로 거래가 가능한데, 재개발 조합원 지위 양도 제한은 이 입주권을 매매하지 못하도록 한 방안이다. 그렇다면 언제까지 매매가 금지될까? 대체로 집이 완공되고 해당 집의 소유권이 조합원에게 넘어가는 소유권이전등기까지다. 통상 5년 전후의 시간이 걸린다. 물론 지역과 범위에 따라 훨씬 더 오래 소요될 때도 있다.

그런데 모든 재개발 구역에서 관리처분인가 이후에 조합원 지위의 양도가 금지되는 것은 아니다. 해당 지역이 투기과열지구나 투기지역으로 지정돼야만 양도 제한에 적용된다. 이는 앞으로 설명할 재당첨 제한에서도 마찬가지다.

투기과열지구라도 관리처분인가 이후 조합원 지위의 양도가 금지될 수도 있고, 아닐 수도 있다. 8·2 대책이 발표되고 몇 달이 지나 법이 개정됐는데, 그 시점이 2018년 1월 24일이었다. 즉, 2018년 1월 24일 이후에 사업시행인가를 최초로 신청한 재개발 구역부터 그 대상에 적용된다.

요약하면, 조합원 지위 양도 금지가 적용되는 필수 요건은 다음 두 가지 질문에 '그렇다'고 대답한 경우에 한한다.

1. **해당 구역은 투기과열지구에 포함되는가?**
2. **해당 구역은 2018년 1월 24일 이후에 최초로 사업시행인가를 받았는가?**

그리고 이 두 가지 조건을 모두 충족해야 조합원 지위 양도 제한에 적용되는 것이다. 이를 도식화하면 그림 1-5와 같다.

물론 병에 걸려 요양해야 하는 상황과 같은 부득이한 사유가 있다면 매매가 허용될 수 있지만, 기본적으로는 2018년 1월 24일 이후에 최초로 사업시행인가를 신청해 그 이후에 관리처분인가가 났다면 소유권

그림 1-5 재개발 조합원 지위 양도 제한

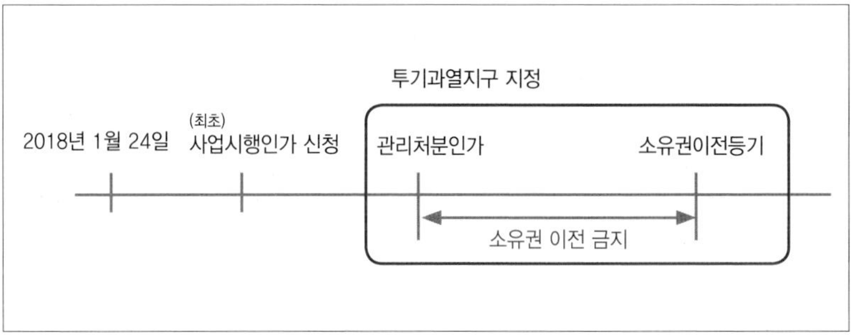

이전등기를 할 때까지 조합원입주권 매매가 금지된다.

조합원 지위 양도 제한은 재개발 구역에 단기적인 투기 수요가 들어오면서 시장이 불안해질 우려를 불식시키기 위해 마련한 규제다. 관리처분인가가 나기 전에 매수할 수는 있으나 실제 관리처분인가가 떨어지면 매매가 금지된다. 보통 입주 후 소유권이전등기까지 5년이 소요되지만,일부 재개발 구역에서는 입주하고도 몇 년 동안 소유권이전등기가 되지 않는 경우도 많다. 결국 투자자 입장에서는 투자 기간이 길어지는 결과를 낳게 된다. 투자금 회수 기간이 그만큼 길어지므로 수익률도 떨어진다. 이렇게 되면 투자 매력도가 줄어드니 투자자가 진입하지 않을 것이라는 게 이 규제의 핵심이다.

그럼 투자자는 어떤 선택을 할까? 조합원 지위를 양도할 수 있는 곳에다가 투자하면 된다. 앞으로는 이런 곳에 투자 수요가 몰릴 수밖에 없다. 일종의 '풍선효과'가 나타나는 것이다. 이 내용과 관련해서는 다음 장에서 설명하도록 하겠다.

재당첨 제한

'투기과열지구 내 정비사업 분양분 재당첨 제한(이하 재당첨 제한)'은 기존에도 있었던 규제다. 다만 8·2 대책 이후 더욱 강력해졌다. 기존에는 투기과열지구 안에서도 재개발 구역의 일반분양권에만 재당첨을 제한했다.

예를 들어보자. A씨는 투기과열지구에서 일반인에게 분양하는 '재개발1구역' 일반분양 아파트에 당첨이 됐다. 앞으로 A씨는 5년간 투기과열지구 내에서 일반분양하는 아파트에 청약할 수 없다. 이것이 5년 재당첨 제한이다. 그런데 A씨는 유망한 지역에 계속해서 투자를 이어가고 싶었다. 방법을 수소문한 끝에 재개발 분양에는 일반분양 말고도 조합원분양이라는 게 있고, 조합원분양에는 재당첨 제한이 없다는 사실을 알게 됐다. 재개발 일반분양으로 재미를 본 A씨는 다른 인접 지역에 있는 빌라를 사들여 조합원의 지위를 얻었고, 얼마 지나지 않아 관리처분인가가 나면서 빌라 값이 수천만 원 오르는 쾌거를 맛봤다.

A씨와 같은 사례가 계속해서 발생하자, 정부는 이를 두고만 볼 수 없었다. 재당첨 제한 조항을 조합원입주권에도 적용하기 시작한 것이다. 그렇다면 조합원분양에 당첨됐다고 보는 시점이 궁금할 수 있다. 보통 재개발 구역의 일반분양은 '아파트투유'(www.apt2you.com)에서 분양 공고를 보고 청약해 당첨되는 절차를 따른다. 반면 조합원분양은 재개발 구역에서 관리처분인가가 나는 시점에 조합원이 분양에 당첨된 것으로 간주한다. 그로부터 조합원의 '빌라'는 '조합원입주권'이라는 권리 형태로 바뀐다.

이렇듯 강화된 규제에 따라 지금의 재당첨 제한은 투기과열지구 내에서 관리처분인가를 받아 조합원분양에 당첨된 것으로 간주되는 사람까지 포함한다. 즉, A씨의 사례처럼 재개발 지역에 있는 빌라에 지속적으로 투자해 입주권을 받는 행위까지 막으려는 의도라고 볼 수 있다. 하지만 모든 재개발 구역에 적용되는 건 아니다. 조합원 지위 양도 제한 조항과 비슷하게 법 시행 이전에 관리처분인가를 받은 사업장은 제외된다. 법 시행일은 2017년 10월 24일이며, 이보다 빨리 관리처분인가를 신청한 단지는 해당되지 않는다. 당연히 투기과열지구 이상에만 적용되며, 필수 조건은 다음과 같다.

1. 해당 재개발 구역이 투기과열지구 이상에 속하는가?

2. 관리처분인가 당시 조합원이었는가?

3. 2017년 10월 24일 이전에 최초로 관리처분인가를 신청했는가?

위의 세 가지 조건을 만족한다면 투기과열지구 이상의 지역에서 5년간 조합원 재당첨이 금지된다. 다만 법 시행일인 2017년 10월 24일보다 앞서 재개발 구역에서 주택을 취득한 사람은 일반적으로 관계가 없다. 이 개념을 쉽게 표현하면 그림 1-6과 같다.

다만 깊게 들어가면 여기에 또 반전이 있다. 법 시행일 이전과 이후에 각각 주택을 취득했는데, 법 시행일 이후에 사들인 주택이 법 시행일 이전에 소유한 주택보다 조합원분양을 먼저 받는다면(법 시행일 이후에 재개발 일반분양을 신청해 당첨된 경우까지 포함), 이후 법 시행일 이전에 구

그림 1-6 투기과열지구 내 정비사업 분양분 재당첨 제한

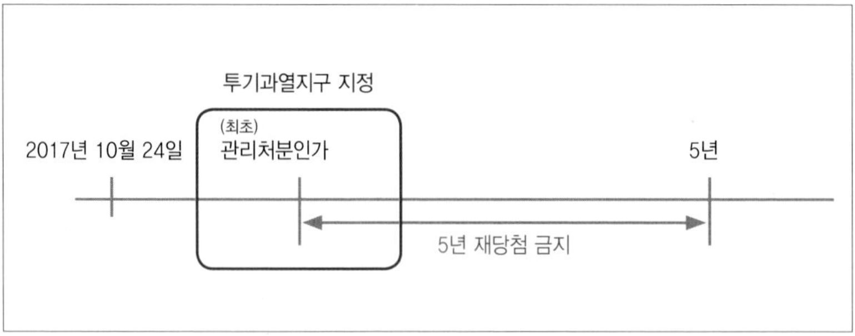

매한 주택에 관리처분인가가 날 때 재당첨 제한에 걸릴 수 있다. 이는 사실 좀 어려운 부분이므로, 재개발·재건축 정비사업과 관련해 투자를 할 때는 전문가와 상의하거나 국토부나 구청에 질의해 확인해볼 것을 강력히 권한다.

대출 제한을 만나 더욱 강력해진 규제

조합원 지위 양도 제한, 재당첨 제한은 투기과열지구 내에서 적용된다. 이에 투자자의 발길이 상대적으로 규제가 느슨한 곳을 향해 옮겨가자, 이번에는 정부가 '돈줄'을 묶는 규제를 내놓았다. 바로 대출 제한이다.

부동산 규제지역을 세 가지로 구분하면 그 세기가 약한 순서대로 조정대상지역-투기과열지구-투기지역으로 나눌 수 있다. 재개발 규제는 투기과열지구 이상에 적용되지만, 대출 제한은 조정대상지역 이상에서 모두 적용된다. 이 규제가 왜 강력한지를 알아보자.

일반분양을 받을 때 당첨자는 보통 아파트 가격의 일부만을 먼저 지급한다. 가령 5억 원짜리 아파트를 분양받는다면, 계약금으로 10%만 내고 나머지 60%는 중도금, 30%는 잔금의 형태로 지급한다. 이때 계약금은 본인 돈으로 내더라도 중도금은 중도금대출로, 잔금은 잔금대출이나 기존 주택의 매매대금, 전세금 등으로 충당했다. 즉, 규제 이전까지는 계약금 10%만 있어도 입주할 때까지 나머지 금액은 대출로 버틸 수 있었다.

재개발 조합원은 어땠을까? 관리처분인가가 나면 이주와 철거가 개시되는 시점에 이주비대출을 받아 기존 주택의 거주자가 이사 대금을 마련한다. 이후에 조합원분양을 할 때도 조합원은 분담금을 일반분양과 동일한 방법으로 지불했다. 계약금 10%는 자기 돈으로, 중도금 60%는 대출로, 잔금 30%는 기존 주택을 정리하거나 전세 세입자를 구해서 해결했다. 결론적으로 이주비대출과 중도금대출 등을 통해 적은 돈으로도 투자할 수 있었다.

바로 이런 메커니즘을 이해한 정부는 대출을 조이기 시작했다. 조정대상지역 이상에서 다주택자나 기존에 대출이 있던 사람은 대출을 받을 수 없게 한 것이다. 이것이 9·13 대책으로 재개발 투자자들이 가장 큰 타격을 받은 부분이다.

정리하면 다주택자나 기존에 주택담보대출이 있던 사람은 적어도 조정대상지역 이상에서만큼은 이주비 대출이나 중도금대출로 자금을 충당할 수 없게 됐다. 투자자의 초기 투자금이 대폭 늘어난 만큼, 실제로 정부는 가수요를 줄이는 효과를 보게 되었다.

재개발 규제와 분양가상한제의 콜라보, 그리고 풍선효과

풍선효과란 부풀어 있는 풍선의 한쪽을 누르면 그 눌린 부분만큼 다른 곳이 팽창하는 현상을 빗대어 표현한 말이다. 그렇다면 부동산 시장에서도 규제로 눌린 만큼 다른 데서 부풀어 오르는 현상이 발생날까? 충분히 일어날 수 있다고 생각한다. 규제가 복잡한 것 같지만 규제를 피해 가는 방법은 의외로 단순하다. 위에서 설명한 재개발 관련 규제를 정리하면 총 세 가지다.

1. 조합원 지위 양도 제한

2. 재당첨 제한

3. 대출 제한

먼저, 투자자는 어디로 갈까? 1, 2번은 투기과열지구 이상에서만 적용된다. 결국 투기과열지구가 아닌 곳에는 적용하지 않는다는 의미다. 3번은 조정대상지역 이상에 해당하는데, 이 역시 조정대상지역이 아니면 해당 사항이 없거나 규제가 약하다. 그러니까 가장 좋은 방법은 투기과열지구나 조정대상지역이 아닌 곳에 투자하는 것이다.

실제로 그런 현상은 여러 곳에서 목격되며, 2020년 한 해 동안 그 흐름은 계속될 전망이다. 그림 1-7은 2019년 11월 기준 전국 투기지역, 투기과열지구, 조정대상지역 지정 현황이다. 지역에 따라 적용되는 규제가 다르니 한 번쯤 숙지해두는 것이 좋다. 덧붙여 추가로 지정되거나 해제될 규제지역을 확인하고 싶다면, 국토교통부 홈페이지(www.molit.go.kr)에 접속해 '조정대상' 관련 보도자료를 검색하여 업데이트 내용을 살펴볼 수 있다.

앞으로 실수요자에게는 더없이 좋은 기회가 올 것이다. 정부도 내 집 마련에 나선 실수요자를 규제할 생각은 크게 없어 보인다. 실수요자는 인기 있는 규제지역에서 조합원분양이나 일반분양을 노릴 가능성이 큰데, 특히 분양가상한제가로 지정된 곳은 분양가가 저렴해져 실수요

그림 1-7 전국 규제지역 지정 현황

	투기지역	투기과열지구	조정대상지역
서울	강남구, 서초구, 송파구, 강동구, 용산구, 성동구, 노원구, 마포구, 양천구, 영등포구, 강서구, 종로구, 중구, 동대문구, 동작구	전 지역	전 지역
경기	–	과천, 성남(분당), 광명, 하남	과천, 성남, 하남, 동탄2, 고양[삼송택지개발지구, 원흥·지축·향동 공공주택지구, 덕은·킨텍스1단계 도시개발지구, 고양문화단지(한류월드)], 남양주(다산동, 별내동), 광명, 구리, 안양(동안), 광교, 수원(팔달), 용인(수지, 기흥)
대구	–	대구(수성)	–
세종	세종	세종	세종

자에게는 더없이 좋은 기회가 될 것이다. 2020년에는 자금 여력이 넉넉하면서 외부적으로 큰 충격을 받을 일 없는 무주택·1주택 실수요자가 재개발 분양 시장의 문을 두드리는 일이 더욱 많아질 것으로 전망된다.

그렇다면 2020년에 재개발·재건축 시장에서 주목해야 할 지역은 어디일까? 다음의 테마를 통해 본격적으로 살펴보자.

THEME 2

2020년 재개발을 주도할 지역

2000년대 중반은 전국이 재개발 열풍으로 들썩였다. 당시 이명박 전 서울시장은 서울시에 뉴타운을 지정하며 적극적으로 재개발을 주도했다. 그 결과 길음뉴타운, 상계뉴타운 등이 연이어 성공을 거두었고, 소외받던 빌라촌에도 대규모 신축 아파트 단지로 변신할 수 있다는 희망이 샘솟았다. 실제로 재개발 덕에 소위 '대박' 난 사례도 속출했다. 서울에서는 1, 2차에 이어 3차 뉴타운까지 지정되자 기존에는 상상할 수도 없는 가격에 빌라가 매매되기 시작했다. 여기에 재정비촉진지구라는 개념까지 등장하면서, 앞으로 뉴타운이 '되어야 한다는 걸' 촉진하는 지역도 생겨났다.

이러한 서울시의 성공 신화를 보며 각 지역 지자체는 너도나도 서둘러 재개발 구역을 지정했다. 이렇게 수천 개의 재개발 구역이 전국에 등장했다. 지정되는 곳마다 돈이 몰렸고, 지방 역시 서울 못지않은 열기로 가득했다. 재정비촉진지구는 지방에서도 생겨나 재개발의 희망만 보여도 가격이 올랐는데, 그 희망의 원천은 '노후도'였다. 투자자들은 해당 지역의 노후도를 직접 계산하는 수고까지 마다하지 않았다. 이로써 노후도가 높은 지역에는 투자자가 북적였고, 이 사실을 뒤늦게 안 지역민까지 대거 뛰어들면서 빌라의 대지지분 가격은 하늘 높이 치솟았다.

인천도 이러한 흐름에 가세했다. 낡고 오래된 빌라촌이 즐비한 인천은 노후도가 충족되는 곳이 많아 꽤 여러 곳이 재개발구역으로 지정됐다. 또한 향후 노후도가 충족될 지역에 대해서도 투자가 활발히 이루어졌다. 상황이 이렇게 되자 이전에는 쳐다보지도 않던 빌라의 반지하층이 경매 시장에서 인기를 끌었다. '경매 고수'라고 명함을 내미는 사람 중에 인천에 빌라 수백 채를 자기 돈 몇 푼 안 들이고 보유하게 됐다고 자랑하는 이도 많았다. "경매하는 사람치고 인천에 빌라 없는 사람이 없다"라는 말까지 돌 만큼 인천의 재개발 열기는 실로 대단했다.

그렇게 끝도 없이 이어질 것 같았던 인천의 재개발 열풍은 미국에서 발발한 서브프라임모기지론 사태의 여파로 갑작스럽게 중단됐다. 이제는 바닥인 줄 알았는데 지하 1층이 나오고, 그 밑으로 지하 2층, 지하 3층이 또 있다는 소리가 들릴 만큼 끝없이 추락했다. 한 인천 전문가는 한때 대지지분 가격이 2000만 원에 달했던 빌라가 10년 후에 500만 원까지 떨어졌다고 했다. 당시 재개발에 거는 기대가 얼마나 컸는지를 알 수 있는 대목이다. 희망이 큰 만큼 실망도 컸다. 그리고 이 사태가 남긴 트라우마는 10년 넘게 인천 시장을 얼어붙게 만들었다.

기지개를 켜는 인천

그러나 '인생사 새옹지마'라고 했던가. 2010년 중반 이후 서울 아파트 가격이 상승하면서 인천의 재개발 구역도 오랜 침체를 깨고 서서히 비상하기 시작했다. 그 일환으로 인천에서도 재개발 구역이 많은 부평구와 미추홀구, 계양구 일대에서는 관리처분인가가 나는 곳들이 속속 나타났다.

하지만 깊은 트라우마 때문일까? 2017년까지만 해도 재개발의 막바지 단계라 할 수 있는 관리처분인가가 나도, 기대감은 그만큼 높게 형성되지 않았다. 10년 전에는 재개발 구역으로 지정만 돼도 가격이 치솟았지만 2017년에는 그렇지 못했다. 하지만 자고로 기회란 실망이라는 자양분을 먹고 자라는 법이다. 2018년이 되면서 인천 재개발 구역들이 서서히 움직이기 시작하더니, 2019년에 들어서자 본격적으로 탄력을 받기 시작했다.

기대 반 우려 반이던 일반분양이 완판되고 청약 경쟁률 역시 높아졌다. 이에 화답하듯 재개발 구역의 조합원입주권 프리미엄이 1억 원 이상 붙은 구역도 속속 등장했다. 그리고 2020년은 인천에 재개발이라는 꽃이 만개하는 시기가 될 것으로 예상된다.

2019년 9월에 인천 송도와 여의도, 서울역을 거쳐 남양주 마석을 가로지르는 수도권광역급행철도(GTX) B노선의 예비타당성 조사가 통과된 대형 호재와 함께, 연이은 일반분양 완판 소식이 2020년 인천 재개발 시장에 긍정적인 시그널이 될 것이다. 그간 관심 밖에 있던 인천 재개발의 비상을 주의 깊게 지켜봐야 할 이유다.

인천의 이해

인천은 서울, 경기도와 함께 수도권에 속하지만 여전히 많은 사람에게 관심받는 지역은 아니다. 청라, 영종도로 대표되는 인천 신도시 개발 사업과 달리 나머지 구에는 오래된 도시라는 인상이 진하게 남아 있기 때문이다. 사실 재개발은 이런 오래된 이미지를 갖고 있는 구도심에서 활발히 이루어진다. 따라서 인천의 재개발을 이해하려면 먼저 구도심을 살펴볼 필요가 있다.

그림 1-8 인천 항공사진(출처: 구글어스)

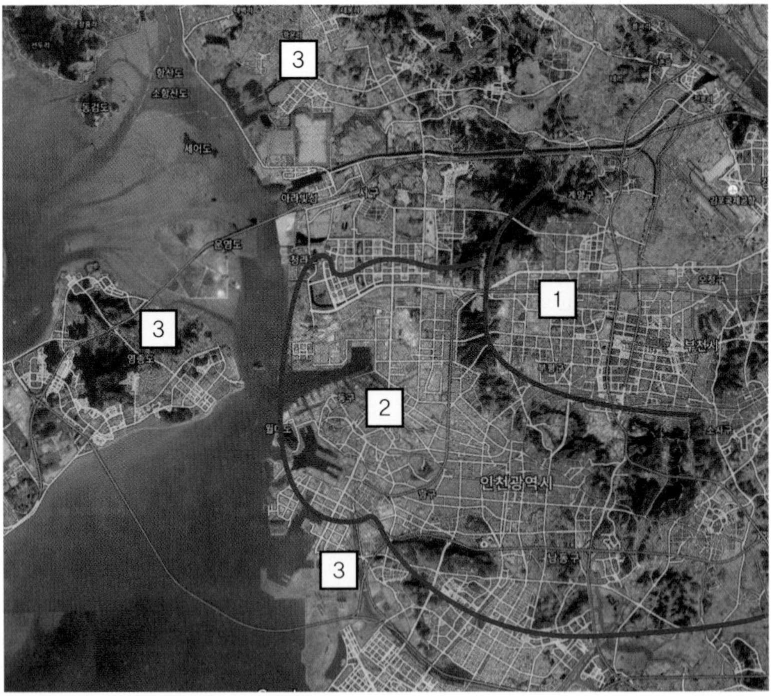

그림 1-8은 인천을 설명할 때 자주 활용하는 지도다. 인천을 크게 4개 권역으로 나누면 1권역은 계양구와 부평구, 2권역은 미추홀구와

그림 1-9 서울로 통근·통학하는 상위 시·군·구(단위: %, 출처: 통계청 인구센서스)

2010년			2015년		
순위	시·군·구	비율	순위	시·군·구	비율
1	경기도 광명	42.8	1	경기도 과천	38.9
2	경기도 과천	40.7	2	경기도 광명	38.8
3	경기도 하남	36.2	3	경기도 하남	35.8
4	경기도 구리	34.8	4	경기도 구리	35.5
5	경기도 남양주	31.0	5	경기도 남양주	30.0
6	경기도 고양	29.5	6	경기도 고양	29.7
7	경기도 성남	28.3	7	경기도 의정부	29.2
8	경기도 의정부	27.9	8	경기도 성남	25.9
9	경기도 부천	25.5	9	경기도 부천	24.5
10	경기도 안양	23.6	10	경기도 김포	23.6
11	경기도 의왕	22.2	11	경기도 안양	22.7
12	경기도 군포	19.9	12	경기도 의왕	20.8
13	경기도 김포	19.8	13	경기도 군포	19.0
14	경기도 용인	19.7	14	경기도 용인	16.6
15	경기도 양주	17.4	15	인천 부평구	15.4
16	인천 부평구	15.4	16	인천 계양구	15.3
17	인천 계양구	14.5	17	경기도 양주	15.2
18	경기도 광주	15.0	18	경기도 광주	13.4
19	경기도 파주	13.2	19	인천 서구	13.2
20	인천 서구	10.6	20	경기도 양평	13.0

남동구와 동구, 3권역은 연수구와 서구와 중구, 4권역은 옹진군과 강화군으로 분류한다. 이 중에서 1권역과 2권역을 구도심이라 하고, 3권역은 신도심이라 한다. 재개발은 바로 구도심인 1, 2권역과 관계가 깊다.

그림 1-9를 보면 계양구와 부평구(1권역)는 서울로 출퇴근하는 인구 비중이 인천에서도 가장 높다. 2015년 인구주택총조사 표본집계 결과(인구이동·통근·통학·활동제약)에 따라 계양구와 부평구는 서울로 통근·통학하는 인구 비율이 각각 15.3%와 15.4%였고, 이는 전국을 기준으로 15, 16위에 이른다. 서울로 통근·통학하는 인구 비율이 높다는 것은 곧 서울과의 접근성이 인천에서 가장 좋다는 뜻이다. 바꿔 말하면 다른 인천의 구도심보다 1권역의 집값이 상대적으로 높게 형성될 수 있다는 의미다.

재개발에서는 상대적으로 분양가가 높게 책정되는 곳이 수익성도 높을 가능성이 크다. 이 덕에 재개발 진행 속도도 빨라진다. 인천 구도심의 재개발 구역에서 진행이 가장 빠른 곳 역시 계양구와 부평구다. 최근 주안뉴타운 인근도 재개발 속도가 빨라지기는 했지만, 계양구와 부평구에는 이미 재개발 사업을 완료해 입주를 했거나 입주를 눈앞에 둔 구역의 비율이 높다.

계양구, 부평구와 함께 구도심을 이루는 2권역에는 미추홀구와 남동구, 동구가 있다. 계양구와 부평구보다 서울 접근성이 다소 떨어지고, 송도와 청라, 영종도에 신축 아파트가 많이 공급되면서 아파트 가격이 상대적으로 약세를 보이고 있다. 하지만 최근 주안뉴타운 인근의 재개발 구역에서 관리처분인가와 이주, 철거, 일반분양이 계속되면서 2권역도 투자자의 가시권 안에 들어왔다. 역시 GTX B노선이 예비타당

그림 1-10 부평구·계양구 분양 완료한 재개발·재건축 단지(입주 단지 포함, 출처: 부평구청, 계양구청)

행정구역	아파트명	구역명	분양일	입주예정일
계양구	계양효성해링턴플레이스	서운구역	2018년 3월	2021년 2월
	e편한세상 계양더프리미어	효성1구역	2019년 1월	2021년 10월
	계양산파크트루엘	계산한우리 아파트구역	2018년 2월	2020년 2월
	작전역서해그랑블	작전태림연립구역 주택재건축	2018년 10월	2020년 11월
	작전역브라운스톤 계양스카이	신라아파트 주택재건축	2018년 3월	2020년 10월
부평구	부평청천우민늘푸른	청천3구역	2019년 1월	2020년 8월
	산곡푸르지오	산곡제1구역	–	2011년 10월
	래미안부평	부평5구역	–	2014년 9월
	부평신일해피트리더루츠	산곡 2-1구역	2019년 10월	2022년 7월
	부개역코오롱하늘채	부개3구역	2019년 5월	2021년 8월
	부평코오롱하늘채	인우구역	2018년 3월	2020년 12월

성 조사를 통과하면서 재개발 사업 진행 속도는 더 빨라질 것으로 보인다. 이에 조합원입주권 프리미엄도 올라갈 전망이다. 이런 분위기는 2020년에도 이어질 가능성이 크나, 정부의 규제가 가장 큰 걸림돌이 될 수 있으니 이 부분을 관심 있게 모니터링해야 한다.

인천 분양 시장

재개발의 마지막 관문은 분양이다. 재개발을 쉽게 설명하자면, 자신의 땅과 주변 땅에 아파트를 짓고 남는 호수를 일반분양으로 팔아, 그 수입금으로 공사비나 이자 등의 비용을 충당하는 원리다. 이 말인즉, 일반분양에 실패하면 공사비도 충당할 수 없다는 의미다. 결국 분양 시장이 살아나 분양가가 상승하고 미분양이 없는 상태가 최상이라고 할 수 있다.

국토교통부 통계누리에 따르면 2019년 10월 기준 인천의 미분양주택은 1000세대 정도다. 이는 2018년 연말보다 세 배 정도 증가한 수치다. 이것만 놓고 보면 인천 분양 시장이 다소 위축된 것으로 판단된다. 하지만 인천은 앞서 말한 대로 권역별로 나눠 분석해야 한다.

인천의 인구는 대략 300만 명에 육박한다. 그러므로 인천시 전체 통계를 기준으로 시장을 판단해서는 안 된다. 인천의 미분양주택 대부분은 신도심, 즉 3권역인 연수구와 서구와 중구에 분포돼 있다. 특히 서구에 미분양 물량이 몰려 있고, 연수구는 미분양이 제로 상태를 유지하고 있다. 이처럼 신도심 안에서도 미분양의 온도차가 극심한 곳이 인천이다. 서구도 청라신도시와 검단신도시로 나눠 볼 수 있는데, 미분양주택은 대부분 검단신도시에 몰려 있다. 결국 인천의 미분양주택 대부분이 검단신도시에 있다고 봐도 무리가 없다.

그렇다면 구도심의 미분양 현황은 어떨까? 그림 1-11은 계양구와 부평구, 미추홀구와 남동구의 미분양 물량을 나타낸 그래프다. 파란색 상자로 표시한 부분을 보면 미분양이 300세대 정도에서 안정적으로 유지

그림 1-11 인천 구도심 미분양 물량 및 매매가격지수(출처: 리얼망고)

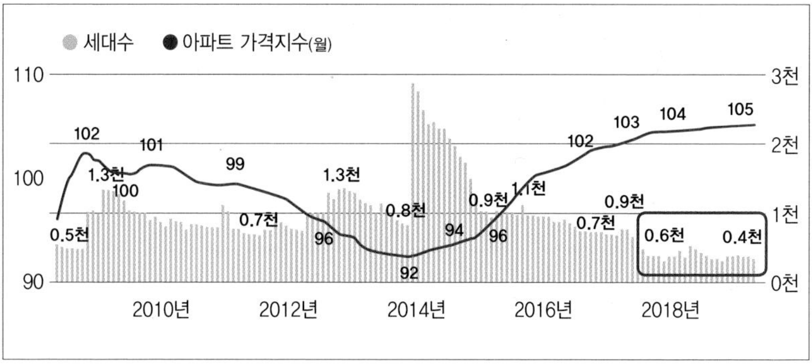

되고 있다. 또한 KB아파트 매매가격지수의 평균(붉은 선)도 상향 추세를 유지한다. 미분양주택도 적은 수준이고 매매가도 조금씩 상승하고 있다는 뜻이다. 이런 추세라면 2020년에도 인천 구도심은 괜찮은 분위기가 이어질 가능성이 높다.

분양 경쟁률 또한 높아지고 있다. 2018년 상반기에 분양한 부평코오롱하늘채의 경우 평균 경쟁률이 2.89 대 1이었다. 하지만 2019년 상반기 같은 지역에서 분양한 부개역코오롱하늘채는 5.39 대 1의 경쟁률을 보이며 서서히 분양 열기가 달아오르고 있다. GTX B노선 예비타당성 조사가 통과되면서 그 열기는 더욱 거세질 전망이다.

여기에 추가로 분양가상한제와 투기과열지구 등에 적용되는 각종 규제로 풍선효과까지 발생하면, 인천 구도심은 10여 년 전의 영광까지는 아니더라도 세간의 관심을 한 몸에 받게 될 가능성이 크다. 또한 열악한 주거 환경의 개선은 구도심이 도약하는 계기로 작용할 것이다. 현재 사업시행인가 단계를 지나 재개발 추진에 탄력이 붙은 단지 중에서

그림 1-12　2020년 주목해야 할 인천 도심재생사업 구역

행정구역	구역명	위치	면적(㎡)	사업유형	진행단계
미추홀구	주안10	주안동 1545-2 일원	50,017	재개발	관리처분인가
	주안4	주안동 1577번지 일원	90,438	재개발	착공
	주안3	주안동 830번지 일원	96,583	재개발	관리처분인가
	학익1	학익1동 220번지 일원	77,464	재개발	사업시행인가
	학익2	학익2동 15번지 일원	14,862	재개발	관리처분인가
부평구	부평4	부평동 665번지 일원	80,720	재개발	관리처분인가
	산곡2-2	산곡동 179번지 일원	44,462	재개발	착공
	부평아파트	부평5동 98-64번지	12,006	재건축	관리처분인가
	삼산1	삼산동 221-6번지 일원	32,653	재개발	관리처분인가
	삼산부영아파트	삼산동 74-2,7번지	13,898	재건축	관리처분인가
	부개서초교북측	부개동 145-10번지 일원	76,157	재개발	관리처분인가
	한마음아파트	부평동 758-31번지 외 7	16,100	재건축	관리처분인가

2020년에 관심을 기울여야 할 구역을 정리하면 그림 1-12와 같다.

수원 구도심 재개발

이번에는 수원을 살펴보겠다. 수원은 경기도 최대의 도시로 광교를 포함한 영통구 일대의 신도심과 그 외의 구도심이 공존한다. 수원 역시 재개발 구역이 많은데, 2020년에 특히 주목해야 할 구역은 단연 매교역 인근이다. 4개 구역이 밀집한 이곳은 2018년 6월에 권선6구역을 마지막으로 모두 관리처분인가를 받은 상태로, 2023년에 1만 7000세대가 입주할 예정이다. 매교역을 끼고 '미니 신도시' 하나가 형성되는 셈이다. 지금껏 상상하지 못했던 구도심의 특급 반격이 이곳을 중심으로 이루어질 전망이다.

사실 그전부터 수원 재개발 시장은 많은 투자자에게 주목을 받아왔다. 광교 신도시의 성공으로 수원 신축 아파트에 대한 기대치가 높아졌고, 2018년 분양한 수원역파크푸르지오는 평균 11 대 1이 넘는 경쟁률을 기록하며 성황리에 분양을 마감했다. 분양가가 주변 시세보다 비싼 평당 1400만 원대였는데도 높은 경쟁률과 계약률을 보였다. 수원역파크푸르지오는 구도심에서도 신축 아파트가 성공할 가능성이 있다는 것을 충분히 입증한 사례였다.

이번에는 재개발 사업의 출구인 분양 시장을 알아보자. 수원은 대표적으로 공급이 부족한 도시다. 그림 1-13은 수원시 미분양 물량 현황을 나타낸 그래프로, 2016년 이후부터 미분양이 '제로' 수준을 이어오고 있는 걸 보여준다. 입주 물량이 많았던 영통구와 권선구는 2018년에 거의 분양이 마무리됐다. 미분양도 없는 상황에서 앞으로는 추가적인 공급도 줄어들 전망이다. 구도심인 팔달구와 장안구는 2020년에 입주 물량이 거의 없다. 종합해보면 수원시는 미분양도, 입주 물량도 거의 없는 상태가 2020년까지 이어지므로, 하락 압력보다는 상승 압력이 더 강하게 작용할 걸로 예상된다. 이것이 수원 구도심에서 시행되는 재개발 사업에 관심을 가져야 할 이유다.

2023년에 1만 7000세대의 입주를 앞둔 매교역 인근은 1군 브랜드의

그림 1-13 수원 미분양 물량 현황과 KB아파트 매매가격지수(출처: 리얼망고)

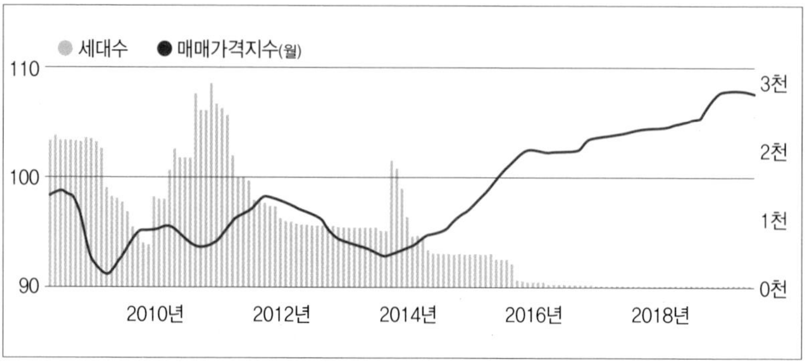

각축장이다. 이 말은 곧 메이저급 건설사들도 이 지역을 유망하다고 인정했다는 의미다. 구역별로 규모와 시공사를 보면 다음과 같다.

팔달8구역: 3504세대, 대우건설·SK건설
팔달10구역: 3432세대, 현대산업개발·GS건설
팔달6구역: 2586세대, 현대산업개발·대우건설
권선6구역: 2178세대, 삼성물산·SK건설·코오롱건설

각각의 규모 또한 2000세대 이상으로 대규모 단지가 조성될 예정이다. 더욱 중요한 점은 이 단지들이 지하철역을 중심으로 모여 있다는 사실이다. 1만 7000세대를 수용할 미니 신도시는 그동안 상상하지 못했던 수원 구도심의 놀라운 변화를 이끌 전망이다.

다만 권선6구역을 제외하고는 모두 조정대상지역으로 지정돼 있어

그림 1-14 지하철 분당선 매교역 인근 재개발 구역(출처: MK부동산)

* 2023년, 매교역을 끼고 1만 7000세대 미니 신도시가 조성될 예정

대출 제한 지역에 포함된다. 또한 1억 원 이상 형성된 프리미엄으로 투자자와 실거주자의 접근이 많이 어려워진 것도 사실이다. 하지만 언제나 그랬듯이 미니 신도시급 재개발 사업이 완료되고 나면 수원 구도심의 이미지는 획기적으로 개선될 것이고, 그 중심에서 매교역 인근 재개발 구역이 크게 활약할 것이다. 2020년, 매교역 인근 재개발 구역들의 약진을 기대해본다.

THEME 3

서울이 늙고 있다

그림 1-15는 서울의 아파트 연도별 입주 현황이다. 1980년대 후반에는 강남이 개발되며 아파트의 공급이 많았다. 그러다가 2000년대 초중반에 들어 다시 공급이 늘었다. 이후로는 계속 입주 물량이 줄었고, 최근에 다시 공급이 늘어나는 추세다. 현시점에서 대략 5만 호 정도가 공급되고 있다.

이로 미루어 보아 2020년에 우리가 주목해야 할 또 하나의 주제는 1990년 이전에 입주한 아파트들이다. 서울에서 아파트 노후화 문제가 극대화되는 시점이기 때문이다.

노후화 문제와 함께 서울은 아파트 공급 문제도 심각한 수준이다. 서울 아파트 가격이 이토록 치솟은 대표적인 이유는 바로 공급의 부족이다. 공급이 부족하면 희소성이 생기기 마련이다. 서울은 특히 공급이

그림 1-15 서울 아파트 연도별 입주 세대수(출처: 리얼망고)

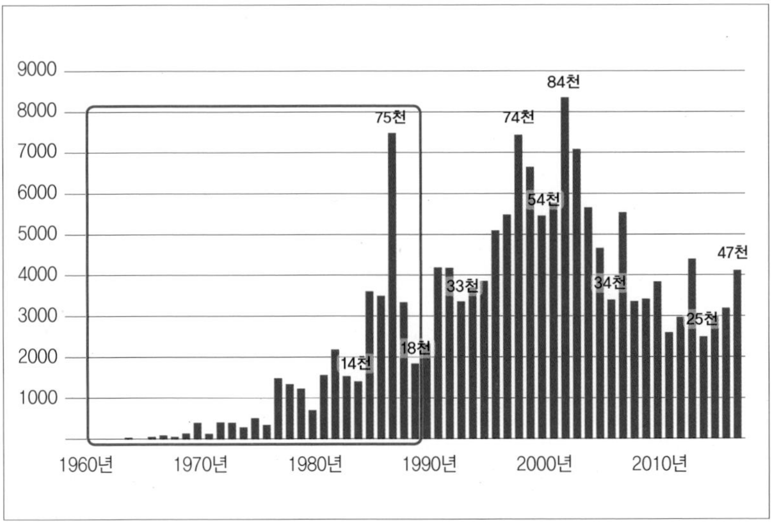

부족한데 수요는 일정하니 시장 원리에 따라 가격이 오를 수밖에 없다. 결국 가격을 장기적으로 안정화시키는 방법은 공급을 늘리는 것뿐이다.

하지만 서울에 아파트를 더 많이 짓는 일은 사실상 불가능하다. 그림 1-16은 서울을 내려다보는 위성사진으로, 보이는 것과 같이 매우 촘촘하게 건물이 들어차 있다. 붉은 선으로 표시된 서울시 주변부에 황토색으로 보이는 곳들이 농지와 같은 빈 땅이다. 가장 왼쪽의 강서구 부근을 보면 노란색 땅이 보이는데, 그곳이 바로 서울의 마지막 택지지구라 불렸던 마곡지구다.

이처럼 서울에는 더 이상 집을 지을 만한 토지가 남아 있지 않다. 토지는 한정돼 있으니 결국 기존 건축물을 허물고 새로 집을 짓는 것이

그림 1-16 서울시 위성사진(출처: 구글어스)

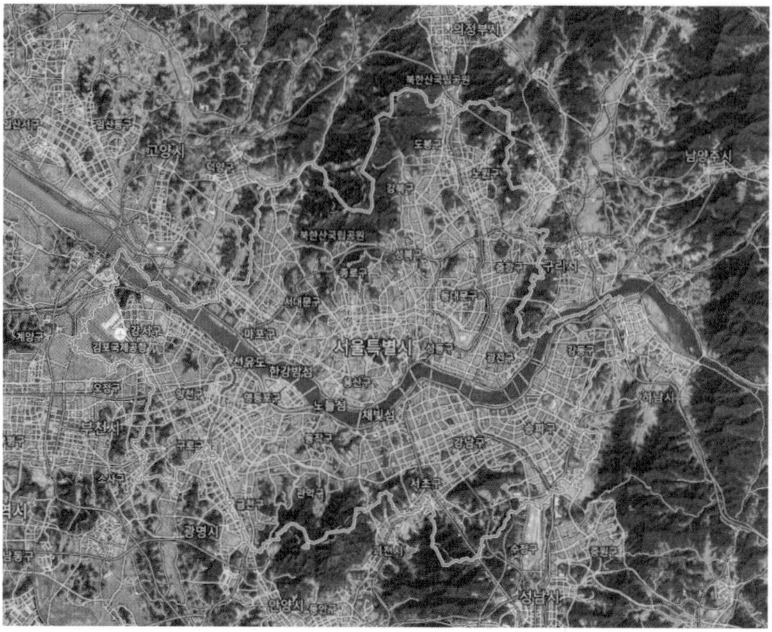

공급을 늘리는 유일한 대안이다. 저층의 단독주택이나 다가구주택을 새 아파트로 바꾸는 재개발 사업, 저층이나 중층 아파트를 고층 새 아파트로 바꾸는 재건축 사업만이 서울의 주택난을 해소하고 집값을 안정화시킬 수 있다는 의미다.

하지만 서울시의 현 정책은 정반대 방향을 향해 있다. 2018년 11월 건설경제신문에 따르면, 박원순 서울시장이 취임한 이후 서울의 683개 정비구역 가운데 393개 구역이 해제됐다. 무려 57.5%다. 이어 2019년에도 순차적으로 해제 처리가 진행됐다. 이러한 추세는 2020년에도 이어질 전망이다. 분양가상한제가 본격적으로 시행되면 정비사업의 사업성이 낮아진 와중에, 재건축 사업장에서 재건축 초과이익 환수제(재건축 조합원이 평균 3000만 원 이상 개발이익을 얻으면 정부가 이익의 최고 50%를 부담금으로 환수하는 제도)를 부담해야 해 사업성은 더 떨어질 전망이다.

결국 앞으로 주택 공급은 더욱 축소될 것이 분명하다. 이와 같은 서울시의 수요억제정책으로 서울 아파트의 희소성은 날로 높아질 가능성만 남았다.

신축 아파트 인기는 여전할 것

전국적으로 신축 아파트를 향한 열기가 대단하다. 이러한 추세는 서울과 지방을 가리지 않고 2020년은 물론 상당 기간 지속될 것으로 보인다. 특히 신축 아파트의 공급이 적은 지역에서는 더더욱 신축의 인기가 치솟으리라 예상된다. 최근 서울시는 그간 재개발·재건축 사업을 진행해온 영향으로 신축 공급이 일부 늘긴 했다. 하지만 앞서도 살펴본 정비구역 해제와 분양가상한제, 재건축 초과이익 환수제와 대출 제한 등의 규제로 공급은 날이 갈수록 줄어들 전망이다. 결국 서울의 신축 아파트는 시간이 갈수록 품귀현상이 가속화될 가능성이 크다.

그림 1-17은 서울 강남구 내 신축 아파트와 준신축 아파트의 비중을 나타낸 그래프다. 통상적으로 신축 아파트라고 하면 입주한 지 5년이 지나지 않은 아파트를 말한다. 준신축 아파트는 입주 15년 차 이내의 아파트다. 그림 1-17 왼쪽 그래프에서 보이듯이 서울 강남구는 신축과 준신축 아파트의 수가 일정하게 유지되고 있다. 하지만 전체 아파트에

그림 1-17 서울시 강남구 신축·준신축 주택 세대수(왼쪽)와 신축·준신축 아파트 비중
(출처: 리얼망고)

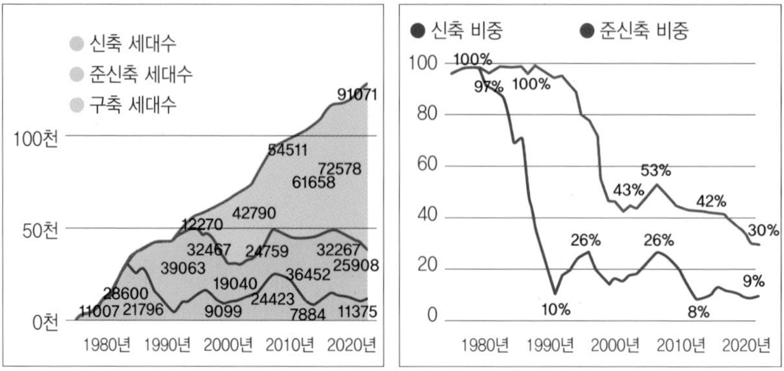

서 차지하는 비중은 신축이 9%, 준신축이 30%로 점차 그 비중이 줄어들고 있다. 그나마 강남구는 재개발·재건축 사업이 활발하게 진행되면서 신축 입주가 꽤 있는 편이다. 높은 분양가 덕에 사업성이 확보됐으니, 규제가 막강하더라도 이를 뚫고 사업이 진행된 것이다. 규제가 더 심해질 2020년에는 강남권을 제외한 기타 서울의 자치구에서 신축의 비중이 점점 더 줄어들 전망이다.

강남 이외의 지역은 어떨까? 그림 1-18은 강북에서도 학군이 꽤 괜찮은 지역으로 꼽히는 서울 노원구 일대의 신축과 준신축 현황을 보여주는 그래프다. 왼쪽을 보면 이 지역은 신축 세대수가 급격히 줄어 2020년에 신축 비중이 2.7%, 준신축 비중이 6.4%까지 떨어질 걸로 보인다. 이런 지역에서 신축 아파트의 인기는 어느 정도일까? 희소성과 시장 논리를 생각하면 지금껏 상상하지 못했던 가격에 아파트가 나올 가능성이 크다.

그림 1-18 서울시 노원구 신축·준신축 주택 세대수(왼쪽)와 신축·준신축 아파트 비중
(출처: 리얼망고)

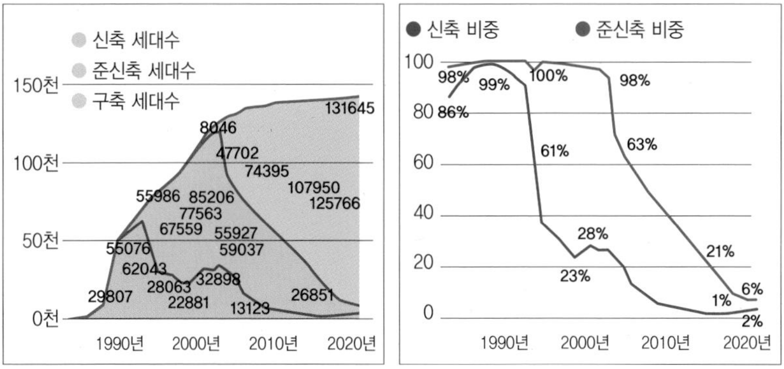

실제로 2019년 청량리와 성동구 등의 신축 단지에서 이런 현상이 목격됐다. 신축 공급이 상대적으로 적은 이런 지역에서는 신축 아파트를 공급할 가장 확실한 방법이 바로 재개발·재건축이다. 하지만 강남구처럼 활발하게 사업이 이루어지지 못하는 이유는 사업성 때문이다. 높은 분양가로 분양되지 않으니 조합원 분담금이 늘고, 그러면 원주민의 동의를 얻기가 어렵다. 저층 아파트라면 그나마 재건축이 수월할 테지만, 중층 이상의 아파트라면 높은 분양가로 분담금을 줄여야만 사업에 속도가 붙을 것이다. 즉, 분양가상한제와 재건축 초과이익 환수제가 본격적으로 발동하는 2020년부터는 서울 내 아파트 공급이 줄어 장기적으로 신축 아파트가 더 귀해질 전망이다.

앞서 이야기한 내용을 종합해보면 서울의 주택은 점점 더 늙어가고, 동시에 신축 아파트 공급은 규제로 더 줄어들 것이다. 이런 현상은 2019년보다 2020년에 더 심해질 것으로 예상된다. 결국 신축 아파트는 그 희소성이 부각될 가능성이 크다. 서울에서 내 집 마련을 고민하고 있다면 앞으로는 신축 아파트에 관심을 갖길 바란다. 가장 좋은 방법은 분양을 통해 얻는 것이다.

이미 주택을 소유한 사람들은 어떻게 해야 할까? 갈아타기를 통해 신축 아파트를 매수하는 방법을 추천한다. 각종 규제 때문에 가격 상승이 주춤할 것이므로 오히려 갈아타기에는 절호의 타이밍이라 판단된다. 특히 신축 아파트에 관심이 많다면 재개발이나 재건축 입주권을 노려볼 만하다. 지난 테마에서 설명한 '규제를 피해 간 단지'라면 더욱 좋겠다. 무주택자이면서 청약 가점까지 높다면 분양가상한제가 시행된 이후 분양할 단지들을 계속 공략해보길 추천한다.

서울은 늙어가고 있고 이 추세는 2020년에 더욱 극심해질 전망이다. 장기적으로 축소될 공급의 틈을 파고들기 위해서는 재개발과 재건축 입주권에 관심을 기울여야만 한다.

위기는 항상 기회를 낳는다. 진짜 고수는 위기 속에서 시그널을 발견하고 그 틈새를 노려 기회를 붙잡는다. 2020년 규제라는 거대한 흙 속에서 반짝이는 진주를 찾길 진심으로 기원한다.

COLUMN

재개발에 관심이 있다면 꼭 알아야 할 것들

앞에서 꼽은 세 가지 테마에 이어 실수요자와 투자자 모두에게 유용할 '2020년 꼭 알아야 할 재개발·재건축 이슈'를 소개해볼까 한다.

첫째, 재개발 사업의 초기 단계에서는 사업성을 판단하기가 쉽지 않다.

투자를 위해 재개발에 관심을 두고 조합원 주택을 사는 경우가 꽤 많다. 일단 '좋다'고 하니까 건물을 사긴 하지만, 사면서도 찜찜한 기분을 떨치기란 쉽지 않다. 이유는 간단하다. 자신이 산 가격이 비싼지, 싼지 알 수 없기 때문이다. 아파트로 재개발될 예정인 빌라를 사업 초기에, 그러니까 조합설립 이후에 샀다고 가정해보자(감정평가액, 조합원분양가가 나온 시점을 기준으로 초기와 후기를 나눈다). 앞으로 재개발 사업이 얼마나 걸릴지도 문제지만, 조합원 빌라를 싸게 샀는지 비싸게 샀는지도 스스로 판단할 수 있어야 한다.

그 판단 방법 중 하나가 바로 주변의 신축 아파트 시세를 확인하는 것이다. 예를 들어 주변의 신축 아파트가 5억 원 정도에 거래된다고 해 보자. 이때 재개발 예정인 빌라를 2억 원에 샀다면 과연 싸게 산 걸까? 이를 알려면 조합원분양가도 알아야 하고 감정평가액도 알아야 한다. 하지만 이는 사업시행인가와 관리처분인가 사이의 시점에 정해진다. 앞으로 시장이 어떻게 변할지조차 알 수 없는 상황에서 자신이 지불한 가격이 합당한지를 알기란 쉽지 않다.

그래서 재개발 투자를 목적으로 하는 사람에게는 최소 사업시행인가 이후에 관심을 두길 추천한다. 초보 투자자라면 조합원분양가와 감정평가액이 나오고 난 다음에 건물을 사길 권한다. 더 좋은 방법은 관리처분인가가 난 다음에 결정하는 것이다. 대박 수익을 얻기는 어려울 수 있어도 적어도 내 가격이 합당한지는 가늠할 수 있기 때문이다.

둘째, 주변 시세 파악이 중요하다.

재개발 진행 단계 후반부(조합원분양가, 감정평가액이 정해진 시점)에 접어든 재개발 구역에서는 주변 시세를 잘 파악하는 일이 중요하다. 일반적으로 재개발 후반부에 입주권을 살 때는 프리미엄, 소위 'P'라는 것을 더 주고 사게 된다.

프리미엄(P) = 매입금액 - 조합원분양가

만약 조합원분양가가 3억 원인 입주권을 4억 원에 매입했다면 프리미엄은 1억 원이 된다.

프리미엄(P) = 매입금액(4억 원) - 조합원분양가(3억 원) = 1억 원

그러므로 이 아파트의 입주권을 1억 원 더 주고 사는 격이다. 이것이 주변 시세와 차이가 클수록 이익도 더 커진다. 주변 신축 아파트의 시세가 6억 원이라고 가정해보자.

예상 이익 = 주변 시세(6억 원) - 매입금액(4억 원) = 2억 원

위에서처럼 재개발 진행 단계 후반부에 2억 원 정도의 차익이 예상된다면 투자자가 더 몰리고, 자연히 프리미엄도 상승해 매수자의 이익이 줄어들 것이다. 또한 시장이 달아올라서 미래에 대한 긍정적인 전망이 나오기 시작하면 프리미엄은 더 오른다. 그 반대의 상황에서는 물론 프리미엄도 낮아질 것이다.

주변 시세 〉 조합원분양가 + 프리미엄

2020년 서울의 분위기는 어떨까? 2019년 말 기준으로 주변 시세가 지속해서 상승하니 매수자 입장에서는 한없이 높아 보였던 프리미엄이 낮아 보이게 될 것이다. 이로 인해 매수심리가 더 자극돼 프리미엄이 상승하는 현상은 이미 벌어지고 있다.

그림 1-19 서울의 아파트 전경

셋째, 가장 중요한 것은 아파트 시장이다.

2020년은 미·중 무역 분쟁, 한·일 간 무역 마찰, 장단기 금리의 역전(경기 침체의 신호로 보는 경향이 강하다), 코스닥 시장의 급등락 등 외부 요인으로 부동산 시장도 불확실성에 휩싸일 가능성이 있다. 하지만 IMF나 금융위기 수준의 침체가 오지 않는 이상, 다른 시장에 비해 부동산 시장은 거시경제의 영향권에서 비교적 자유롭다. 재개발이 잘 마무리되려면 분양 시장이 견고해야 하고 분양가도 점점 높아지는 추세여야 한다. 반대의 상황에서는 잘 진행되던 재개발 사업마저 표류하기 쉽고 주변 시세 또한 하락하는 일이 벌어진다. 주변 시세의 하락은 기존에 생각했던 프리미엄의 하락까지 야기할 수 있다.

어쨌거나 부동산 시장의 전체적인 상황을 잘 확인하려면 미분양 물량과 정부의 부동산 정책에 항상 관심을 기울여야 한다. 특히 미분양 주택이 빠르게 증가한다면 이는 필시 위험의 시그널이므로 주의해야 한다. 미분양 물량뿐만 아니라 해당 지역의 아파트 청약 경쟁률도 알아보는 것이 좋다. 청약 경쟁률이 저조해지면 이는 곧 미분양으로 이어질 가능성이 크다는 징조다. 지속적으로 청약 경쟁률이 하락하는 것 또한 위험을 알리는 시그널이라고 할 수 있다. 최근에는 미분양 관련 자료를 잘 정리해놓은 사이트가 많으니, 한두 곳 정도 가입해 동향을 살피기를 추천한다.

PART2

청약 · 분양권

– 월용이

강남4구 · 마용성

핀셋 규제가

청약 시장에 미칠 영향

2019년을 돌아보며

로또냐, 그림의 떡이냐, 그것이 문제로다!

2019년 청약 시장은 전년도 9·13 대책의 강력한 영향권에 있었다. 특히 실거주를 목적으로 한 순수한 무주택자에게 내 집 마련의 기회가 폭넓게 주어졌다. 여기서 '순수한 무주택자'란 실물 주택은 물론 분양권(아파트가 완공되었을 때 입주할 권리)과 입주권(재건축 조합원이 새 집에 입주할 권리)도 갖지 않은 청약자를 뜻한다. 이전까지 청약에서는 분양권과 입주권을 주택으로 셈하지 않았다. 이들 권리가 한 개든, 다섯 개든 간에 잔금을 치르기 전에 매도하면 무주택자로 인정받을 수 있었다. 하지만 이번 정부는 투자자의 '법의 활용'을 '법의 악용'으로 간주했다. 그 여파로 9·13 대책이 발표된 2018년 9월 13일부터 본격적인 시행 시점인 2018년 12월 11일까지 3개월간 신규 공급이 전면 중단됐고, 이는 2019년 분양 시장에도 고스란히 영향을 미쳤다.

청약 당첨자를 가릴 때 가점제(무주택기간, 부양가족수, 청약통장 가입기간에 따른 점수를 더해 높은 가점 순으로 당첨자를 선정하는 방법)의 비율을 높인 것도 무주택자에게 유리해진 부분이다. 청약 당첨자를 선정하는 방법은 가점제와 추첨제가 있다. 이전에는 주택면적에 관계없이 가점제와 추첨제를 혼용해 당첨자를 선정했는데, 2017년 8·2 대책부터는 특정 지역에서 전용면적 85㎡ 이하 주택에 청약할 때 가점제의 비율을 100%까지 늘렸다. 이어진 9·13 대책에서는 보다 더 강화된 규제로 투기지역, 투기과열지구, 조정대상지역, 광역시에서 85㎡ 이하 주택 청약 시 '1순위' 청약 조건을 아예 무주택자로 한정했다. 유주택자의 당첨 기회를 원천 차단하겠다는 의도다. 전용면적 85㎡ 초과 주택에는 1주택자도 청약을 넣을 수 있지만 이마저도 무주택자에게 우선 배정되는 방식을 취하며, 입주가능일로부터 6개월 이내에 기존 주택 처분 조건에 응해야만 당첨 처리했다(분양 공고일 기준 2주택자 이상은 85㎡ 초과 면적에도 청약할 수 없다).

그림 2-1 주택면적에 따른 가점제 및 추첨제의 청약 당첨 비율(단위: %)

구분	85㎡ 이하		85㎡ 초과	
	가점제	추첨제	가점제	추첨제
투기지역·투기과열지구	100	0	50	50
조정대상지역	75	25	30	70
수도권 공공택지	100	0	50	50
기타 지역	40	60	0	100

그렇다고 해서 추첨제가 100% '뺑뺑이'도 아니다. 추첨 세대 안에서도 75%는 무주택자와 1주택자(처분 조건)에게 배정된다. 즉, 가점제에서 탈락한 이들에게 또 한 번 당첨의 기회를 주는 것이다. 다주택자 입장에서는 1순위 청약에서 미달이 생겨야 비로소 차례가 돌아오니, 아주 강력한 규제 카드라 할 수 있다. 이 밖에도 가점을 계산할 때 부양가족 수 인정 기준을 더욱 까다롭게 심사하는 등 새 아파트를 둘러싼 진입 장벽은 높아져만 갔다.

진짜 문제는 고분양가다

2018년 9·13 대책 발표 이후 3개월간 '올스톱'된 서울의 청약 시장은 2019년에도 사정이 크게 나아지지 않았다. 신규 물량은 예정보다 적었고, 2018년 여름에 서울 아파트 가격이 폭등하며 공시지가마저 상승하자 새 아파트의 분양가는 천정부지로 치솟았다. 실제로 2019년 2월에 분양한 서울 광진구 e편한세상광진그랜드파크는 시세 대비 2억 원가량 높은 분양가로 초반 계약률이 10%도 채 되지 않았다.

서울에서 공급되는 신축 아파트는 대부분 재정비구역에 터를 잡고 있다. 재정비구역은 조합원의 수익을 끌어올리기 위해 일반분양가를 높게 책정하는 경향이 있다. 그동안 터무니없이 높게만 느껴졌던 서울의 고분양가에는 이러한 비밀이 숨어 있었다. 정부가 실수요자에게 아파트를 저렴하게 공급하려면, 분양가를 강제로 낮추는 방법밖에 없다. 그렇게 생긴 제도가 2019년 6월 6일에 발표한 HUG(주택도시보증공사)의

그림 2-2 고분양가 사업장 심사 기준

구분	기존	개선안
고분양가 사업장 해당 기준	① (지역 기준) 1년 이내 분양 사업장 - 비교 사업장 평균 분양가 및 최고 분양가의100% 이내	① (1년 이내 분양 기준) 좌동 - 비교 사업장 평균 분양가 및 최고 분양가의 100% 이내
	② (인근 기준) 1년 초과 분양 사업장 - 평균 분양가의 110% 이내	② (1년 초과 분양 기준) 좌동 - ⓐ 평균 분양가에 주택가격변동률을 적용한 금액 이내 * 주택가격변동률이 하락할 경우, 평균 분양가의 100% 이내에서 심사 - ⓑ 평균 분양가의 105% 이내 ⇒ ⓐ와 ⓑ 중 낮은 금액 이내에서 심사
	③ (인근 기준) 준공 사업장 평균 매매가의 110% 이내	③ (준공 기준) 준공일로부터 10년 이내 - ⓐ 평균 분양가에 주택가격변동률을 적용한 금액 이내 * 주택가격변동률이 하락할 경우, 평균 분양가의 100% 이내에서 심사 - ⓑ 해당 지역(시·도) 최근 1년간 평균 분양가격 - ⓒ 평균 매매가의 100% 이내 ⇒ ⓐ와 ⓑ 중 높은 금액을 적용하되, ⓒ를 초과하지 않는 범위 이내에서 심사

고분양가 사업장 심사 기준이다.

그림 2-2와 같이 심사 기준을 강화해 분양가를 책정하는 데 제약을 두었다. 일부 구역에서는 후분양하는 방법으로 방향을 선회하기도 했다. 하지만 정부는 여기서 그치지 않고 민간택지 분양가상한제라는 철퇴를 내리쳤다. 후분양을 검토하거나 결정했던 구역이 다시 선분양으

로 전환하도록 고삐를 돌린 셈이다. 적절한 예시가 2019년 10월에 분양한 서울 동작구의 이수스위첸포레힐즈다. 이 단지의 전용면적 84㎡ 분양가는 9억 4850만 원이었다. 바로 전달에 분양한 이수푸르지오더프레티움의 분양가인 8억 9900만 원보다 약 5% 높은 수준이다.

2017년만 해도 서울에서는 가점 10~30점대로도 분양받을 단지가 여럿 있었다. 강동구와 강북구, 구로구, 노원구, 동작구, 마포구, 양천구, 은평구, 중랑구에 있는 단지가 그랬다. 당시 서울의 집값 상승폭이 낮기도 했지만, 새로 분양될 아파트가 많았기에 적은 가점으로도 선호에 맞는 아파트를 취사선택할 수 있었다. 하지만 2018년에 서울의 아파트 가격이 수직 상승하면서 베블런 효과Veblen Effect(비쌀수록 잘 팔리는 현상)가 생겼다. 때마침 분양 물량마저 줄어들자 당첨 커트라인이 50점대 후반까지 치솟았다. 그러다가 청약 과열 양상은 2019년에 들어 다소 소강상태에 접어들었다. 이유는 두 가지다. 앞서 이야기했듯 예상보다 높게 형성된 분양가가 한몫했고, 기왕이면 고가점으로 더 좋은 아파트에 청약하겠다는 대기 수요가 발생한 것이다.

당첨 가점이 오를 대로 오른 상황에서 소위 '황금통장'을 가진 청약자는 제대로 된 '한 방'을 노린다. 아무리 서울이라도 비선호 지역에서 나온 분양은 크게 매력적으로 느끼지 않는다. 여기에 분양가마저 시세와 별반 차이가 없으니 더 돌아보지도 않는 것이다. 가령 청량리역롯데캐슬SKY-L65처럼 모두의 기대를 한 몸에 받는 단지가 언젠가 분양을 앞두고 있다면, 그보다 한 끗 차이로 먼저 분양한 단지에는 통장이 몰려들지 않는다. 청량리역해링턴플레이스와 청량리역한양수자인192가 그러한 경우다. 분양가상한제의 직격탄을 맞은 강남4구(강남구·송파구·

그림 2-3 2019년 서울 주요 청약 아파트 전용면적 84㎡ 당첨가점 커트라인

분양시기	단지	접수건수	84A	84B	84C	84D	84E	84F	84G
1월	e편한세상 청계센트럴포레	8,307	59	54					
2월	e편한세상 광진그랜드파크	1,170	27	21	17	20	16		
3월	홍제역해링턴 플레이스	2,930	42	41	36				
3월	태릉해링턴 플레이스	4,048	67	63					
4월	신내역금강 펜트리움센트럴파크	2,234	51						
4월	청량리역해링턴 플레이스	3,636	51						
4월	청량리역 한양수자인192	4,391	24	52	26	30	52	43	61
5월	디에이치포레센트	2,234	51	54					
5월	방배그랑자이	3,636	42	45	36				
5월	롯데캐슬 클라시아	12,241	58	65		65	54		
6월	신내역 힐데스하임참좋은	1,569	47	46					
7월	청량리역 롯데캐슬SKY-L65	17,729	41	51	57	46	43	58	61

서초구·강동구)에서는 시세보다 훨씬 저렴한 가격에 나올 대단지를 노리는 청약자들로 대기 수요가 많았다.

2020년의 가장 큰 변수는 단언컨대 분양가상한제다. 분양 시기를 미룬다고 뾰족한 수가 보이지 않는 서울의 분양 예정 단지들은 2020년에 앞다퉈 분양을 쏟아낼 수 있다. 분양 시기가 서로 겹친다면 40점대 중반 가점까지 기대를 걸어볼 만하고, 가뭄에 콩 나듯이 분양한다면 60점대가 아니고서야 당첨이 되기는 힘들 것이다.

정리하자면, 서울에서 50~60점대 청약통장을 가진 1순위 청약자는 분양이 열릴 때마다 실제 청약자수 파악에 머리를 싸매야 한다. 반면 당첨이 꿈만 같은 저가점자는 구축 아파트와 입주권 매매로 방향을 돌려 내 집 마련을 고민해야 할 시기다.

THEME1

분양가상한제가 불러온 서울 '로또' 청약

2019년 8월 12일 국토교통부는 민간택지에도 분양가상한제를 적용한다는 내용의 보도자료를 발표했다. 그리고 11월 6일에 분양가상한제 적용 지역을 발표했다. 분양가상한제란 집값 안정화를 위해 분양가를 책정할 때 택지비에 건축비, 건설업체의 적정 이윤을 더해 해당 가격 이하로 분양가를 정하도록 하는 제도를 말한다. 국토교통부가 발표한 내용은 그간 공공택지에만 적용하던 분양가상한제를 민간택지, 그중에서도 투기과열지구에 적용한다는 내용이었다.

정부는 왜 이런 결정을 내렸을까? 분양가상한제가 시장 전반에 미칠 영향이 실로 강력하기 때문이다. 그동안 서울 신축을 향한 뜨거운 수요는 분양가의 상승을 불러왔다. 그렇게 분양가가 높아지니 자금 사정이 여의치 않은 사람들이 하나둘 저렴한 구축으로 눈을 돌리기 시작했다.

구축으로 다시 수요가 옮겨간 것이다. 심지어는 구축 아파트 가격이 신축을 따라잡는 기현상까지 발생하면서, 다시 신축으로 수요가 집중되는 악순환의 고리가 이어졌다. 서울 은평구 재개발 구역이 이 같은 가격 변동을 잘 보여주는 예시다.

그림 2-4, 2-5를 보자. 은평구가 한창 재개발할 당시 구축이던 백련산힐스테이트2차의 실거래가는 신축 아파트가 하나둘 분양하는 시점에 맞춰 동시에 뛰어올랐다. 상황을 비유해보면 이렇다. 구축의 시세가 5억 원일 때 인근에서 신축은 6억 원에 분양을 했다. 분양가가 주변 시세보다 비싸도 신축에는 으레 가격이 상승할 거라는 기대감이 붙는다. 이에

그림 2-4 서울 은평구 재개발 구역(출처: 네이버지도)

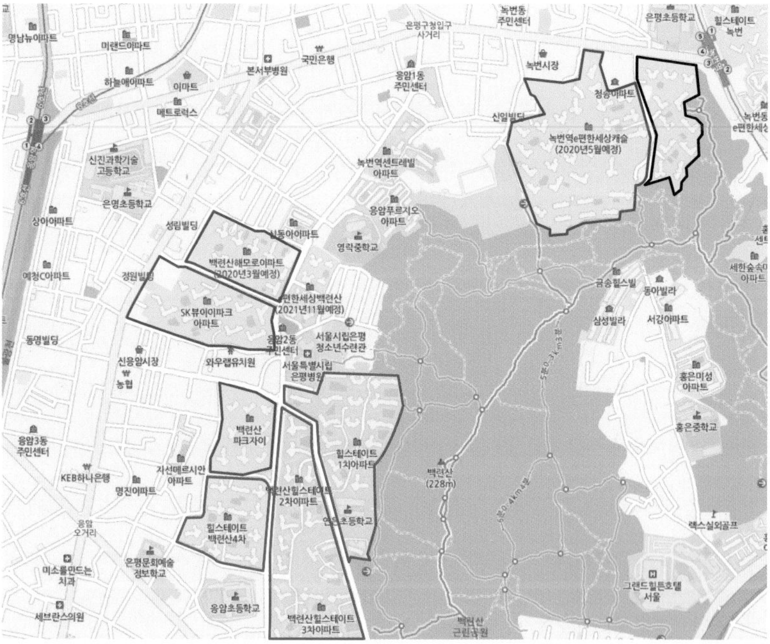

그림 2-5 은평구 재개발 당시 신규 단지 분양가와 구축인 백련산힐스테이트2차의 실거래가 비교

단지명	모집공고	84㎡ 분양가	백련산힐스테이트2차 84㎡ 실거래가
백련산파크자이	2016년 6월 16일	5억 1280만 원	4억 7000만 원
백련산SK뷰아이파크	2017년 3월 2일	5억 2150만 원	4억 8650만 원
백련산해모로	2017년 10월 26일	5억 3600만 원	5억 원
녹번역e편한세상캐슬	2017년 10월 23일	6억 1880만 원	5억 원
힐스테이트녹번역	2018년 11월 27일	7억 1370만 원	6억 8500만 원

프리미엄은 1억 원까지 올라 신축의 가격이 7억 원대에 형성된다.

정부 입장에서는 여기서 그치면 좋으련만, 시장은 또 그렇게 흘러가지 않는다. 비교적 가격이 저렴한 구축에 다시 관심이 쏠리고, 구축의 가격도 수요공급의 법칙에 따라 덩달아 1억 원이 오른다. 그렇다면 그 다음에 분양할 신축 아파트는 어떻게 될까? 적어도 프리미엄만큼은 반영돼 7억 원에 분양가가 책정되는 것이다. 집값 안정화에 사활을 건 정부가 더 이상 가볍게 볼 사안이 아니게 됐다.

국토교통부가 꺼내든 분양가상한제 카드는 이 같은 가격의 상관관계를 중간에서 끊어내겠다는 의지다. 2013년부터 서울 신축 아파트 가격은 본격적으로 상승했다. 이때 만약 신축의 분양가를 구축의 매매가 수준(5억 원)에 묶어두고, 분양권의 전매를 허용하지 않았다면 시장에 매물이 나올 수 없어 프리미엄도 붙지 않았을 것이다. 구축의 가격을 자극하는 요인이 없으니 당연히 구축의 매매가도 오를 수 없는 구조가 형성된다. 국토교통부가 분양가상한제 지역을 지정하고 나선 건 이 같은 계산에 따른 조치로 파악된다. 분양가를 먼저 끌어내려 구축의 매매까지 동시에 잡겠다는 의도다. 최대 10년까지 설정한 전매 제한이 시너지를 발휘하면, 시장에서 이 같은 흐름은 당분간 꽤 오래 지속될 것으로 보인다.

그림 2-6 국토교통부의 분양가상한제 지정 배경

배경	세부 내용
서울 아파트 가격이 2019년 6월 4주 기준 32주간 하락하였으나 7월 1주부터 다시 상승세로 전환함	- 강남권 재건축을 중심으로 투자 수요가 집중된 상승세 - 인근 지역 신축 아파트와 다른 자치구의 주요 단지까지 여파가 번짐
최근 1년간(보도자료 발표 당시) 서울의 분양가 상승률이 집값 상승률보다 약 3.7배 높아 분양가 상승이 인근 기존 주택 가격을 끌어올릴 우려가 있음	- 분양가 상승 → 기존 주택으로 수요 이동 → 기존 주택 가격 상승 → 분양으로 수요 이동 → 분양가 상승
분양가를 적정 수준으로 유지시켜 주택시장의 안정을 확고히 하고자 함	- 기존 민간택지 분양가상한제 지정 요건이 지나치게 엄격하고 적용 시점 실효성도 불분명했음 - 지정 요건과 적용 시점을 합리적으로 개정할 필요성이 있음 - 전매 제한 기간을 확대하고자 함

다만 분양가상한제 시행 계획에는 잇단 반발이 있었다. 이에 국토교통부는 10월 1일 관리처분인가 단계를 밟은 단지에 한해 적용 시점을

6개월간 유예한다고 밝혔고, 그 적용 대상을 11월 6일 '핀셋 지정'했다. 그 대상 지역을 살펴보기에 앞서, 지정 배경에는 최근 1년간 분양가 상승률이 높은 곳, 8·2 대책 이후에도 서울 집값 상승을 주도하며 일반분양 예정 물량이 많은 곳, 고분양가를 책정할 움직임이 있는 사업장으로 확인된 곳 등을 기준에 뒀다는 걸 알아두자. 신축 분양은 11월 8일부터 시행이 곧바로 이루어졌고, 정비구역에서는 2020년 4월 29일부터 시행될 예정이다.

그림 2-7 민간택지 분양가상한제 적용 지역(2019년 11월 6일 발표 기준)

지정구	지정동
강남구(8개 동)	개포동, 대치동, 도곡동, 삼성동, 압구정동, 역삼동, 일원동, 청담동
서초구(4개 동)	잠원동, 반포동, 방배동, 서초동
송파구(8개 동)	잠실동, 가락동, 마천동, 송파동, 신천동, 문정동, 방이동, 오금동
강동구(2개 동)	길동, 둔촌동
영등포구(1개 동)	여의도동
마포구(1개 동)	아현동
용산구(2개 동)	한남동, 보광동
성동구(1개 동)	성수동1가

그림 2-7의 적용 지역을 살펴보자. 강남4구(강남구, 서초구, 송파구, 강동구)를 제외한 나머지 지역은 일반분양 단계까지 재정비 사업의 추진이 더디다. 그나마 아현2구역 정도가 진행이 빠른 편이다. 결국 분양가상

한제는 강남4구를 비롯해 서울에서 아파트 가격 상승을 주도하는 지역의 분양가를 묶어 구축의 상승폭까지 제한하겠다는 의도로 풀이된다. 더욱이 이들 지역에서는 분양하는 아파트의 전매가 최대 10년까지 제한된다.

반면 서울 27개 동을 제외한 기타 투기과열지구(과천, 분당, 하남, 광명 등)는 분양가상한제 지정 대상에서 제외됐다. 아울러 전용면적 84㎡ 기준 분양가가 이미 8억 원을 넘어선 서울의 다른 지역도 분양가상한제의 사정권을 피해 갔다. 즉, 송파구와 강동구처럼 분양가가 9억 원을 넘어설 지역은 분양가상한제 적용 대상에 해당하지만, 동대문구와 서대문구 홍제동처럼 분양가가 8억 원대 중반에서 형성된 지역은 그 대상이 아닌 것이다. 전자는 주변 시세보다 6억 원 이상 싸게 분양하면서 전매 제한에 10년이나 묶인 반면, 후자는 주변 시세보다 2억 원 정도 저렴한 기조에 분양하면서 전매 제한도 입주 시까지만 제한되니 실질적으로 9~10억 원대 분양 지역과 6~7억 원대 분양 지역의 경계가 허물어진 셈이다.

따라서 청약 가점 69점 이상인 초고가점자는 국토교통부가 선물한 분양가상한제 지역에서 '로또 아파트'의 기회를 잡고, 50~60점대 고가점자는 분양가상한제 지역에서도 상대적으로 분양가가 낮은 지역에 기대를 걸어볼 만하다. 더불어 '핀셋 지정' 이전까지는 희망을 놓고 있던 40점대 가점자도 시세와 비슷하거나 조금 저렴한 서울 지역(분양가상한제 적용 외 지역)에서 틈새를 노려본다면, 입주 이후에 해당 아파트가 주변 시세를 따라잡는 행운의 기회를 맛볼 수 있을 것이다.

그림 2-8 2019년 1월 위례포레자이 청약 당첨 결과

단지명	주택형	공급세대	지역구분	접수건수	경쟁률	최저가점	최고가점	평균
위례 포레자이	95A	68	해당지역	839	41.55	54	69	58.20
			기타경기	6,026	488.93	69	74	71.14
			기타지역	6,547	393.47	69	74	70.12
	95B	37	해당지역	322	29.27	52	63	55.17
			기타경기	2,115	346.57	68	70	69.25
			기타지역	2,196	242.89	67	69	68.60
	101A	208	해당지역	2,321	37.44	56	74	59.84
			기타경기	13,853	383.62	69	79	72.05
			기타지역	16,457	312.76	69	79	69.98
	101B	143	해당지역	807	18.77	51	64	54.14
			기타경기	4,040	165.66	67	74	69.47
			기타지역	4,595	131.97	65	79	67.06
	108	3	해당지역	65	65.00	62	62	62.00
			기타경기	330	394.00	70	70	70.00
			기타지역	333	726.00	74	74	74.00
	131	28	해당지역	216	27.00	56	60	58.50
			기타경기	1,024	205.33	71	79	74.67
			기타지역	1,686	186.57	68	71	69.29

그림 2-9 2019년 4월 힐스테이트북위례 청약 당첨 결과

단지명	주택형	공급세대	지역구분	접수건수	경쟁률	최저가점	최고가점	평균
힐스테이트 북위례	92	146	해당지역	900	20.45	56	64	60.32
			기타경기	7,921	302.66	70	78	73.93
			기타지역	9,566	250.88	69	79	71.62
	98	166	해당지역	777	15.54	53	78	58.68
			기타경기	5,233	180.61	69	77	71.06
			기타지역	8,689	176.10	69	79	70.40
	102	627	해당지역	3,437	18.28	53	77	58.93
			기타경기	17,651	167.20	69	76	70.75
			기타지역	18,396	124.75	69	79	70.01

그림 2-10 2019년 5월 위례신도시우미린1차 청약 당첨 결과

단지명	주택형	공급세대	지역구분	접수건수	경쟁률	가점최저	가점최고	평균
위례 신도시 우미린 1차	102A	216	해당지역	1,328	20.43	50	70	53.42
			기타경기	6,410	17.44	69	75	69.59
			기타지역	6,828	133.87	69	79	69.76
	102A1	149	해당지역	288	6.40	45	68	50.04
			기타경기	1,171	47.13	67	78	68.73
			기타지역	1,209	35.04	64	69	66.76
	102A2	9	해당지역	58	19.33	52	53	52.50
			기타경기	335	195.00	68	68	68.00
			기타지역	299	171.75	69	69	69.00
	102B	67	해당지역	118	5.90	45	55	49.90
			기타경기	527	48.08	66	68	67.00
			기타지역	570	34.76	66	69	67.65
	102C	150	해당지역	446	9.91	47	68	52.09
			기타경기	2,074	82.50	68	74	69.07
			기타지역	2,237	62.43	65	69	67.58
	102D	13	해당지역	37	9.25	44	64	54.00
			기타경기	208	80.33	64	64	64.00
			기타지역	209	74.50	68	69	68.67
	113A	142	해당지역	649	15.09	46	59	50.18
			기타경기	2,791	121.32	68	74	70.14
			기타지역	3,663	99.04	67	74	68.53
	113A1	13	해당지역	40	10.00	39	42	40.50
			기타경기	179	71.67	69	78	73.50
			기타지역	234	74.33	68	79	72.00
	114T	5	해당지역	85	42.50	69	69	69.00
			기타경기	381	464.00	73	73	73.00
			기타지역	506	464.50	79	79	79.00

그림 2-11　2019년 9월 송파위례리슈빌퍼스트클래스 청약 당첨 결과

단지명	주택형	공급세대	지역구분	접수건수	경쟁률	최저가점	최고가점	평균
송파위례리슈빌퍼스트클래스	105	159	해당지역	10,208	127.60	70	79	73.28
			기타지역	9,712	251.14	69	79	72.68
	111	169	해당지역	3,437	40.79	68	74	67.49
			기타지역	3,139	77.63	68	72	68.88
	114	42	해당지역	561	26.71	69	74	69.45
			기타지역	513	50.14	69	72	69.36
	116A	60	해당지역	837	27.90	64	74	66.87
			기타지역	580	46.23	64	70	65.80
	116B	11	해당지역	458	76.33	75	74	74.00
			기타지역	306	151.60	75	74	74.00
	105T	4	해당지역	718	359.00	82	82	82.00
			기타지역	634	675.00	82	82	82.00
	111T	8	해당지역	393	98.25	79	79	79.00
			기타지역	289	169.50	75	78	76.50
	118T	4	해당지역	35	17.50	57	57	57.00
			기타지역	46	37.50	58	58	58.00
	130T	8	해당지역	449	112.25	79	81	80.00
			기타지역	278	18.75	74	74	74.00

시세보다 80% 싼 분양가 vs. 10년간 전매 제한

여기 두 가지 선택지가 있다. 하나는 시세보다 분양가가 훨씬 싼 대신 10년 동안 팔지 못한다는 제약이 있다. 다른 하나는 분양가가 높지만 사고파는 데는 아무런 제약이 없는 경우다. 실제 청약자는 어떤 선택을 할까? 입지에 따라 차이는 있지만, 전매 제한이 아무리 길어도 저렴한 분양가는 당해내지 못한다. 2019년에 분양한 북위례 지역 청약이 좋은 예시다.

9·13 대책으로 공공택지 전매 제한 기간은 2018년 12월 11일부터 최대 8년으로 늘었다. 그림 2-8, 2-9, 2-10, 2-11에서 살펴본 북위례 지역 청약이 그 최대 기한에 해당했다. 하지만 이에 보상이라도 하듯 분양가는 타임머신을 타고 2014년 시세 수준에 머물러 있었다. 서울은 물

그림 2-12 시흥 장현지구 청약 결과

분양시기	세대수	단지명	청약자수	입주시기
2017년 10월	891	시흥장현리슈빌	5,421	2020년 7월
2017년 11월	447	시흥시청역동원로얄듀크	1,907	2020년 4월
2017년 12월	928	장현모아미래도에듀포레	3,254	2020년 7월
2017년 12월	712	시흥장현호반베르디움	3,418	2020년 7월
2018년 4월	698	시흥장현제일풍경채센텀	6,518	2021년 1월
2018년 4월	489	시흥장현제일풍경채에듀	2,812	2020년 8월
2018년 4월	590	시흥장현금강펜테리움	3,960	2021년 1월
2019년 5월	345	시흥장현동원로얄듀크2차	370	2021년 12월

론 경기, 인천 지역에서 최대 7만 개의 청약통장이 날아들었다. 특히 위례포레자이는 기타지역의 '최저' 커트라인이 65점이었다. 그야말로 황금통장만이 살아남을 수 있었다. 주변 시세가 아무리 떨어져도 분양가보다 떨어질 일은 없다는 믿음이 강하게 작용한 결과다. 최소한의 리스크로 내 집을, 그것도 새 집을 마련할 수 있다면 수년간 그 집에 머물러도 괜찮다는 의미다.

하지만 공공택지가 모두 같은 성적표를 받아든 건 아니다. 인근 시세와 비슷한 수준으로 분양가를 책정한 시흥 장현지구와 파주 운정신도시를 보자. 이들은 위례보다 전매 제한 기간이 비교적 짧다. 그림 2-12에서 2018년 4월에 분양한 시흥장현금강펜테리움센트럴파크는 전매 제한을 1년으로 둘 수 있는 마지막 찬스였다. 이와 비교해 전매 제한 기간이 3년으로 늘어난 시흥장현동원로얄듀크2차의 1순위 청약자수는 무려 10배가량 떨어졌다.

파주에서는 운정신도시아이파크가 전매 제한 1년으로 1순위 청약자를 3411명 불러 모았다. 하지만 전매 제한 기간이 3년으로 늘면서 이

그림 2-13 파주 운정신도시 청약 결과

분양시기	세대수	단지명	청약자수	입주시기
2017년 10월	1,047	파주운정화성파크드림	512	2020년 2월
2017년 12월	3,042	운정신도시아이파크	3,411	2020년 7월
2019년 6월	820	파주운정신도시대방노블랜드	1,125	2021년 10월
2019년 6월	1,262	파주운정신도시중흥S-클래스	1,314	2022년 5월
2019년 6월	710	운정신도시파크푸르지오	257	2022년 1월

후 분양한 파주운정신도시대방노블랜드와 파주운정신도시중흥S-클래스는 각각의 청약자수를 합쳐도 운정신도시아이파크에 크게 밑돈다. GTX A노선의 착공 확정 소식을 등에 업고서도 말이다. 양주 옥정신도

그림 2-14 분양가상한제 발표 이후 투기과열지구(서울 제외) 전망

투기과열지구	전망
과천	신축 분양은 크게 과천 재건축과 과천지식정보타운으로 나눌 수 있다. 재건축 단지는 1·2·6·7-1·7-2·12단지까지 분양을 끝냈다. 4·5·8·9·10단지는 재건축 초기 단계에 있어 당분간은 일반분양 계획이 없다. 분양가상한제 적용을 받는 과천지식정보타운(공공택지)은 2018년부터 청약을 기다려온 수도권 남부 최고의 청약 관심지다. 1순위 당해(해당지역)에서 청약 가점은 40점대 후반, 이외 지역에서는 60점대 후반을 보유해야 당첨 가능성이 있다.
성남 분당	도시개발구역인 판교 대장지구는 2019년 6월 판교대장지구제일풍경채 분양을 마지막으로 일반분양이 종료되었다. 현재 연립주택 부지와 임대아파트 부지만 남아 있는 상태다. 1기 신도시인 분당은 기존 아파트를 리모델링하는 것 외에 사실상 신규택지 공급이 어려운 상황이다. 따라서 이미 분양가상한제를 적용할 아파트가 없다고 해도 무방하다.
광명	광명은 재건축과 재개발이 동시에 진행되는 지역이다. 재건축 단지 중에서 철산주공7단지 이후에 일반분양이 가시적으로 보이는 곳은 없다. 나머지 단지들은 분양까지 시간이 꽤 걸린다. 재개발은 5개 구역(1, 2, 10, 14, 15구역)이 2020년 연내 분양을 점치고 있지만, 분양가상한제를 적용받지 않아도 사실상 일반분양가 자체가 높지 않았다(3.3㎡당 2000만 원 선). 신축 아파트를 시세보다 저렴하게 공급해도 1순위 청약자수 자체가 적어서 가점 40~50점대로도 당첨을 기대해볼 만하다.
하남	이미 분양가상한제를 적용받는 감일지구 외에 예정된 분양이 많지 않다.
대구 수성	전용면적 84㎡ 기준으로 대부분 5~6억 원대에 분양가가 형성돼 있어 이전부터 분양가가 높은 편은 아니었다.
세종	태생부터 「주택법」 57조1항에 근거한 분양가상한제를 적용받는 민간택지다.

시와 인천 검단신도시, 평택 고덕신도시도 이들과 비슷항 상황이다. 하필 이면 입주 물량이 겹치는 시점에 3기 신도시까지 발표되면서 청약을 자제하자는 심리를 부추겼다.

그렇다면 분양가상한제가 본격적으로 시행되면 투기과열지구는 어떤 노선을 따를까? 서울을 제외한 다른 지역부터 살펴보자.

그림 2-14에서 보듯 사실상 서울을 제외한 나머지 투기과열지구에서는 이미 분양가상한제가 적용되고 있거나 새로 적용할 아파트 자체가 부족했다. 결국 국토교통부가 분양가상한제를 민간택지로까지 확대한다는 건 애초부터 서울의 아파트 가격을 잡겠다는 의지다. 이제 서울 주요 지역의 새 아파트는 '고를' 수 없는, 뭐라도 '먼저' 집는 것이 임자인 상황이 되어버렸다. 저렴한 분양가에 주거 안정만 보장된다면 10년 동안도 팔지 않고 버틸 수 있는 분위기에서, 청약을 노리는 사람들은 이전보다 적어도 두 배 이상 늘어날 것으로 보인다.

'황금통장'도 쉽지 않은 서울 당첨

2018년 4월 국토교통부는 전용면적 85m^2 이하 주택에 가점제를 100%까지 늘리자, 서울의 청약 당첨가점 평균이 6.1점이나 하락했다고 밝혔다. 그런데 사실 여기에는 공급 물량이라는 요인도 숨어 있다. 점수가 높은 순으로 당첨자를 뽑는데, 입시 정원이 2.5배나 늘어났으니 입시 결과가 낮아지는 것은 당연하다.

하지만 분양가상한제가 본격적으로 시행되면서부터 상황은 정반대

그림 2-15 청약 가점 계산표

가점항목	가점상한	가점 구분	점수	가점 구분	점수
무주택 기간	32점	1년 미만	2	8년 이상~9년 미만	18
		1년 이상~2년 미만	4	9년 이상~10년 미만	20
		2년 이상~3년 미만	6	10년 이상~11년 미만	22
		3년 이상~4년 미만	8	11년 이상~12년 미만	24
		4년 이상~5년 미만	10	12년 이상~13년 미만	26
		5년 이상~6년 미만	12	13년 이상~14년 미만	28
		6년 이상~7년 미만	14	14년 이상~15년 미만	30
		7년 이상~8년 미만	16	15년 이상	32
부양 가족수	35점	0명	5	4명	25
		1명	10	5명	30
		2명	15	6명 이상	35
		3명	20		
청약통장 가입기간	17점	6개월 미만	1	8년 이상~9년 미만	10
		6개월 이상~1년 미만	2	9년 이상~10년 미만	11
		1년 이상~2년 미만	3	10년 이상~11년 미만	12
		2년 이상~3년 미만	4	11년 이상~12년 미만	13
		3년 이상~4년 미만	5	12년 이상~13년 미만	14
		4년 이상~5년 미만	6	13년 이상~14년 미만	15
		5년 이상~6년 미만	7	14년 이상~15년 미만	16
		6년 이상~7년 미만	8	15년 이상	17
		7년 이상~8년 미만	9		

* 무주택기간은 만 30세 이후(또는 혼인 이후)부터 계산함

로 흘러갈 것으로 보인다. 이번엔 반대로 입학 정원이 그대로인데 분양가가 시세보다 훨씬 저렴해진 상황이 연출됐다. 이 말은 곧, 청약 경쟁률이 최소 2배 이상은 치솟을 거라는 분석이다. 실제로 분양가상한제가 예고된 직후에 분양한 2019년 9월 송파시그니처롯데캐슬에서 이 같은 조짐이 보였다. 경쟁률이 높아진 만큼 당첨 커트라인도 따라 올랐

그림 2-16 서울 전용면적 85㎡ 이하 청약 1순위 조건

	조건
1	청약통장에 가입하고 24개월이 경과한 자
2	모집 공고일 이전부터 주민등록등본상 거주지가 1년 이상 서울인 자
3	무주택 세대주인 자
4	모든 세대원이 과거 5년간 다른 아파트에 당첨 이력이 없는 세대의 세대주

* 1주택 세대주는 전용면적 85㎡ 초과 주택에만 청약 가능하며(기존 주택 처분 조건 시 추첨제의 25% 주택에 대해 우선 공급), 2주택 이상 세대주는 청약 불가

고, 이에 앞으로의 청약 '입시 결과'도 8·2 대책 이전 수준으로 회귀하거나 더욱 높아질 전망이다.

분양가상한제의 최대 수혜자는 65점 이상의 청약통장 가점을 보유한 사람들이다. 특히 분양가상한제 대상으로 핀셋 지정된 지역에서 이들의 치열한 눈치 싸움이 예상된다. 서울에서 당첨을 노리는 고가점자는 분양 단지마다 뛰어들 청약통장 개수를 미리 파악하면서 준비를 철저히 해야 한다. 자신의 청약 가점은 그림 2-15를 통해 계산할 수 있고, 서울 전용면적 85㎡ 이하 청약 1순위 조건을 다시 한번 정리하면 그림 2-16과 같다.

이어 아파트투유에서 서울 1순위 청약통장 개수와 서울의 가구수, 가구당 평균가족수, 무주택비율을 확인해 서울 1순위 청약자수를 따져

그림 2-17 서울 50~60점대 가점 보유 청약자수 집계

보통 청약 참여자	60점대	약 1만 명
	50점대	약 3만 5000명
비활성 포함 청약 참여자	60점대	약 2만 명
	50점대	약 7만 명

본 결과, 대략 70만 명으로 계산됐다(파악이 불가능한 통계는 변수로 두지 않았다). 여기에 과거 청약 데이터로 서울 고가점 청약자수를 집계해보니 그림 2-17과 같았다.

그동안 청약에 뛰어든 서울 60점대 이상 고가점자는 전체 청약자수의 약 1.4%로 1만 명으로 추산된다(실제로는 더 많을 수 있다). 50점대 청약자수도 전체의 약 5%인 3만 5000명가량이다. 여기에 분양가상한제 시행으로 기대이익이 커지면 그동안 청약에 뛰어들지 않았던 사람들(비활성 참여자)까지 청약통장을 대거 활용할 걸로 보인다. 이에 따라 고가점자의 경쟁률도 두 배 이상 늘면서 2020년에는 가점 60점대 이상, 즉 2만 명 중에서 청약 당첨자가 가려질 전망이다.

분양 시장이 예상 시나리오대로만 흘러간다면, 이 2만 명이 집중 공략할 대상은 그림 2-18의 일반분양 세대(3만 7000세대)다. 그 이하 점수대는 구축 아파트와 입주권 매수 등으로 방향을 틀어야 하고, 관심지에서 분양 소식이 들릴 때 가벼운 마음으로 청약에 도전해야 한다. 그래도 포기하기는 이르다. 저가점자가 선택할 수 있는 대안에 대해서는 다음 테마에서 자세히 소개하겠다.

그림 2-18 2020년 분양 예정 서울 아파트(2019년 11~12월 포함)

자치구	단지	총세대	일반분양	관리처분일
서대문구	홍은2구역 (힐스테이트홍은포레스트)	623	382	2008년 8월
은평구	역촌1구역 (역촌1구역동부센트레빌)	740	444	2015년 11월
강남구	대치동구마을1지구	489	80	2016년 6월
서초구	방배5구역	3,080	1,686	2016년 7월
노원구	상계6구역 (상계뉴타운롯데캐슬)	1,163	658	2016년 11월
동대문구	이문1구역	3,071	985	2017년 3월
성북구	장위4구역	2,840	1,450	2017년 3월
강동구	둔촌주공	12,032	4,841	2017년 5월
은평구	수색6구역	1,223	467	2017년 5월
강남구	개포주공4단지 (개포그랑자이)	3,375	238	2017년 6월
성북구	장위10구역	2,025	1,200	2017년 7월
강북구	미아4구역	511	287	2017년 7월
강동구	길동신동아1·2차	1,299	299	2017년 10월
광진구	자양1구역	878	530	2017년 10월
동대문구	용두6구역	1,048	479	2017년 10월

자치구	단지	총세대	일반분양	관리처분일
강남구	대치동구마을2지구 (르엘대치)	273	31	2017년 11월
서초구	반포우성 (르엘신반포센트럴)	596	135	2017년 11월
서초구	방배6구역 (대림아크로파크브릿지)	1,111	479	2017년 12월
서초구	방배14구역	460	135	2017년 12월
강동구	천호2구역	194	132	2017년 12월
서대문구	가재울9구역	450	265	2017년 12월
서초구	신반포15차	646	264	2018년 1월
강북구	미아3구역	1,045	373	2018년 1월
중랑구	면목4구역	244	158	2018년 3월
중랑구	중화1구역	1,055	550	2018년 3월
은평구	수색7구역	672	321	2018년 3월
강남구	대치동구마을3지구	281	77	2018년 4월
강남구	홍실	419	0	2018년 4월
서초구	신반포13차	321	110	2018년 4월
서초구	신반포22차	186	54	2018년 4월

자치구	단지	총세대	일반분양	관리처분일
서초구	신반포14차	280	101	2018년 4월
마포구	공덕1구역 (마포자이힐스테이트)	1,101	494	2018년 4월
서초구	서초신동아	1,340	257	2018년 5월
동대문구	이문3구역	4,285	1,365	2018년 5월
강북구	미아동3-111 (꿈의숲한신더휴)	203	117	2018년 5월
강남구	개포주공1단지	6,702	1,294	2018년 6월
서초구	신반포3차·경남 (레미안원베일리)	2,971	512	2018년 7월
송파구	잠실미성·크로바	1,991	345	2018년 7월
성동구	용답동 (청계천리버뷰자이)	1,670	797	2018년 7월
성북구	삼선5구역	1,199	494	2018년 8월
서초구	방배13구역	2,296	547	2018년 9월
은평구	수색13구역	1,464	404	2018년 9월
송파구	잠실진주	2,636	564	2018년 10월
성북구	길음역세권	395	219	2018년 10월
서초구	신반포4지구 (신반포메이플자이)	3,685	486	2018년 12월

자치구	단지	총세대	일반분양	관리처분일
강동구	천호1구역 (천호중흥S-클래스)	999	654	2019년 1월
양천구	신월4구역	299	154	2019년 1월

THEME 2

저가점자의 선택 ①
수도권 분양권 매매

사실 서울에서 청약으로 내 집을 마련한다는 건 극소수의 일이 되어버렸다. 간절한 이들은 차선책을 찾아야 한다. 신축 공급은 제한돼 있고 수요자가 많으면 다른 쪽에서 그만큼 부풀어 오르는 풍선효과가 발생한다. 이러한 사실을 기억하고 다른 방법을 찾아야 한다. 새 아파트를 갖는 방법은 청약 말고도 세 가지가 더 있다. 재정비가 진행 중인 주택을 매수하거나, 관리처분인가 후 주택이 멸실된 입주권을 사는 것, 그리고 분양권을 매수하는 방법이다. 이 중 분양권은 분양가에 프리미엄을 얹어야 살 수 있지만, 자금 여력이 충분하다면 적당한 가격에 원하는 매물을 얻을 수 있어 초보자들도 쉽게 공략할 수 있는 방법이다. 수도권 규제지역과 공공택지, 그 외 지역을 따로 나눠 분양권 매수 전략을 풀어보겠다.

분양권 매매, 생각보다 어렵지 않다

유주택자이거나 청약 가점이 낮은 무주택자에게 분양권은 훌륭한 대안이다. 특히 분양권은 다른 부동산에 비해 '소유'의 측면에서도 가볍다. '가볍다'는 것은 곧 세금 이슈와도 직결한다. 분양권은 많이 갖고 있어도 재산세와 종합부동산세 과세 대상이 아니다. 또한 이를 팔 때도 양도소득세와 입주할 때 분양 잔금 지급 시 내는 취득세만 신경 쓰면 된다. 「주택공급에 관한 규칙」에 따라 2018년 12월 11일부터는 분양권 소유자도 청약 시 주택을 소유한 것으로 간주되지만, 이 역시 세금과는 관련이 없다.

분양권을 매매하는 과정은 매우 간단하다. 매도자와 매수자 간에 매매계약서를 작성하는 건 보통의 부동산 계약과 동일하다. 매도자(양도인)가 최초로 중도금대출을 받은 은행에서 중도금을 매수자(양수인)에게 넘기고, 분양사무실이나 건설사 본사에 들러 명의변경 절차를 밟으면 된다(단, 매도자는 당연히 양도소득세를 신고해야 한다).

하지만 많은 사람이 아직도 분양권 매매를 어려워한다. 투자자가 아닌 이상 프리미엄이 급격하게 변하는 걸 따라가지 못할 거라는 편견에서다. 하지만 프리미엄을 예측하는 건 생각보다 어렵지 않다. 프리미엄은 구축과 입주권의 가격에 영향을 받는다. 관심 있는 지역의 시세만 잘 살펴도 분양권을 매매할 때 자신만의 확고한 기준을 세울 수 있다.

매수 대상으로 기피되던 주상복합 소형 단지도 주변 시세에 따라 프리미엄이 꽤 큰 폭으로 오른 사례가 있었다. 2016년 8월에 분양해 2020년 6월 입주를 앞둔 소사역 부천한신더휴메트로다. 299세대뿐인 이 단지의 프리미엄은 2018년 6월까지만 해도 2년간 약 2000만 원 수준이었다. 서울에 비하면 거의 오르지 않았다고 볼 수 있다. 하지만 2018년 여름에 서울 아파트값이 급격하게 뛰어올랐고, 서울 서남권의 영향을 받은 부천 시세도 덩달아 따라 올랐다. 2019년 11월 기준 부천 한신더휴메트로의 프리미엄은 1억 5000만 원 이상이다. 분양 계약금(10%) 약 3600만 원에 프리미엄 2000만 원만 얹어 투자했다면, 1년 5개월 동안 9000만 원 이상(세전)의 수익을 올릴 수 있었다.

단, 주의할 점도 분명히 있다. 분양권을 매매하고 입주 시기가 지나 주택으로 변경됐을 때, 양도소득세 중과세 대상에 해당하는지 반드시 점검해야 한다. 더불어 분양권은 청약을 넣을 때 무주택기간에 영향을 미치는 엄연한 주택이라는 걸 염두에 두자. 대출도 신경 써야 한다. 청약에 최초 당첨된 사람은 보통 중도금을 대출받아 분양권 매수자에게 이를 넘겨준다. 이때 중도금대출 가능 금액은 그림 2-19와 그림 2-20에 따라 지역, 보증 기관에 맞춰 편차가 크게 갈린다.

또한 서울, 성남 분당, 하남처럼 규제 이전에는 중도금(60%)이 전액 대출됐지만, 투기과열지구로 지정되면서 그 폭에 변동이 생긴 경우에는 '대출이 승계되지 않는 중도금'이 발생한다. 규제 이전에 분양받아 분양권을 팔지 않을 계획이라면 상관없지만, 최초 분양자로부터 분양권을 승계받은 경우라면 대출 가능 비율이 40%로 줄어드는 것이다.

분양권 매수 시 실투자금

= 계약금 + 프리미엄 + 대출이 승계되지 않는 중도금(보통 20%)

그림 2-19 주택 구입 목적 대출 시 지역별 LTV·DTI 비율(단위: %)

주택 가격	구분		투기과열지구 및 투기지역		조정대상지역		조정대상지역 외 수도권		기타	
			LTV	DTI	LTV	DTI	LTV	DTI	LTV	DTI
고가주택 기준 이하 주택 구입 시	실수요자		50	50	70	60	70	60	70	없음
	무주택 세대		40	40	60	50	70	60	70	없음
	1주택 보유 세대	원칙	0	–	0	–	60	50	60	없음
		예외	4	40	60	50	60	50	60	없음
	2주택 이상 보유 세대		0	–	0	–	60	50	60	없음

* LTV(주택담보대출비율): 주택을 담보로 빌릴 수 있는 대출 가능 한도
* DTI(총부채상환비율): 대출상환액이 소득의 일정 비율을 넘지 않도록 정한 계산 비율

그림 2-20 주택 보증 기관에 따른 중도금대출 한도

	HUG(주택도시보증공사)	HF(한국주택금융공사)
규제지역한도 (투기지역·투기과열지구·조정대상지역)	세대당1건, 5억 원	세대당 1건, 3억 원
비규제지역한도	인당 2건, 세대당 2건, 5억 원	인당 2건, 세대당 2건, 3억 원

따라서 투기지역에서 분양권을 살 때는 대출이 승계되지 않는 중도금까지 고려해 자금 계획을 넉넉히 세워야 한다. 다만, 조정대상지역

이나 공공택지의 분양권을 살 때는 중도금대출을 60% 전액 승계할 수 있다.

프리미엄은 고정값이 아니다

분양권을 살 때 무엇보다 유념해야 할 부분이 있다. 입주 전까지 시세가 꽤 유동적으로 등락한다는 사실이다. 같은 시기에 분양한 단지라 해도 시세의 온도차는 지역마다 제법 크다. 그림 2-21은 2013년부터 수도권(서울·경기)에서 변동된 프리미엄 시세를 다룬 그래프다.

그림 2-21 2013년 이후 수도권 프리미엄 시세 흐름

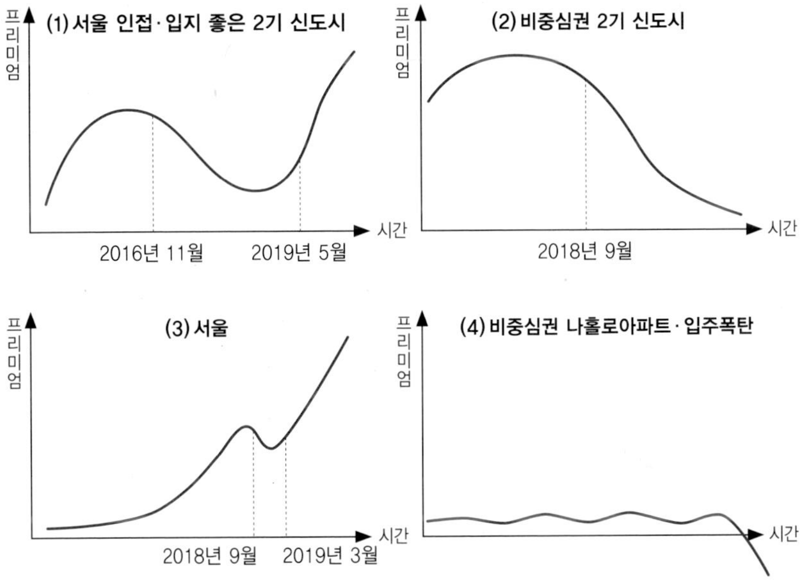

(1)은 서울에 인접한 지역이나 광교신도시, 동탄2신도시, 다산신도시처럼 입지가 좋은 2기 신도시의 흐름이다. 프리미엄이 큰 폭으로 상승하다가 2016년 11월 3일 '실수요 중심의 시장형성을 통한 주택시장의 안정적 관리방안(이하 11·3 대책)'이 발표된 이후 정부의 '똘똘한 한 채' 정책이 상승 곡선을 떨어트렸고, 2019년 5월경 지붕을 뚫을 듯이 상승했던 서울 아파트와 함께 다시 큰 폭으로 오르는 모습을 보여주었다.

(3)의 서울은 9·13 대책의 여파로 약 5개월간 일시적인 하락세를 보였지만, 2019년 봄부터 언제 그랬냐는 듯 앞선 고점을 상회하는 실거래가가 연이어 출현했다. 분양가상한제 발표가 신축의 수요를 더욱 부추기며 프리미엄을 계속 수직 상승시킬 것으로 보인다.

주의할 건 (2), (4)번 케이스다. 부동산 시장이 순간적으로 얼어붙으면 그 즉시 하락 반응이 오는 곳이다. 서울과 멀리 떨어진 대단지나 입주 물량이 쌓인 비중심권의 분양권이다. 입주가 다가올수록 이들은 매매가와 전세가가 동반 하락하고, 일부 마이너스 프리미엄이나 염가라고 할 만한 값싼 전세보증금이 등장한다. 입주가 마무리되는 시점에도 입주 물량이 많다면 아파트 가격은 당분간 상승을 기대하기 어려울 것이다. 자신이 분양권에 투자하려는 지역이 어떤 그래프를 그리는지 꼼꼼히 따져보고 투자를 진행해야 하는 이유다.

2020년 수도권 주요 도시 입주 물량은?

분양권은 물론, 구축이라도 아파트를 사고팔 땐 입주 물량을 확인하는

그림 2-22 수도권 주요 지역 아파트 입주 물량(단위: 호)

지역	2019년	2020년	적정공급량	2020년 과잉(+)·부족(–)
서울	41,303	37,904	48,709	–10,805
수원	6,425	298	6,085	–5,787
용인	13,745	1,514	4,981	–3,467
안양	1,796	388	2,883	–2,495
부천	339	2,219	4,228	–2,009
군포	2,537	0	1,405	–1,405
광주	2,373	587	1,705	–1,118
화성	17,106	2,563	3,543	–980
성남	971	4,089	4,721	–632
오산	4,480	596	1,099	–503
고양	9,479	5,322	5,026	296
구리	0	1,333	949	384
의왕	5,742	1,204	759	445
남양주	10,044	3,910	3,225	685
인천	15,569	15,689	14,630	1,059
양주	1,566	2,849	1,063	1,786
광명	0	3,604	1,641	1,963
하남	3,623	3,417	1,095	2,322
파주	0	4,498	2,153	2,345
의정부	3,608	4,499	2,133	2,366
과천	0	2,988	268	2,720
평택	19,576	8,258	2,430	5,828
안산	4,693	10,175	3,668	6,507
시흥	9,538	9,099	2,232	6,867
김포	540	16,258	1,962	14,296
합계	175,053	143,261	122,593	20,668

* 초록색이 짙을수록 과잉, 빨간색이 짙을수록 부족 상태

것이 필수다. 우리나라의 인구증가폭은 매년 크지 않아서 인구수를 상수(변하지 않는 수)로 두고 입주 물량을 변수로 삼는다. 정해진 인구(수요)에 시기마다 다른 입주 물량(공급)은 해당 지역의 가격을 일시적으로 올리거나 내리는데, 수도권 주요 지역에서 적정한 입주 물량은 어느 정도라고 보면 될까?

주택산업연구원과 국토연구원 자료에 따르면 우리나라의 연간 주택 적정공급량은 전국 33만 호, 서울은 5만 5000호다. 2019년 7월을 기준으로 우리나라 전체 인구는 약 5170만 명, 서울은 대략 975만 명이었다. 인구수 대비 적정공급률은 각각 0.64%와 0.56%다.

그림 2-22를 보면 2020년 수도권 주요 지역의 입주 물량은 전년 대비 약 17.3% 감소할 것으로 보인다. 서울이 수도권 주요 지역에서 입주 물량이 가장 많지만, 또 적정공급량 대비 물량이 가장 부족한 곳이기도 하다(2020년에 입주 아파트가 없는 군포보다도 공급 비율이 낮다). 반대로 김포는 적정공급량 대비 무려 7배 이상의 공급량이 2020년에 대기 중이다.

어느 특정 지역에 입주 물량이 늘면 그 주변 전세가는 떨어진다. 전세가가 하락하면서 매매가도 같이 끌어내릴 수는 있지만, 조합원이 적은 재개발·재건축 단지나 소유권이전등기 시까지 분양권 전매를 묶어둔 단지라면 그 규모가 아무리 커도 신규 물량의 매매가는 흔들리지 않는다. 조합원수가 적다는 것은 시장에 팔려고 내놓은 매물 자체가 적다는 뜻이고, 소유권이전등기 시까지 분양권을 전매하지 못한다는 것은 곧 분양권 자체를 거래할 수 없다는 의미이기 때문이다.

입주하는 아파트 주변에 15년, 20년 이상 오래된 구축이 있다면 신축이 희소한 만큼 입주하는 시기에도 매매가가 강보합하거나 상승할 수

그림 2-23 지역별·연도별 적정공급량 대비 과부족 현황

	2013	2014	2015	2016	2017	2018	2019	2020	2021	2022
전국	과잉	과잉	과잉	과잉	과잉	과잉	과잉	과잉	과잉	과잉
경기	과잉	과잉	과잉	과잉	과잉	과잉	과잉	과잉	과잉	부족
서울	부족	부족	부족	부족	부족	부족	부족	부족	부족	부족
인천	부족	부족	과잉	부족	과잉	과잉	과잉	과잉	과잉	부족
김포	과잉	과잉	부족	과잉	과잉	과잉	부족	과잉	부족	부족
고양	부족	부족	부족	부족	부족	과잉	과잉	부족	부족	부족
파주	부족	과잉	부족	부족	과잉	과잉	부족	과잉	부족	부족
양주	부족	과잉	부족	과잉	과잉	과잉	과잉	과잉	과잉	과잉
의정부	과잉	부족	부족	과잉	과잉	과잉	과잉	과잉	과잉	부족
남양주	과잉	과잉	과잉	부족	부족	과잉	과잉	과잉	과잉	부족
구리	부족	부족	부족	과잉	과잉	과잉	부족	과잉	부족	부족
하남	부족	과잉	과잉	과잉	과잉	과잉	과잉	과잉	과잉	부족
광주	부족	부족	부족	부족	부족	과잉	부족	과잉	부족	부족
성남	부족	부족	부족	과잉	과잉	부족	부족	부족	과잉	과잉
과천	부족	부족	부족	부족	부족	과잉	부족	과잉	과잉	부족
의왕	과잉	부족	부족	부족	부족	부족	과잉	과잉	과잉	부족
안양	부족	부족	부족	과잉	부족	부족	부족	부족	과잉	부족
광명	부족	부족	부족	부족	부족	과잉	부족	과잉	부족	부족
부천	부족	부족	부족	과잉	과잉	부족	부족	부족	부족	부족
시흥	부족	부족	과잉	과잉	과잉	과잉	과잉	과잉	과잉	부족
군포	부족	과잉	부족	부족	부족	과잉	과잉	부족	부족	부족
안산	부족	부족	부족	부족	부족	과잉	과잉	과잉	부족	부족
수원	과잉	과잉	과잉	부족	과잉	과잉	과잉	부족	부족	부족
용인	과잉	부족	부족	부족	과잉	과잉	과잉	부족	부족	부족
화성	부족	과잉	과잉	과잉	과잉	과잉	과잉	과잉	과잉	부족
오산	과잉	부족	부족	부족	과잉	과잉	과잉	부족	부족	과잉
평택	과잉	과잉	과잉	과잉	과잉	과잉	과잉	과잉	과잉	부족

있다. 그림 2-22에서 이런 아파트가 많은 곳은 서울, 고양, 과천, 광명, 성남, 하남이다.

그해 입주 물량도 중요하지만 이전까지 누적된 누적공급량도 중요하다. 그림 2-23은 2013년부터 2022년까지 10년 동안 적정공급량과 비교해 과부족을 나타낸 표다. 전국과 경기는 공급이 항상 많았다. 그중에서도 입주 물량이 특히 많았던 지역은 인천 송도신도시, 김포 한강신도시, 양주 옥정지구, 남양주 다산신도시, 하남 미사강변신도시, 시흥 은계·목감지구, 수원 광교신도시, 화성 동탄2신도시, 평택 내 택지개발지구다. 2기 신도시를 위주로 서울과 가까운 도시에 물량이 집중됐다. 2016년 가을과 2018년 여름에 수도권 아파트 가격이 상승한 것은 이 같은 입주 물량만으로 해석할 수 없지만, 개별 지역과 단지에 입주 물량이 미시적인 영향을 준 것만큼은 분명하다.

분양권을 매매할 때는 입주 물량이 많은 곳과 적은 곳의 접근법을 달리해야 한다. 입주 물량이 많은 지역에서는 실거주를 목적으로 하거나 예산을 최저치로 잡아 전월세 임차를 계획할 때 분양권을 매수하는 게 바람직하다. 반대로 입주 물량이 적은 지역에서는 가격 상승을 기대하거나 전세값 역전을 방어하는 전략이 현명하다고 볼 수 있다.

수도권 규제지역·공공택지 내 전매 가능한 분양권 현황

현재 투기지역·투기과열지구·조정대상지역이거나 공공택지에 속한 분양권은 소유권이전등기 시까지 전매할 수 없다.

그림 2-24 투기지역, 투기과열지구 및 조정대상지역

조정대상지역

성남, 동탄2, 구리, 동안구, 광교, 팔달구, 수지구, 기흥구,
고양(삼송, 원흥, 지축, 향동, 덕은·킨텍스1단계, 한류월드), 남양주(다산동, 별내동)

투기과열지구

서울(투기지역 서울 외), 과천, 분당구, 광명, 하남,
수성구(투기과열지구이지만 조정대상지역은 아님)

투기지역

서울(강남, 서초, 송파, 강동, 용산, 성동, 노원, 마포, 양천, 영등포, 강서, 종로, 중구, 동대문, 동작), 세종

그림 2-25 조정대상지역 내 전매 제한 기간

	제1 지역	제2지역	제3지역	
			공공택지	공공택지 외
해당지역	서울(전역) 세종 남양주(공공택지) 성남(공공택지) 하남(공공택지) 고양(공공택지) 동탄2택지개발지구(전역) 과천(전역) 광명(전역) 구리(전역) 안양 동안구(전역) 광교택지개발지구(전역) 부산 해운대구(전역) 부산 수영구(전역) 부산 동래구(전역) 용인 수지구(전역) 수원 팔달구(공공택지) 용인 기흥구(공공택지)	성남 (민간택지)	해당 지역 없음	남양주 (민간택지) 하남 (민간택지) 고양 (민간택지) 수원 팔달구 (민간택지) 용인 기흥구 (민간택지)
	전매 불가	18개월 제한	6개월 제한	

다만 예외는 있다. 조정대상지역에 있어도 11·3 대책보다 앞선 시점인 2016년 11월 3일 이전에 분양한 단지는 1회에 한해 전매를 할 수 있다. 또한 수도권 내 공공택지에 있어도 9·13 대책이 시행되기 전인 2018년 12월 11일 이전에 분양한 아파트는 전매가 가능하다. 바로 이 지점이 이번 테마를 꾸린 진짜 이유다.

이처럼 전매 제한 기간을 적용받기 전에 분양한 아파트 중에서 아직 분양권이 살아 있는 단지를 노려보자는 것이다. 2020년에 그 막차를 탈 수 있는 단지가 몇 군데 남아 있다. 그림 2-26부터 자세히 살펴보자(단, 공공분양 단지는 리스트에서 제외했다). 가장 먼저 서울이다.

그림 2-26 서울 전매 가능한 입주 예정 단지

단지명	입주년도	세대수
보라매SK뷰	2020년 1월	1,546
사당롯데캐슬골든포레	2020년 2월	959
신정뉴타운아이파크위브	2020년 3월	3,045

서울은 2017년 5월에 분양한 영등포구 신길뉴타운 보라매SK뷰와 2016년 12월에 분양한 동작구 사당롯데캐슬골든포레, 2017년 6월에 분양한 양천구 신정뉴타운아이파크위브가 전매 제한 기간에서 자유로운 마지막 입주 예정 단지다. 이들 분양권을 놓치면 앞으로 서울에서 신축 아파트를 가질 방법은 고가점자의 향연인 청약을 제외하고는 입주권밖에 남지 않는다.

그림 2-27 인천 검단신도시·루원시티 전매 가능한 입주 예정 단지

단지명	입주년도	세대수
검단신도시호반베르디움	2021년 6월	1,168
검단금호어울림센트럴(AB14BL)	2021년 7월	1,452
검단신도시유승한내들에듀파크	2021년 9월	938
루원시티SK리더스뷰	2022년 1월	2,378

인천 검단신도시와 루원시티는 수도권 내 공공택지에 해당한다. 이로 인해 2018년 12월 11일 이전에 분양 완료한 단지만 전매 가능하며, 이는 그림 2-27에 있는 4개 단지뿐이다.

그림 2-28 구리·안양 동안구 전매 가능한 입주 예정 단지

단지명(구리)	입주년도	세대수
e편한세상구리수택	2020년 2월	733
e편한세상인창어반포레	2020년 8월	632
단지명(안양)	입주년도	세대수
평촌어바인퍼스트	2021년 1월	3,850

구리와 안양 동안구는 2018년 8월 28일부터 조정대상지역에 포함됐다. 이보다 앞서 분양한 그림 2-28의 단지들만 현재 분양권 전매가 가능하다. 단, 안양에서 만안구는 비규제지역에 속한다.

그림 2-29 성남 분당구 전매 가능한 입주 예정 단지

단지명	입주년도	세대수
판교더샵퍼스트파크	2021년 6월	1,223

분당구는 2017년 8월 2일부터 투기과열지구에 지정됐다. 현재 입주를 앞두고 분양권 전매가 가능한 단지는 판교더샵퍼스트파크뿐이다.

그림 2-30 용인 수지구 및 기흥구 전매 가능한 입주 예정 단지

단지명	입주년도	세대수
동천더샵이스트포레	2020년 3월	980
성복역롯데캐슬파크나인	2020년 6월	534
성복역롯데캐슬파크나인2차	2021년 1월	1,094

용인 수지구와 기흥구는 2018년 12월 28일부터 조정대상지역으로 지정됐다. 이전에 분양한 3개 단지만 현재 전매 가능하다. 단, 처인구는 비규제지역에 속한다.

그림 2-31 하남 전매 가능한 입주 예정 단지

단지명	입주년도	세대수
하남힐즈파크푸르지오1블록	2020년 5월	404

하남은 2017년 8월 2일 조정대상지역으로 지정된 이후, 2018년 8월 28일에 투기과열지구로 확대 지정됐다. 2017년 12월에 분양한 하남힐즈파크푸르지오1블록만이 유일하게 분양권 거래가 가능하다.

그림 2-32 시흥 장현지구 전매 가능한 입주 예정 단지

단지명	입주년도	세대수
시흥시청역동원로얄듀크	2020년 4월	447
시흥장현리슈빌	2020년 7월	891
시흥장현호반베르디움	2020년 7월	712
장현지구모아미래도에듀포레	2020년 7월	928
시흥장현제일풍경채에듀	2020년 8월	489
시흥장현제일풍경채센텀	2021년 1월	698
시흥장현금강펜테리움센트럴파크	2021년 1월	590

수도권 내 공공택지인 시흥 장현지구는 2018년 12월 11일 이전에 분양한 단지만 전매할 수 있다. 장현지구는 9·13 대책 이전에 분양했더라도 분양 계약일로부터 12개월간 전매 제한에 묶이는 지역이다.

그림 2-33 파주 운정신도시 전매 가능한 입주 예정 단지

단지명	입주년도	세대수
운정신도시아이파크	2020년 7월	3,042

파주 운정신도시도 수도권 내 공공택지로, 2018년 12월 11일 이전에 분양한 운정신도시아이파크는 현재 전매할 수 있다.

수도권 규제지역 외 전매 가능한 분양권 현황

수도권 규제지역에서 분양권을 매수하려면 중도금대출은 1건만 가능하다. 입주 시 잔금대출로 전환할 때도 다른 주택이나 대출이 없어야 한다. 이처럼 높은 규제 탓에 주택을 2채 이상 갖고자 한다면 비규제지역에서 그 대상을 찾아야 한다. 비규제지역은 분양 시기와 관계없이 분양 계약일로부터 6개월 또는 12개월만 지나면 분양권을 전매할 수 있다. 지역별로 어떤 아파트가 2020년부터 입주를 기다리고 있는지 살펴보자(역시 공공분양 아파트는 제외했다).

그림 2-34 인천 입주 예정 단지(검단신도시·루원시티 제외)

단지명	입주년도	세대수
계양산파크트루엘	2020년 2월	369
힐스테이트레이크송도2차	2020년 2월	889
송도국제도시호반베르디움3차에듀시티	2020년 6월	1,530
만수남광하우스토리	2020년 7월	815
송도더샵마리나베이(더샵센토피아)	2020년 7월	3,100
랜드마크시티센트럴더샵	2020년 8월	2,230
부평청천우민늘푸른	2020년 8월	341
청라호수공원한신더휴	2020년 8월	898
부평아이파크	2020년 10월	256
송도SK뷰센트럴	2020년 10월	299
작전역브라운스톤계양스카이	2020년 10월	282

단지명	입주년도	세대수
부평역화성파크드림	2020년 11월	541
인천더샵스카이타워(8-5블록)	2020년 11월	588
인천더샵스카이타워(8-7블록)	2020년 11월	1,309
인천도화금강펜테리움센트럴파크	2020년 11월	479
작전역서해그랑블	2020년 11월	280
부평코오롱하늘채	2020년 12월	922
인천구월지웰시티푸르지오	2020년 12월	376
인천송림파인앤유	2020년 12월	232
계양효성해링턴플레이스	2021년 2월	1,669
영종하늘도시동원로얄듀크	2021년 2월	420
서희스타힐스부평센트럴	2021년 4월	571
부평지웰에스테이트	2021년 6월	151
힐스테이트학익	2021년 6월	616
주안역센트레빌	2021년 7월	1,458
부개역코오롱하늘채	2021년 8월	526
주안역신일해피트리	2021년 9월	244
e편한세상계양더프리미어	2021년 10월	1,646
쌍용더플래티넘부평	2021년 12월	811
운서역반도유보라	2022년 2월	450
주안캐슬앤더샵에듀포레	2022년 7월	1,856
포레나인천미추홀(인천미추홀꿈에그린)	2022년 8월	864
호반써밋송도	2023년 2월	1,820

인천 구도심에서는 2018년부터 분양한 단지가 많았다. 주로 정비구역에 속한 노후된 주거 밀집 지역에서 개발이 이루어졌다. 그런 이들이 2020년부터 입주를 슬슬 앞두고 있다. 송도신도시는 구도심에서 분양이 활발할 동안 잠시 숨 고르기에 들어갔다. 이전에 분양한 송도6공구(힐스테이트레이크송도2차, 송도SK뷰센트럴)와 8공구(송도국제도시호반베르디움3차에듀시티, 송도더샵마리나베이, 랜드마크시티센트럴더샵, 호반써밋송도)가 입주를 기다리는 정도다. 이 밖에 2018~2019년에 집중 분양한 작전역 부근의 역세권 아파트와 GTX B노선 정차 예정인 부평역 인근의 아파트도 입주를 대기하고 있다.

김포와 시흥은 2020년에 입주를 앞두고 있는 단지가 많다. 그만큼 물량이 많다는 뜻이다. 분양 시점에 청약에 당첨돼 입주를 준비 중이라면 괜찮지만, 시세보다 높은 가격에 분양권을 사 전세를 놓거나 다시 전매할 계획이라면 입주 시기에 잠시 시세가 흔들릴 것을 대비해야 한다. 반대로 실거주 목적의 매매자에게는 이때가 바로 분양권을 사기 좋은 적기다.

김포도시철도가 지나는 김포 한강신도시와 서울과 인접한 걸포동, 고촌읍, 향산리 일대에서 주로 입주를 준비하고 있다. 이로써 한강신도시가 비로소 완성된다고 볼 수 있다.

시흥 구도심에서는 대단지인 시흥센트럴푸르지오와 대야역두산위브더파크를 눈여겨볼 만하다.

그림 2-35 김포·시흥 입주 예정 단지(시흥 장현지구 제외)

단지명(김포)	입주년도	세대수
김포한강신도시호반베르디움6차	2020년 2월	696
캐슬앤파밀리에시티2단지	2020년 2월	1,872
김포한강삼정그린코아더베스트	2020년 3월	446
한강금호어울림1단지	2020년 3월	406
한강금호어울림2단지	2020년 3월	467
김포센트럴헤센1단지	2020년 5월	700
한강메트로자이2단지	2020년 7월	2,456
한강메트로자이3단지	2020년 7월	431
김포센트럴헤센2단지	2020년 8월	145
한강메트로자이1단지	2020년 8월	1,142
힐스테이트리버시티1단지	2020년 8월	1,568
힐스테이트리버시티2단지	2020년 8월	1,942
캐슬앤파밀리에시티1단지	2020년 11월	2,255
김포한강신도시동일스위트1단지	2020년 12월	1,021
김포한강신도시동일스위트2단지	2020년 12월	711
메트로타워예미지	2021년 3월	701
단지명(시흥)	**입주년도**	**세대수**
신천코아루웰라움	2020년 3월	169
시흥은계제일풍경채	2020년 4월	429
대야역두산위브더파크	2020년 5월	1,382
시흥센트럴푸르지오	2020년 5월	2,003
시흥은계지구S-4블록	2020년 12월	1,719
군자서희스타힐스숲애	2021년 3월	941
목감역지음재파크뷰	2021년 6월	154
시흥월곶역블루밍더마크	2021년 10월	270

2020년 부천은 새 아파트가 여러 지역에서 골고루 입주를 기다리고 있다. '부천의 강남'인 중동에서는 중동센트럴파크푸르지오가, 1호선과 7호선 환승역인 온수역 초역세권에서는 e편한세상온수역이, 서해선과 1호선 환승역인 소사역 주변에서는 한신더휴메트로가 입주를 대기하고 있다.

안양 동안구와 달리 비규제지역에 속하는 만안구에서는 주로 소형 단지가 입주를 준비하고 있다.

의왕에서는 장안지구와 백운호수 부근에서 입주 소식이 들린다. 특히 의왕 백운지식문화밸리는 2020년에 롯데복합쇼핑몰의 준공과 백운호수공원의 착공을 앞두고 있어 호재와 함께 염두에 두면 좋다.

성남 구도심에서는 신흥주공 재건축 단지인 산성역포레스티아가 입주를 기다리고 있는데, 8호선 초역세권에 4000세대 매머드급 단지로 분양 당시부터 뜨거운 감자로 회자됐다. 송파, 위례와 동반 상승하는 관계라는 것도 참고하면 좋은 정보다.

수원은 광교신도시 이후 미니 신도시급인 팔달 재개발 단지의 일반 분양이 최근 개시됐다. 그 주변에서 먼저 분양한 소형 단지를 시작으로 수원역푸르지오자이와 화서역파크푸르지오가 2021년 입주를 준비하고 있다.

그림 2-36 부천·안양·의왕·성남·수원 입주 예정 단지(안양 동안구·성남 분당구 제외)

단지명(부천)	입주년도	세대수
중동센트럴파크푸르지오	2020년 2월	999
e편한세상온수역	2020년 4월	921
부천한신더휴메트로	2020년 6월	299
부천동도센트리움까치울숲	2021년 5월	238
래미안부천어반비스타	2021년 8월	831
이안더부천	2022년 1월	219
힐스테이트중동	2022년 2월	999
단지명(안양)	**입주년도**	**세대수**
안양명학역유보라더스마트	2020년 2월	200
안양센트럴헤센	2020년 9월	188
안양씨엘포레자이	2021년 2월	1,394
안양센트럴헤센2차	2021년 3월	132
안양KCC스위첸	2021년 7월	138
단지명(의왕·군포)	**입주년도**	**세대수**
의왕백운밸리제일풍경채블루	2020년 1월	344
의왕백운밸리제일풍경채에코	2020년 1월	250
의왕장안지구파크2차푸르지오A2BL	2020년 2월	416
의왕장안지구파크2차푸르지오A1BL	2020년 2월	194
의왕더샵캐슬	2021년 6월	941
힐스테이트금정역	2022년 3월	843
단지명(성남)	**입주년도**	**세대수**
산성역포레스티아	2020년 7월	4,089
한양수자인성남마크뷰	2021년 2월	711
신흥역하늘채랜더스원	2022년 9월	2,411
e편한세상금빛그랑메종	2022년 11월	5,320
단지명(수원)	**입주년도**	**세대수**
수원인계동문굿모닝힐	2020년 11월	298
수원역푸르지오자이	2021년 2월	4,086
화서역파크푸르지오	2021년 8월	2,355
우만한일베라체에코플러스	2022년 6월	202

안산은 이미 2018년부터 약 1만 세대가 입주를 마쳤다. 여기에 2020년에도 1만 세대에 가까운 입주 물량이 기다리고 있다. 입주 전에는 4000~5000만 원까지 오르던 프리미엄이 입주 기간에는 '무피'(프리미엄이 없는) 수준까지 떨어지는 일도 한동안 있었지만, 입주를 마친 지금은 다시 이전 수준을 회복한 모습이다. 2020년에도 비슷한 패턴이 반복될 수 있다고 본다.

화성은 동탄2신도시가 입주를 마무리하고 있다. 송산신도시에는 공사가 한창 진행 중이다. 행정구역상 화성이지만 시화호를 사이에 두고 안산과 마주 보는 이 두 지역은 안산과 매매가, 전세가가 서로 연동되어 움직일 가능성이 크다. 병점에서 오랜만에 신축 물량으로 나온 병점역아이파크캐슬은 분양 당시 고분양가 논란이 있었지만 끝내 인기를 누렸다. 1호선을 도보로 이용할 수 있어 분양 이후에도 매도 우위를 계속 점하고 있다.

의정부에는 큰 교통 호재가 두 개나 있다. GTX C노선 개통과 지하철 7호선이 연장된다는 소식이다. 7호선 장암역 역세권에는 탑석센트럴자이가 있고, 입주까지는 아직 시간이 길게 남았지만 GTX의 최대 수혜 아파트로는 2019년 8월 분양한 의정부역센트럴자이앤위브캐슬과 중앙3구역이 꼽힌다. 입주를 마무리한 민락지구 오른쪽에는 공공택지 고산지구가 저렴한 분양가로 인기를 끌었다.

그림 2-37　안산·화성·의정부 입주 예정 단지

단지명(안산)	입주년도	세대수
안산라프리모	2020년 1월	2,017
그랑시티자이	2020년 2월	3,728
안산천년가리더스카이	2020년 5월	449
건건동영무예다음	2020년 7월	390
그랑시티자이2차II	2020년 10월	2,872
e편한세상선부광장	2020년 11월	719
단지명(화성)	**입주년도**	**세대수**
송산신도시모아미래도에듀포레	2020년 8월	585
병점역아이파크캐슬	2021년 3월	2,666
송산대방노블랜드5차	2021년 8월	608
송산대방노블랜드6차	2021년 8월	390
단지명(의정부)	**입주년도**	**세대수**
장암더샵	2020년 1월	677
의정부역디베뉴스타	2020년 2월	199
고산택지지구대광로제비앙	2020년 4월	722
의정부메트하임센트리버	2020년 6월	196
e편한세상추동공원2차	2020년 8월	1,773
의정부고산대방노블랜드	2020년 11월	932
의정부더샵파크에비뉴	2021년 7월	420
탑석센트럴자이	2021년 12월	2,573

THEME 3

저가점자의 선택 ②
경기도 청약

분양가상한제가 적용돼 서울 주요 지역의 신축 분양가에 이점이 생기면서, 여기서 한발 비껴난 경기도는 청약 심리가 사그라들 수 있다. 가령 전용면적 84㎡를 기준으로 서울과 경기도에서 동시에 6억 원대에 분양한다면, 상대적으로 가격이 상승할 기대폭이 낮은 경기도 청약자가 상실감을 갖기 마련이다.

하지만 서울에 기대를 걸기에는 청약 가점은 충족시키지 못하는 사람도 많다. 이처럼 자신의 청약 가점이 높지 않을 때는 경기도에서 적정 가격에 분양하는 아파트를 노려볼 만하다. 청약에 당첨되고 나서 기존 주택을 갖고 있어도 전액 중도금대출이 가능하고, 전매 제한 기간도 6~12개월로 짧아 금방 매도할 수 있다는 큰 장점이 있다.

여기서 '적정' 분양가는 6억 원과 9억 원을 기준으로 삼을 수 있겠다.

부동산 시장에서 이 두 금액은 상징하는 바가 크다.

분양가 6억 원 이하

- **보금자리론 대상**(일반 주택담보대출보다 이율이 0.5% 이상 낮음)
- **취득세 1.1~1.3%**(6억 원 초과 9억 원 이하: 2.2~2.4%)
- **종합부동산세 과세 대상의 기준 시가**

분양가 9억 원 이하

- **고가주택의 기준점**
- **서민형 안심대출 가능 여부의 기준**
- **분양 당첨 후 중도금대출 가능 여부의 기준**
- **아파트 특별공급 세대의 기준**(9억 원을 초과하면 특별공급 없음)
- **9억 원 초과 시 취득세 3.3~3.5%**

경기도에서도 분당, 과천, 광명, 위례, 광교에는 전용면적 84㎡ 기준 실거래가 9억 원 이상의 아파트가 존재한다. 송도, 고양, 남양주, 구리, 하남, 성남, 부천, 안양, 의왕, 군포, 수원, 화성, 용인에서도 실거래가가 6억 원 이상인 아파트가 즐비하다. 이들 지역에서 시세 대비 적정한 수준에 새 아파트가 분양한다면 여지없이 이목을 끌 것으로 보인다.

그렇다면 이제 본격적으로 2020년 경기·인천 지역에서 분양을 앞둔 단지들을 살펴보자. 먼저 요즘 떠오르는 인천이다.

그림 2-38 2020년 인천 분양 예정 단지

지구(시·구)	단지명	시공사	총가구	일반분양
송도	힐스테이트레이크송도3차	현대	1,137	1,137
검단	검단대방노블랜드2차	대방	1,417	1,417
검단	검단신도시대광로제비앙	대광	736	736
검단	검단신도시예미지트리플에듀	금성백조	1,259	1,259
검단	검단금강펜테리움1	금강	483	483
검단	검단금강펜테리움2	금강	447	447
검단	검단신도시모아엘가	모아엘가	535	535
검단	검단신도시우미린2차	우미린	479	479
검단	검단신도시우미린3차	우미린	773	773
검단	검단대방노블랜드3차	대방	764	764
검단	검단파라곤2차	동양	1,131	1,131
검단	검단모아미래도	모아미래도	717	717
검단	검단예미지2차	금성백조	1,229	1,229
검단	검단호반베르디움2차	호반	721	721
검단	검단신도시우미린4차	우미린	400	400
검단	검단신도시우미린5차	우미린	834	834
검단	검단대성베르힐	대성	793	793
루원	루원시티대성베르힐2차	대성	1,179	1,179
부평	부개서초교북측	SK, 한진	1,544	883
부평	산곡2-1신일해피트리	신일	1,116	659
부평	청천1구역	롯데, 벽산	1,623	1,140
부평	청천2구역	대림	5,190	3,247
부평	부평4구역	효성	1,909	992
부평	산곡4구역	두산	799	507
부평	백운2구역	현대	1,436	894
미추홀	학익2구역	일성	336	265
미추홀	주안10구역	대림	1,150	836
미추홀	주안3구역	GS, 쌍용	2,054	1,254
미추홀	주안1구역	현대	2,958	1,915

송도는 공공택지다. 하지만 경제자유구역에 속해 분양가상한제에서 자유롭다. 또한 전매 제한 기간도 3~8년이 아닌 6개월이 적용된다. 송도6공구와 8공구가 한창 개발이 진행되고 있으며, 6공구에서 힐스테이트레이크송도3차가 분양을 앞두고 있다. 워터프론트 호수 바로 옆에 자리할 이 단지는 GTX B노선 예정 역사에서도 그리 멀지 않다. 세대주와 세대원이 모두 청약에 뛰어들 수 있고, 재당첨 제한 5년 조건도 해당하지 않는다. 기존 주택을 처분한다는 조건에 응한 1주택자까지도 청약을 넣을 수 있어서 분양권 투자를 목적으로 한 투자자에게도 꽤 매력적인 곳이다. 특히 수도권 내 공공택지는 청약에 서울과 기타 경기 거주자도 뛰어들 수 있어서 송도에서 분양하는 단지는 항상 많은 이의 주목을 받았다.

검단신도시 역시 공공택지다. 2018년 말에 분양한 아파트는 전매 제한이 1년이었으나 2019년부터는 이 기간이 3년으로 늘어났다. 최근 분양한 단지부터는 입주 전까지 분양권을 매매할 수 없으니 실거주를 목적으로 한 사람에게 적합한 지역이다. 역시 공공택지인 루원시티도 전매 제한 기간을 염두에 두고 청약해야 한다.

부평구와 미추홀구에는 재정비사업을 진행하는 구역이 많다. 2019년에는 시세보다 비싼 평당 1300~1400만 원에 분양가가 형성됐지만, 모든 세대의 계약이 완료됐다. 청천2구역과 부평4구역 같은 일부 구역에서는 분양가를 높여도 사업성이 보장되니 뉴스테이(민간 임대)를 예정했던 단지도 일반분양으로 돌아서기까지 했다. 인천에서 대표적인 노후 지역으로 꼽히는 미추홀구는 2019년부터 본격적인 입주를 시작하며, 현재도 분양을 앞둔 구역이 많다.

그림 2-39 2020년 광명 분양 예정 단지

지구	사업장	시공사	총가구	일반분양
광명뉴타운	광명15구역	대우	1,335	515
	광명1구역	GS, 포스코, 한화	3,585	1,025
	광명2구역	대우, 롯데, 현대	3,344	725
	광명14구역	대우, 한화	1,187	524
	광명10구역	호반	1,051	524

KTX 광명역세권 개발구역이 입주를 마무리하면서 구도심이 다음 바통을 이어받는다. 2018년 광명16구역이 분양의 스타트를 끊으며 광명뉴타운이 빠르게 개발됐는데, 여기에 철산주공 재건축과 도시재생사업까지 동시에 진행되고 있다.

광명은 투기과열지구다. 무주택 세대주, 재당첨 제한 5년 조건으로 1순위 청약에 제한이 있다. 다만 광명에는 최대 2만 개의 청약통장이 있는 것으로 파악되며, 실제 청약에 참여하는 수를 절반으로 봤을 때 청약에 당첨될 가능성은 타 지역보다 상당히 큰 편이다.

그림 2-40　2020년 수원 분양 예정 단지

지구	사업장	시공사	총가구	일반분양
장안구	장안4구역 (장안구111-4)	포스코	666	469
장안구	장안1구역 (정자동111-1)	GS	2,607	1,608
장안구	장안5구역 (수원111-5)	KCC	1,130	374
팔달구	팔달6구역 (팔달115-6)	대우, 현대	2,586	1,520
팔달구	팔달10구역 (팔달115-9)	GS, 현대	3,432	2,159
팔달구	팔달8구역 (팔달115-8)	SK, 대우	3,606	1,797
팔달구	지동115-10구역	중흥	1,154	758
권선구	권선6구역 (권선113-6)	삼성, SK, 코오롱	2,178	1,311
권선구	권선12구역 (권선113-12)	쌍용	930	719
영통구	수원영흥공원푸르지오	대우	1,948	1,948

그림 2-41 수원 구도심 재생 예정 구역(출처: 네이버지도)

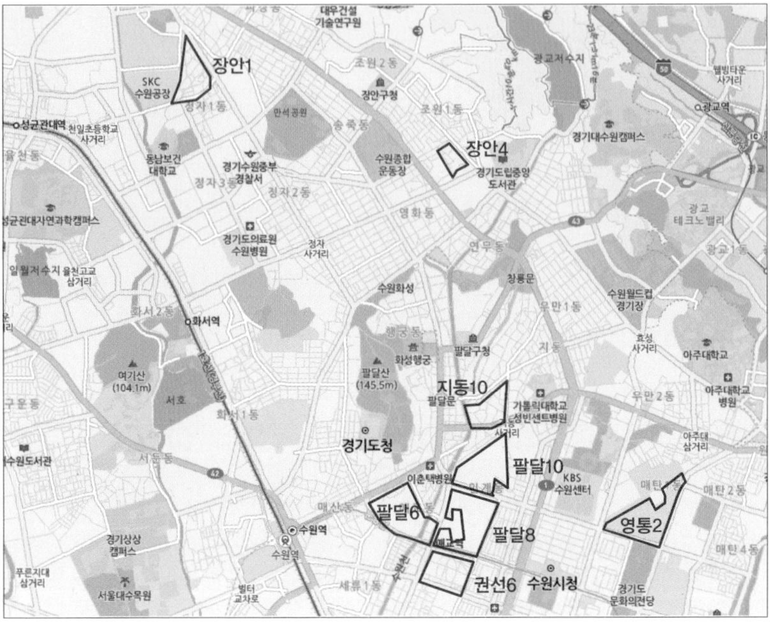

수원에서 청약을 기다리는 단지는 그림 2-40, 2-41과 같다. 모두 재정비구역에 속해 있다. 광교신도시가 완성되는 시점에 구도심의 재생이 예정돼 있어 광명과 성남의 개발 수순을 따르겠다. 수원에서 조정대상지역은 팔달구뿐이며 나머지는 비규제지역이다. 팔달구 청약 1순위 조건은 투기과열지구와 동일하다. 85㎡ 이하 주택은 무주택 세대주만 청약할 수 있고 재당첨 제한이 5년간 적용된다. 다만 전매 제한이 6개월에 불과해 투자 수요가 아직은 짙은 곳이다. 그 외 수원 비규제지역에서는 유주택 세대원도 청약할 수 있으며, 세대주와 세대원이 과거 가점제에 당첨된 이력이 있어도 2년이 지나면 분양에 도전할 수 있다.

그림 2-42 2020년 시흥·안산·안양 분양 예정 단지

지구	사업장	시공사	총가구	일반분양
시흥 장현지구	영무예다음	영무건설	747	747
시흥 장현지구	유승한내들	유승	676	676
안산 단원구	선부동2단지	현대	364	253
안산 단원구	선부동3단지	중흥	993	798
안산 단원구	원곡연립1단지	대우	1,714	605
안산 단원구	원곡연립2단지(안산원곡e편한세상)	대림	1,322	312
안양 동안구	덕현지구	대림, 코오롱	2,761	2,001
안양 만안구	삼영아파트주변	두산	558	255
안양 만안구	예술공원입구주변	GS	1,021	571
안양 만안구	진흥아파트	대우, 포스코	2,723	719
안양 동안구	힐스테이크비산파크뷰	현대	303	303
안양 만안구	삼신6차아파트	영무건설	456	191

시흥 장현지구는 전매 제한이 3년인 공공택지다. 분양가상한제 적용 지역으로 현재 임대 아파트를 제외한 분양 단지는 2개 블록만 남았다.

안산은 지하철 4호선을 중심으로 재건축률이 높다. 서해선 선부역 부근 입주 예정 단지(e편한세상선부광장, 안산라프리모)를 눈여겨보면 좋겠다.

안양 동안구는 조정대상지역에서도 제1지역에 속한다. 소유권이전 등기까지 분양권 전매가 금지된다. 비규제지역인 만안구는 분양을 계약하고 6개월이면 전매 제한이 풀려 투자 수요가 몰리는 곳이다.

그림 2-43 2020년 과천 분양 예정 단지

지구	사업장	시공사	총가구	일반분양
과천지식정보타운	S1 (과천푸르지오오르투스)	대우 컨소시엄	435	435
	S2	미매각	783	783
	S3 (신혼희망타운)	LH	474	474
	S4 (과천푸르지오어울림라비엔오)	대우 컨소시엄	679	679
	S5	대우 컨소시엄	584	584
	S6 (과천푸르지오벨라르테)	대우 컨소시엄	504	504
	S7 (신혼희망타운)	LH	626	626
	S8	우미, 신동아	608	608
	S9 (과천제이드자이)	GS	674	674
	S10 (영구국민임대)	LH	411	411
	S11 (행복주택)	LH	690	690
	S12 (행복주택)	LH	690	690

공공택지인 과천지식정보타운에는 이미 오래전부터 반값 아파트에 대한 기대감이 쌓여 있었다. 이에 분양을 마무리 중인 재건축 단지를

그림 2-44 과천지식정보타운 구역도

건너뛰고서라도 지식정보타운을 기다리는 대기 청약자가 많다. 경기도에서 분양하는 공공택지는 전체 세대 가운데 30%를 당해(과천)로, 20%를 경기도 6개월 이상 거주자로, 50%를 경기도 6개월 미만 거주자 및 서울·인천 거주자로 선정한다. 당해부터 기회를 노리며 이미 과천으로 전입한 세대가 많아졌는데도 과천의 유효 청약자수는 아직 약 8000명에 불과하다. '로또 당첨' 가능성이 매우 높은 상황이다.

전용면적 85㎡를 초과하는 세대는 가점제가 50%만 적용되기 때문에 가점이 낮은 사람이나 1주택자는 여기에 집중할 수밖에 없다. 지식정보타운에서 전용면적 85㎡를 초과하는 주택은 S4·S5·S6 블록에만 있다. 청약 전 블록마다 면적을 확인하는 일이 중요한 이유다.

그림 2-45 2020년 고양 분양 예정 단지

지구	사업장	시공사	총가구	일반분양
능곡재정비	능곡2-1	롯데	834	264
능곡재정비	능곡1구역(대곡두산위브)	두산	643(아파트)	259
덕은지구	A1블록	국민임대	364	364
덕은지구	A2블록	중흥	894	503
덕은지구	A3블록	미정	560	560
덕은지구	A4블록	GS	710	710
덕은지구	A6블록	미정	620	620
덕은지구	A7블록	GS	326	326
덕은지구	주상1블록	미정	382	382
덕은지구	주상2블록	에일린의뜰	212	212

고양시는 도심재생보다 택지지구 위주로 주택을 공급했고, 원흥지구와 삼송지구, 향동지구, 지축지구는 이미 분양을 완료했다. 도심재생 지역에는 대곡역세권개발, 능곡재정비구역, 원당재정비구역이 있다. 도시개발구역인 덕은지구와 공공택지인 장항지구도 있다. 원당재정비구역은 사업성이 약화돼 해제된 구역을 빼면 1·2·4구역에서 사업을 진행한다. 덕은지구는 2019년에 고양덕은대방노블랜드를 시작으로 2020년 안에 분양을 마칠 계획이다. 공공택지인 장항지구를 제외한 재정비구역에서는 당해로 1순위 청약을 받는다. 즉, 주민등록등본상 거주지가 고양시여야 한다는 말이다. 슬금슬금 높아진 분양가에 평균 경쟁률은 타 도시보다 낮은 편이다. 당분간 청약할 때는 3기 신도시인 창릉

신도시를 염두에 두지 않아도 된다고 말하고 싶다. 분양이 아직 가시화되지 않았고, 계획은 언제나 변화무쌍하기 때문이다.

그림 2-46 2020년 구리·김포 분양 예정 단지

지구	사업장	시공사	총가구	일반분양
구리 인창동	인창C구역	롯데	1,180	765
구리 수택동	수택1재건축	현대	567	278
구리 수택동	수택E구역	GS,SK,대림	3,055	1,584
구리 인창동	구리인창대원칸타빌	대원	379	379
김포 고촌	캐슬앤파밀리에3차	신동아	538	538

갈매지구를 비롯해 구리의 도심 내 4개 단지에서는 최근 신축 분양이 없었다. 인근 지역인 하남 미사강변신도시와 남양주 별내신도시·다산신도시가 계속해서 신축을 공급해온 것과는 대조적이다. 구리는 재정비구역이 완성될 시점에 최근 입주를 마쳤거나 입주를 앞둔 단지가 시너지 효과를 내면 다시 옛날의 영광을 되찾을 것으로 보인다. 그 단계로 들어서기까지 2021~2023년에 입주 물량이 부족하기도 하다.

김포에서는 고촌읍 캐슬앤파밀리에3차가 분양을 대기 중이다. 김포는 2020년에 입주 물량이 약 1만 6000세대로 과공급이 예상된다. 매수심리보다 매도심리가 더 크지만, 캐슬앤파밀리에3차는 김포에서 서울과 가장 가깝다는 지리적 이점이 있어 입주 시기에 분위기가 역전될 수 있다. 구리와 김포는 서울을 중심으로 경기도의 끝과 끝인 만큼,

2020년의 향방도 정반대로 흘러갈 가능성이 크다.

그림 2-47 2020년 파주 분양 예정 단지

지구	사업장	시공사	총가구	일반분양
운정신도시	A26블록	LH	534	534
	파주운정우미린스테이	우미건설	846	846
	운정제일풍경채	제일	1,926	1,926

운정신도시는 GTX A노선의 수혜를 가장 직접적으로 받는다. 다만 수도권 내 공공택지로 전매 제한이 3~8년이나 걸려 있는 게 가장 큰 고민거리다. 이사 올 형편이 못 된다면 전월세를 놔야 하는데, 전세보증금은 분양가의 50% 이하일 수도 있다. 입주 시기에 목돈이 더 필요한 상황이다. 실거주자만 분양을 노리는 것이 자금 흐름상 안전하다.

여기서 하나 상식으로 알아둘 게 있다. 공공택지의 전매 제한 기간은 보통 분양가와 시세를 기반으로 결정된다. 분양가가 시세에 가까울수록 전매 제한이 짧고, 시세와 멀수록 길다. 운정신도시는 인천 검단신도시, 시흥 장현지구, 양주 옥정신도시, 평택 고덕신도시와 함께 전매 제한이 그나마 상대적으로 짧은 편에 속한다. 위례신도시, 과천지식정보타운 등은 8년을 꽉 채울 가능성이 크다는 걸 염두에 두자.

INTERVIEW

빅데이터로 분석한 2020 부동산 전망

| 리치톡톡(김기원) |

최근 정부의 강력한 규제에도 서울 아파트 시장은 끊임없이 상승을 이어가고 있습니다. 그래서일까요? '지금이라도 사지 않으면 서울 아파트는 영영 못 사는 거 아닌가?' 하는 불안감에 잠 못 이루는 분이 꽤 있는 것 같습니다. 반면에 지방 상황은 정반대입니다. 충남, 충북, 경남, 경북 등의 지역은 매매가와 전세가가 계속 내려가면서 크나큰 침체에 빠져 있습니다.

하지만 2020년부터는 이러한 흐름에 큰 변화가 생기지 않을까 합니다. 빅데이터로 분석한 결과 2020~2021년을 기점으로 서울은 오름세가 다소 약화되고, 지방은 뜨는 해가 될 가능성이 상당히 높아지고 있습니다. 즉, 앞으로는 지방 부동산이 살아나고 서울 아파트 시장은 거의 마지막 상승 국면에 있다고 보입니다.

2020년, 지방에 바통을 넘겨주는 서울!

왜 제가 이런 판단을 했을까요? 몇 가지 데이터를 통해 설명해보겠습니다. 부동산 시장의 고점과 저점을 판단하는 데 유용한 지표는 여러 가지지만, 여기서는 크게 두 가지 정도를 살펴보겠습니다.

첫째, 소득 대비 주택 가격의 데이터를 분석합니다. 그림 2-48은 서울 PIR(처분 가능 소득 대비 아파트 가격)입니다.

보는 바와 같이 금융위기 바로 직전인 2007년, 2008년 초에 서울 PIR은 사상 최고치를 나타냈습니다. 즉, 서울에서 소득 대비 아파트 가격이 엄청나게 고평가된 기간입니다. 그리고 실제 서울 아파트 시장의 고점과도 상당히 일치하는 모습을 보였습니다.

서울 PIR 저점은 2014년부터 2015년까지인데, 이때 역시 서울 아파

그림 2-48 서울 PIR(2003년 1월~2019년 9월, 출처: KB부동산, 통계청)

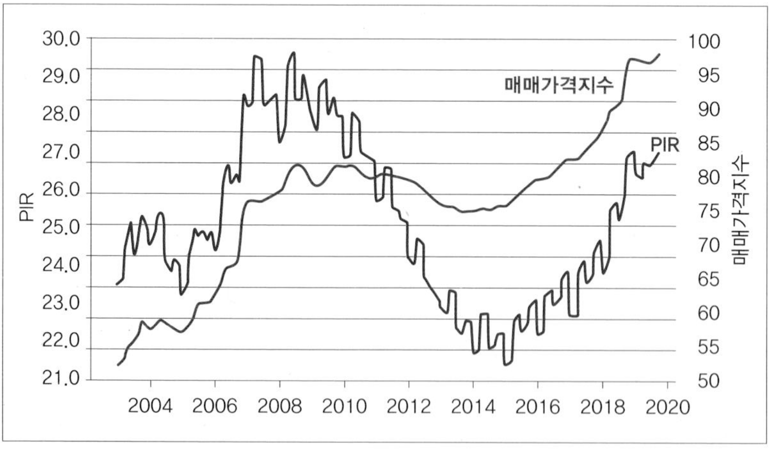

트 가격은 가장 저평가됐습니다. 요컨대 서울 PIR 데이터는 아파트 시장의 고점 및 저점과 매우 유사하게 움직이고 있는 걸 확인할 수 있습니다.

가장 최근의 데이터를 보겠습니다. 서울 PIR은 계속해서 상승하고 있고, 과거 2006년도 말 수준까지 상승을 이어왔습니다. 이로 미루어보아 서울의 아파트 시장은 상승기가 1~2년 정도 남아 있다고 볼 수 있습니다. 그리고 지금의 서울 아파트 가격은 거의 마지막 상승 파동 과정이라고 해석할 수 있습니다.

반면 몇몇 곳의 지방은 PIR이 사상 최저치에 근접하고 있습니다. 즉, 소득 대비 지방의 아파트 가격은 매우 저렴해지고 있다는 걸 의미합니다. 여러 지역이 있지만 대표적으로 충남 지역의 PIR부터 살펴보겠습니다.

그림 2-49　충남 PIR(2003년 6월~2019년 9월, 출처: KB부동산, 통계청)

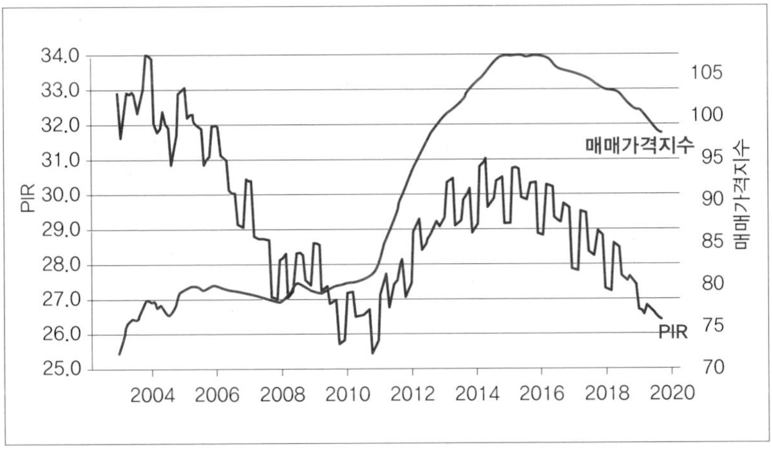

충남의 PIR은 2010~2011년이 최저점이었습니다. 만약 이때 충남에 아파트를 사뒀다면 상당한 이익을 봤으리라 예상됩니다. 2014년부터 2015년은 PIR이 고점입니다. 2010~2011년에 아파트를 산 사람이 2014~2015년에 매도했다면 100점짜리 투자였겠지요?

최근 충남은 PIR이 사상 최저치에 근접하고 있습니다. 즉, 소득 대비 아파트 가격이 매우 저평가되어 있다는 걸 의미합니다. 머지않아 충남의 아파트 가격이 반등세로 돌아설 수 있다는 아주 중요한 근거로 보입니다.

금리보다 중요한 '주택구매력지수'

부동산 가격에 영향을 미치는 요인은 매우 다양합니다. 좀 더 정확한 판단을 위해서는 다른 데이터도 함께 고려해야 하지만, 여기서는 몇 가지 핵심 데이터로 이야기해보겠습니다.

2019년 10월 기준 금리가 1.25%까지 하락했습니다. 이런 현상이 부동산 시장에서는 호재로 작용하는 게 아니냐는 목소리도 높습니다. 물론 금리가 부동산 시장에 미치는 영향은 매우 크지만, 금리 하나만 가지고 부동산 가격을 예측하는 건 섣부른 판단으로 보입니다. 좀 더 정확히 판단하기 위해서는 금리 자체만 보는 것보다 주택구매력지수(HAI)를 보는 게 더 좋습니다. 주택구매력지수란 쉽게 말해 '대출을 받아서 집을 살 수 있는 여력'을 의미합니다. HAI가 높다는 것은 대출을 받아서 집을 사는 데 부담을 덜 느낀다는 뜻입니다. 즉, HAI가 높으면

그림 2-50 서울 HAI(2008년 12월~2019년 6월, 출처: KB부동산)

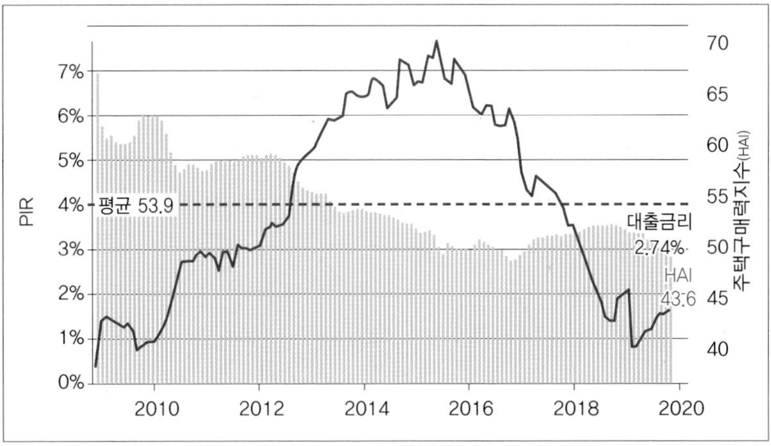

집값이 저평가돼 있고, HAI가 낮으면 집값이 고평가돼 있다고 생각하면 됩니다. 먼저 서울의 HAI 차트를 살펴보겠습니다.

그림 2-50과 같이 서울의 HAI는 2015년 즈음에 가장 높았습니다. 즉, 이때가 바로 대출을 껴서 아파트를 사기에 가장 부담이 없는, 집값이 가장 저평가된 시기였다고 볼 수 있습니다. 물론 실제로도 그러했고요. 최근에는 어떨까요? 담보대출금리는 사상 최저인 반면, HAI는 상당히 낮습니다. 즉, 그만큼 서울의 집값이 고평가돼 있어서 금리가 이렇게 낮아도 대출을 끼고 집을 사기가 부담스럽다는 뜻입니다. PIR 데이터와 HAI 데이터는 한목소리로 말하고 있습니다. '현재 서울 아파트 가격은 꽤 고평가돼 있다'고 말이죠.

이번에는 기타 지방 지역의 HAI 데이터를 살펴보겠습니다. 기타 지방이라 하면 수도권과 광역시를 제외한 나머지 지역을 의미합니다.

그림 2-51 기타 지방 HAI(2008년 12월~2019년 6월, 출처: KB부동산)

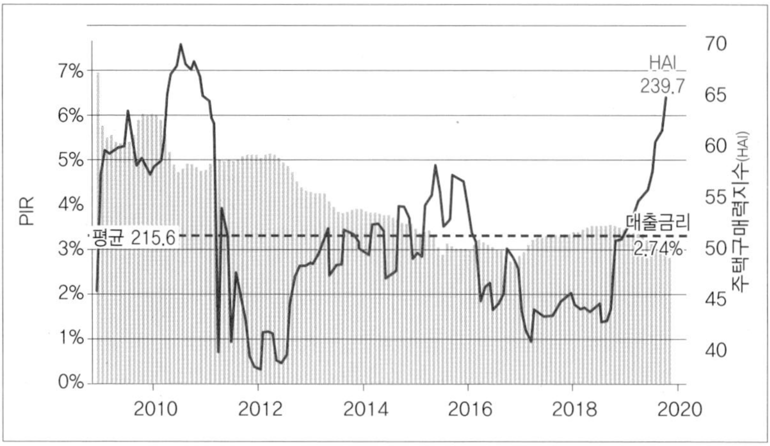

기타 지방의 HAI는 금리가 높았던 2011년에 가장 높았습니다. 즉, 이때가 기타 지방 지역의 주택값이 가장 저평가된 시기라고 분석할 수 있습니다. 최근은 어떨까요? 기타 지방 지역의 HAI가 엄청나게 치솟고 있습니다. 다시 말해, 상당한 저평가 구간으로 들어가고 있다는 의미입니다.

물론 이 데이터만 가지고 기타 지방 전체를 판단하기에는 무리가 있습니다. 하지만 실제로 기타 지방에 속한 지역 중 몇몇 곳은 상당한 저평가 구간에 들어섰고, 머지않아 다시 상승할 여건을 갖춘 것으로 보입니다.

2020년을 더 정확히 전망하기 위해선 다른 유용한 데이터도 함께 살펴야 합니다. 그렇지만 PIR과 HAI도 아주 중요한 데이터이기 때문에, 앞서 언급한 결론을 내리기에는 부족함이 없습니다.

그동안 분위기가 좋았던 서울 부동산 시장은 아직 상승 여력이 조금 남았지만, 거의 막바지 구간에 접어들었다고 판단됩니다. 반면 그동안 좋지 않았던 지방 부동산 시장은 머지않아 하락을 끝내고 상승으로 돌아설 것으로 보입니다. 그리고 이런 변곡점은 향후 1~2년 안에 일어날 확률이 매우 큽니다. 2020년은 이러한 거대 변화의 흐름이 시작되는 원년이 될 것이라 전망됩니다.

리치톡톡(김기원)

㈜데이터노우즈의 대표. 빅데이터와 인공지능을 기반으로 부동산 알파고인 '리치고(richgo.ai)'를 만들었다. 이를 통해 부동산에 대한 의사결정을 쉽고, 빠르고, 정확하게 도와주는 일을 하고 있다. 또한 리치고를 기반으로 2008년에는 『빅데이터 부동산 투자』라는 책을 출간했다. 온라인에서는 '리치톡톡'이라는 필명으로 활발히 활동하고 있다.

PART3
경매
– 새벽하늘

10년 사이클 속에
숨겨진
상승기류를
주목하라

2019년을 돌아보며

2019년은 경매의 황금 타이밍

2019년은 서울 아파트를 경매로 싸게 구입하기에 가장 좋은 시기였다. 더 정확히 이야기하면 2017년 후반부터 2018년을 거쳐 2019년까지는 부동산 경매로 아파트를 싸게 살 수 있는 황금 타이밍이었다. 이유는 역설적이게도 이때가 서울 아파트 시장의 침체기였기 때문이다.

최근 몇 년간 서울 아파트 시장의 분위기를 전반적으로 살펴보자. 그림 3-1에서 A구간은 다주택자 양도소득세 강화를 주축으로 한 2017년 8·2 대책 발표 이후의 모습이다. 8·2 대책 발표 직후 매수심리는 곤두박질쳤지만, 이내 다시 회복되며 매매가격이 꾸준히 상승했다. 그리고 주택담보대출 규제를 포함해 역사적으로 가장 강력한 정책이었던

2018년 9·13 대책을 발표하기 전까지 서울의 아파트 가격은 미친 듯이 치솟았다. 강남권에서 시작한 아파트 가격 폭등이 서울의 나머지 지역으로 번진 시기였다. 하지만 B구간처럼 9·13 대책 발표 이후 서울의 매수심리는 마치 자이로드롭처럼 급격하게 바닥으로 떨어졌다. 매매가격 또한 보합을 유지하다가 결국 하락세로 접어들었고, 이 분위기는 생각보다 길게 이어졌다.

그림 3-1 서울 아파트의 매수우위지수와 매매가격지수(출처: KB부동산)

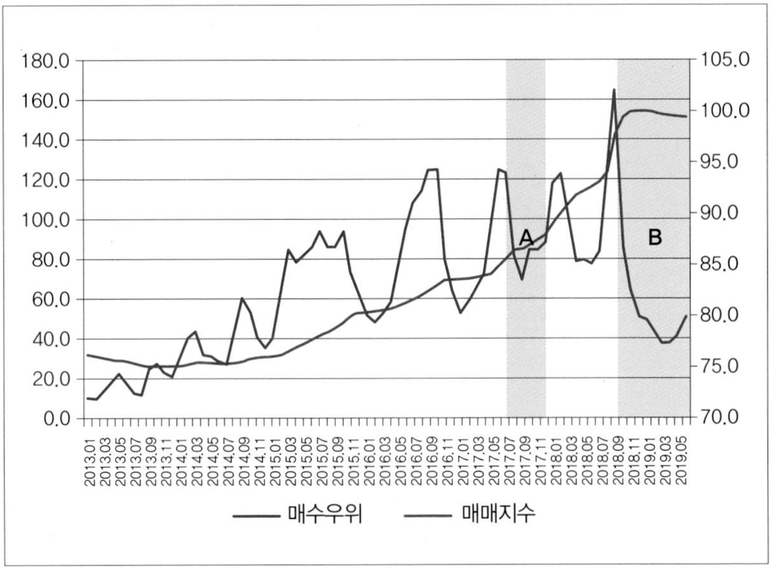

부동산 경매 시장은 일반 부동산 시장의 분위기를 더욱 민감하게 반영한다. 일반 부동산 시장에서 상승기류를 감지하면 경매 시장은 그보다 먼저 반응하면서 뜨거워진다. 입찰자가 늘면서 물건을 구매하려는 경쟁률이 높아지고 낙찰가율 또한 올라간다. 반대로 일반 부동산 시장이 차가워질 기미가 보이면 경매 시장 또한 참여자가 확연히 줄어들면서 낙찰가율이 낮아진다. 그런데 중요한 것이 바로 이때다. 경매의 장점은 물건을 싸게 살 수 있다는 것인데, 더 싸게 살 수 있는 적기가 바로 이때이기 때문이다.

문제는 차가워진 부동산 시장의 분위기가 일시적인 조정장인지, 아니면 본격적인 하락장인지를 파악하는 것이다. 조정장이라면 경매로 부동산을 매수하기에 더할 나위 없이 좋은 기회지만, 본격적으로 하락장이 시작하는 시기라면 아무리 싸게 낙찰받아도 시간이 지나면서 그 메리트가 사라져버린다. 그렇다면 B구간은 일시적인 조정장일까 아니면 본격적인 하락장의 전조일까? 나는 9·13 대책 직후 일시적인 조정장이 오리라 전망하며 줄곧 그 내용을 각종 칼럼과 강의에서 이야기했다. 그런데 예상과 달리 서울의 약세는 생각보다 길어졌고, 2019년 하반기에 들어서야 반등하는 모습을 보였다. 반등을 넘어 본격적인 상승장으로 다시 진입할지, 그렇다면 상승폭은 어느 정도나 될지 지켜봐야 한다. 하지만 확실한 것은 최소한 B구간이 본격적인 하락장의 시작점은 아니라는 것이다. 이와 같은 상황을 기억하면서 2019년에 낙찰된 사례를 살펴보자.

2019년 1월, 성동구에 있는 한 아파트가 8억 4900만 원에 낙찰됐다. 당시 이 아파트의 실거래가는 9억 원으로, 시세보다 5100만 원 싸게 사들인 격이다. 2019년에는 이처럼 시세보다 5000만 원 이상 싸게 낙찰된 사례가 무척 많았다. 앞서 언급했듯이 부동산 시장의 분위기가 좋지

그림 3-2　2019년 1월 성동구 마장동 아파트 경매 낙찰 사례(출처: 탱크옥션)

TANK AUCTION 탱크옥션

관심등록 | 법원정보 | 내용인쇄

2018타경[redacted]　서울동부지방법원 본원 5계(02-2204-2409) 매각기일 2019.01.21 월(10:00)　← 이전 | 목록 | 다음 →

소재지	서울특별시 성동구 마장동 820, 금호어울림아파트 101동 [redacted] 지도보기 도로명주소검색				
도로명주소	서울특별시 성동구 마조로 57				
물건종별	아파트	개시결정	2018-02-12	사건명	강제경매
전용면적	84.97㎡ (25.7평)	소유자	[redacted]	감정가	743,000,000
대지권	36.86㎡ (11.1평)	채무자	[redacted]	최저가	(100%) 743,000,000
매각물건	토지·건물 일괄매각	채권자	[redacted]	보증금	(10%) 74,300,000

[입찰진행내용]

구분	입찰기일	최저매각가격	결과
	2018-10-29	743,000,000원	변경
1차	2019-01-21	743,000,000원	

낙찰 : 848,990,000원 (114.27%)

(입찰4명,낙찰:[redacted]

매각결정기일 : 2019.01.28 - 매각허가결정

대금지급기한 : 2019.03.28

대금납부 2019.03.05 / 배당기일 2019.04.10

배당종결 2019.04.10

그림 3-3　2019년 1월 성동구 마장동 아파트 실거래가(출처: 네이버부동산)

계약월	매매		전세		월세	
	거래금액(만원)	층	거래금액(만원)	층	거래금액(만원)	층
2019.09	97,000	14	56,000	3	-	
	-		56,000	3	-	
2019.08	89,950	6	58,000	5	-	
2019.07	-		-		30,000/50	1
2019.05	-		57,000	3	-	
	-		50,000	7	-	
2019.04	-		52,000	10	-	
2019.03	-		-		10,000/150	12
	-		-		5,000/150	22
2019.02	-		55,500	13	40,000/35	21
	-		53,000	17	-	
	-		7,000	6	-	
2019.01	90,000	12	57,000	8	35,000/60	12
	-		50,000	22	34,000/60	5

않았기 때문이다.

그런데 과연 대중의 우려처럼 이 아파트의 가격은 하락했을까? 그림 3-3에서 실거래가를 보면 2019년 2월부터 7월까지 거래가 없었던 것을 알 수 있다. 매도자와 매수자 간의 줄다리기가 몇 개월 동안 지속됐다. 그러다가 9월이 돼서야 9억 7000만 원에 중층이 거래됐고, 2019년 10월에는 10억 원대로 호가가 형성됐다. 과연 줄다리기에서 누가 이길지 보이는가? 서울의 가격 반등은 이미 시작됐으므로, 줄다리기에서의 승기는 매도자를 향해 있다고 판단할 수 있다.

그림 3-4 2019년 10월 성동구 마장동 아파트 매매 호가(출처: 네이버부동산)

매매	확인매물 19.10.28.	집주인 금호어울림 N 조망 good 내부good	107A/84	101동	23/24	**100,000** 매경부동산
매매	확인매물 19.10.27.	집주인 금호어울림 N 전망좋은집,세안고매매	107A/84	104동	고/24	**95,000** 매경부동산
매매	확인매물 19.10.26.	집주인 금호어울림 N 입주가능	107A/84	101동	고/24	**100,000** 선방

조금 더 가격대가 올라간다면 그 할인 폭은 더 커진다. 2019년 3월, 송파구에 있는 한 아파트는 12억 7000만 원 남짓에 낙찰됐다. 당시 실거래가는 14억 4000만 원으로 시세보다 무려 1억 7000만 원이나 싼 값에 주인이 정해졌다. 게다가 다른 경쟁자 없이 입찰자는 단 한 명뿐이었다.

그렇다면 이 아파트의 가격은 이후 어떻게 움직였을까? 많은 사람의

그림 3-5 2019년 3월 송파구 문정동 아파트 경매 낙찰 사례(출처: 탱크옥션)

TANK AUCTION 탱크옥션

관심등록 | 법원정보 | 내용인쇄

2018타경[redacted] 서울동부지방법원 본원 3계(02-2204-2407) 매각기일 2019.03.18 월(10:00)

← 이전 | 목록 | 다음 →

소재지	서울특별시 송파구 문정동 150 외 1필지, 올림픽훼밀리타운아파트 226동 [redacted] 지도보기 도로명주소검색				
도로명주소	서울특별시 송파구 중대로 24				
물건종별	아파트	개시결정	2018-01-25	사건명	임의경매
전용면적	136.33㎡ (41.2평)	소유자	[redacted]	감정가	1,580,000,000
대지권	73.36㎡ (22.2평)	채무자	[redacted]	최저가	(80%) 1,264,000,000
매각물건	토지·건물 일괄매각	채권자	[redacted]	보증금	(10%) 126,400,000

[입찰진행내용]

구분	입찰기일	최저매각가격	결과
1차	2018-11-05	1,580,000,000원	유찰
	2018-12-10	1,264,000,000원	변경
2차	2019-03-18	1,264,000,000원	

낙찰 : 1,271,100,000원 (80.45%)

(입찰1명,낙찰:[redacted])

매각결정기일 : 2019.03.25 - 매각허가결정

대금지급기한 : 2019.05.02

대금납부 2019.04.19 / 배당기일 2019.05.16

배당종결 2019.05.16

그림 3-6 2019년 3월 송파구 문정동 아파트 실거래가(출처: 네이버부동산)

계약월	매매		전세		월세	
	거래금액(만원)	층	거래금액(만원)	층	거래금액(만원)	층
2019.03	144,000	11	70,000	13	50,000/50	13
	144,000	12	65,000	13	15,000/170	12
	137,800	4	65,000	5	15,000/160	1
	-		65,000	8	-	
	-		63,000	10	-	
	-		62,000	10	-	
	-		59,000	1	-	

예상대로 값이 떨어졌을까? 2019년 4월부터 5월까지 지속적으로 가격이 오르다가 6월에는 16억 원으로 실거래가 이루어졌다. 이어서 7월에

는 16억 5000만 원, 8월에는 16억 4000만 원에 중층이 거래됐고, 2019년 10월 기준으로 중·고층은 17억 원, 저층은 15억 8000만 원 이하에 나

그림 3-7 2019년 7~10월 송파구 문정동 아파트 실거래가(출처: 네이버부동산)

계약월	매매		전세		월세	
	거래금액(만원)	층	거래금액(만원)	층	거래금액(만원)	층
2019.10	-		72,000	6	-	
	-		60,000	2	-	
2019.09	157,500	15	73,000	2	-	
	-		70,000	2	-	
	-		67,000	14	-	
	-		65,000	1	-	
2019.08	164,000	6	70,000	14	10,000/190	9
	162,000	10	69,000	9	-	
	159,000	6	66,000	13	-	
	-		60,100	2	-	
2019.07	165,000	10	68,000	7	60,000/10	4
	164,000	5	68,000	2	20,000/140	3
	155,000	14	68,000	9	15,000/160	14
	153,000	15	67,000	13	-	
	152,000	3	-		-	

그림 3-8 2019년 10월 송파구 문정동 아파트 매매 호가(출처: 네이버부동산)

매매	확인매물 19.10.26.	올림픽훼밀리타운 N 특올수리, 초등학교 근접동, 조망 채광 좋…	158/136	304동	1/15	158,000 매경부동산
매매	확인매물 19.10.28.	올림픽훼밀리타운 N 49p 정상입주 또는 투자가능한 흔치않은 …	158/136	225동	10/13	170,000 매경부동산
매매	확인매물 19.10.28.	올림픽훼밀리타운 N 49p 단지내 채광좋은 수리된 깔끔한 정상…	158/136	226동	14/15	170,000 매경부동산

온 매물은 없다. 향후 매도자와 매수자 중 누가 과연 원하는 가격으로 거래하게 될까?

2018년 9·13 대책 이후 불안정하고 불확실하던 서울 부동산 시장은 앞서 본 사례들처럼 경매에 뛰어들기에 더할 나위 없이 좋은 타이밍이었다. 9·13 대책 이후가 큰 기회였던 이유는 서울에 아직 시장의 에너지가 남아 있었기 때문이다. 그 근거는 본격적인 테마로 짚어가며 여러 자료와 함께 살펴보겠다.

부동산 시장이 죽지 않고 살아 있다면 정부의 강력한 규제 정책만으로는 흐름을 바꾸기에 역부족이다. 규제가 시행된 직후에는 매매가가 일시적으로 보합하거나 하락할 수 있지만, 시장은 결국 본연의 모습을 찾아가기 마련이다. 이제 서울에는 그 불확실성이 점차 걷히고 있다.

THEME 1

사이클을 보면 2020년 서울이 보인다

2019년 8월, 도봉구 창동에 있는 한 아파트가 5억 6800만 원에 낙찰됐다. 당시 시세는 5억 9900만 원 정도로 3100만 원 정도 싸게 산 격이다.

그림 3-9 2019년 8월 도봉구 창동 아파트 경매 낙찰 사례(출처: 탱크옥션)

TANK AUCTION 탱크옥션

관심등록 법원정보 내용인쇄

2017타경[redacted] 서울북부지방법원 본원 2계(02-910-3672) 매각기일 2019.08.05 월(10:00)

← 이전 목록 다음 →

소재지	서울특별시 도봉구 창동 33, 주공아파트 1904동 [redacted] 지도보기 도로명주소검색				
도로명주소	서울 도봉구 노해로70길 19				
물건종별	아파트	개시결정	2017-11-20	사건명	임의경매
전용면적	68.86㎡ (20.8평)	소유자	[redacted]	감정가	462,000,000
대지권	53.34㎡ (16.1평)	채무자	[redacted]	최저가	(100%) 462,000,000
매각물건	토지·건물 일괄매각	채권자	[redacted]	보증금	(10%) 46,200,000

[입찰진행내용]

구분	입찰기일	최저매각가격	결과
1차	2019-08-05	462,000,000원	

낙찰 : 567,700,000원 (122.88%)

(입찰11명,낙찰:[redacted]

매각결정기일 : 2019.08.12 - 매각허가결정

대금지급기한 : 2019.09.18

그림 3-10 2019년 8월 도봉구 창동 아파트 실거래가(출처: 네이버부동산)

계약월	매매		전세		월세	
	거래금액(만원)	층	거래금액(만원)	층	거래금액(만원)	층
2019.08	59,900	11	26,000	2	5,000/50	2
	-		25,000	6	-	
	-		25,000	6	-	
	-		22,000	1	-	

앞서도 이야기했듯이 건물을 시세보다 싸게 살 수 있다는 건 부동산 경매의 가장 큰 장점이다. 시장의 분위기, 물건의 종류에 따라서 싸게 살 수 있는 정도는 다르지만, 시장가보다 저렴하다는 핵심만큼은 변함이 없다. 그런데 싸게 사는 것만큼이나 중요한 게 있다. 바로 현재의 가격 위치와 시장의 흐름이다.

그림 3-9의 아파트는 줄곧 3억 원대의 시세를 유지했고 2014년에는 2억 5000만 원 선까지 하락했다가 다시 반등하는 기세를 보였다. 이후 2019년 10월 기준, 시세는 6억 2000만 원이다. 약 5년 동안 무려 두 배가 훌쩍 넘는 가격이 형성됐다. GTX C노선 창동역, 서울아레나복합문화시설사업 등의 초대형 호재에다가 재건축 이슈까지 결합해 가격 상승을 주도한 결과지만, 어쨌건 현재의 가격 위치가 매우 높다는 것만큼은 부정할 수 없는 사실이다.

그렇다면 과연 2019년 11월을 넘어 2020년에도 가격은 더 상승할 수 있을까? 아니면 이제 고점을 찍고 하락세로 접어들까? 이를 판단하기 위해서는 앞서 살펴본 서울 부동산 시장의 전반적인 흐름을 파악하는 일이 중요하다.

2014년부터 꿈틀거리기 시작한 서울 아파트의 가격 상승은 이제 5년을 넘어 6년 차로 접어들고 있다. 9·13 대책 이후 이제 상승세가 꺾이나 싶었지만 다시 반등하고 있다. 도대체 서울은 언제까지 부동산 가격이 오를까? 5년 넘게 계속 올랐으면 이제는 떨어질 때도 되지 않았을까? 강남을 비롯해 호재 요소가 있는 지역에서는 두 배 넘게 오른 곳도 많은데, 이렇게까지 오르고도 더 오를 수 있단 말인가?

서울이 매매가격 반등에는 성공했지만 계속되는 상승장에 마냥 취해 있기는 위험할 수 있다. 지금이라도 그 상승장에 올라타기엔 불안하다는 것이다. 그래서 많은 전문가가 과거 부동산 시장이 일정한 형태를 그리며 움직여온 사례, 즉 부동산 시장의 주기를 원용해 앞으로는 서울의 아파트값이 내려가리라고 전망한다. 게다가 9·13 대책으로 다주택자의 주택담보대출이 원천 봉쇄되면서 주택으로 흘러들어오는 투기 수요도 차단됐다. 즉, 유동성을 위축시켰으므로 상대적으로 가격대가 높은 서울 아파트는 더 이상 가격이 오르는 데 무리가 있다는 전망도 나온다.

그렇다면 이쯤에서 서울 아파트 가격의 변동 주기를 살펴보자. 그림 3-11은 한국감정원에서 제공한 서울 아파트 매매가격지수다. 한국감정원에서는 2003년 11월분부터 자료를 제공한다. 그 이전 자료는 찾아볼 수 없다. 자료에 따르면 과거 서울 아파트는 A구간처럼 2005년 1월부터 본격적으로 가격이 상승하기 시작했다. 그리고 그 상승세는 2008년 9월까지 이어졌다. 4년에 조금 못 미치는 기간 동안 줄기차게 상승한 것이다.

그러다가 A1구간에서 잠시 소강상태에 빠졌다. 잠깐 하락하나 싶더

그림 3-11　2003년 11월 이후 서울 아파트 매매가격지수(출처: 한국감정원)

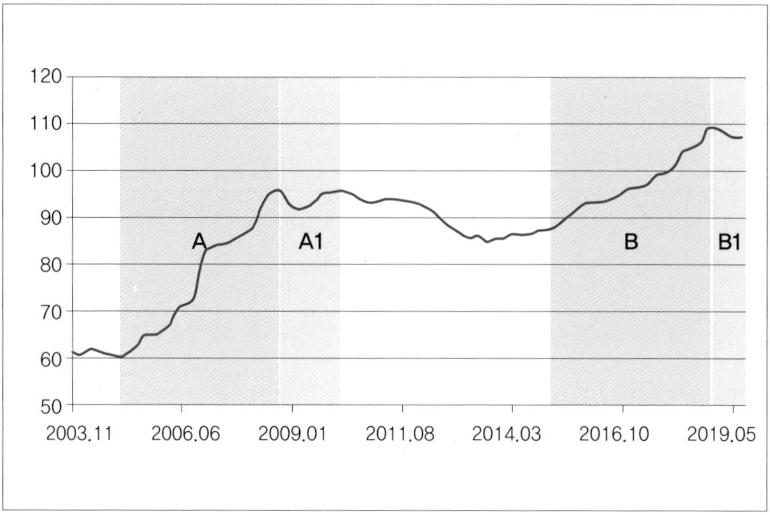

니 다시 소폭 반등하고는 결국 하락 국면으로 접어들었다. 서울 아파트 가격의 하락은 3년 넘게 이어졌다. 그리고 다시 꿈틀거리기 시작한 건 B구간에 접어들면서부터다. 2015년 1월부터 본격적으로 가격이 올라 그 상승세가 2018년 11월까지 지속됐다.

재미있는 것은 B구간의 상승 기간 또한 예전의 A구간처럼 4년에 조금 못 미친다는 것이다. 그리고 다시 B1구간과 같이 가격이 하락하다가 살짝 반등하는 기미를 보인다. 과거의 변동 주기와 너무도 비슷한 양상이다.

그렇다면 이제 B1구간 이후의 행보를 대강 짐작할 수 있다. 과거 A1구간처럼 짧은 기간 반등하다가 다시 본격적인 하락장에 접어들 것이라는 분석이 상당히 신빙성 있게 다가온다. 만약 이 전망이 맞는다면

그림 3-12 1995년 1월 이후 서울 아파트 매매가격지수(출처: KB부동산)

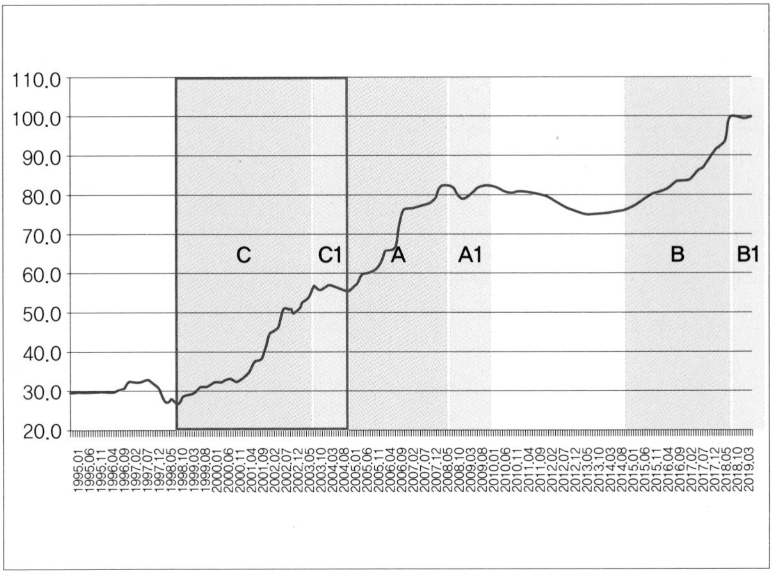

'2020년에는 서울에 있는 집을 사면 안 된다'는 결론이 나온다. 그래도 집을 사고 싶다면 부동산 경매를 통해 철저히 시세보다 싸게 사야지만 가격 하락에서 오는 손해를 방어할 수 있다.

그렇다면 이번에는 그림 3-12를 한번 보자. KB부동산에서 제공하는 자료다. 여기에는 2003년 11월 이전의 정보도 존재한다. 그 자료를 바탕으로 만든 그래프를 살펴보자 놀라운 사실을 발견할 수 있었다. 바로 서울의 아파트 가격 상승은 1998년부터 시작됐다는 것이다. 그림 3-12에서 빨간색 상자로 표시한 부분이 바로 그 지점이다. 즉, 서울의 아파트 가격 상승 주기가 4~5년이 아닌 10년이었다는 사실을 확인할 수 있다.

그렇다면 이제 가격 변동 주기를 해석해 완전히 다른 결과를 도출할 수 있다. A, A1의 주기가 B, B1과 비슷한 주기라고 해석하던 것에서 이제는 과거 C, C1의 주기를 현재의 B, B1과 흡사한 구간으로 해석할 수 있게 된 것이다.

여기서 가장 중요한 건 C1구간이다. C1구간의 가격 하락은 본격적인 하락세로 접어드는 A1구간과 달리 일시적인 하락이었다. 즉, 하락장이 아닌 조정장이었던 것이다. 그리고 현재 서울은 다시 가격이 반등하고 있다.

지금의 반등이 과거 A1구간과 비슷한 주기라면 잠시 반등하다가 다시 하락할 가능성이 크다. 하지만 C1구간과 비슷한 주기라면 이야기가 달라진다. 현재의 반등이 다시 본격적인 상승장으로 진입하는 시작점이 될 수도 있다는 의미다.

이처럼 과거의 움직임을 쫓아서 가격 변동 주기를 완성해본다면, 현재의 상황은 하락장보다는 조정장 쪽에 더 가깝다. 이 말은 즉, 2020년에도 서울의 아파트 가격이 상승할 거라는 가능성을 의미한다.

가격 변동 주기 말고도 서울의 아파트 가격 상승을 뒷받침해줄 만한 근거를 몇 가지 더 살펴보자.

첫째는 서울 아파트의 미분양 수치다. 아파트 분양 시장은 최전방에서 시장의 분위기를 감지하는 레이더와 같은 역할을 한다. 가격이 비싸도 높은 경쟁률과 함께 분양이 완판된다면 일반 아파트 시장에도 좋은 분위기가 이어질 가능성이 크다. 반면 어느 순간부터 미분양 아파트가 생기기 시작하면서 그 수량이 쌓여간다면, 이는 아파트 시장에 좋지 않은 시그널로 작용한다. 과거 미분양 수치가 매매가격과 어떤 연관이 있

그림 3-13 서울 아파트의 매매가격지수와 미분양수(출처: KB부동산, 국토교통부 통계누리)

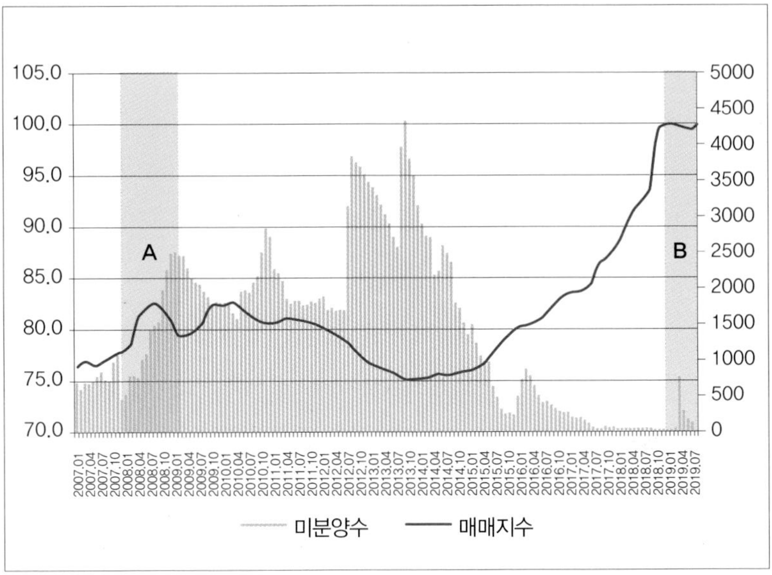

었는지 자세히 살펴보자.

먼저 그림 3-13의 A구간처럼 상승세가 끝자락이던 2007년 후반기를 돌아보자. 아파트 매매가격은 계속 상승했지만 미분양 아파트 또한 점차 증가하는 모습을 보였다. 500호도 되지 않던 미분양수가 점차 증가하더니 2008년 7월에는 1500호를 넘어서 2500호 남짓까지 쌓였다. 그리고 매매가격은 하락했다. 중간에 잠깐 미분양 아파트를 소진하면서 매매가격이 반등하기도 했지만, 미분양수가 1500호를 기점으로 매섭게 늘면서 서울은 결국 장기적인 하락장에 접어들었다.

그런데 가장 최근 시점인 B구간은 어떤가? 서울의 미분양수는 2017년 중반부터 100호 밑으로 줄어들었고, 이후 50호 미만의 양호한 성적을 계속해서 이어갔다. 이 기간에 매매가격은 폭등했다. 그런데 2019년 3월, 갑자기 미분양수가 770호로 늘었다. 만약 이때를 기점으로 미분양이 계속해서 오른다면 B구간은 조정장이 아닌 하락장의 시작으로 의심해볼 여지가 있다. 당시 미분양을 급증시킨 주인공은 광진구의 e편한세상광진그랜드파크였다. 730호를 분양했는데 평균 경쟁률 2.34 대 1로 대부분 1순위에서 마감됐다. 하지만 당첨자조차도 실제 계약까지 진행하는 경우는 극히 드물었다. 결국 700호가 넘는 물량이 미분양으로 남게 된 것이다. 서울에서라면 무조건 높은 경쟁률로 완판되던 분위기를 일순간에 뒤집어놓은 사건이었다. 이유가 무엇이었을까?

이 아파트의 분양가격은 84㎡ 기준 약 12억 원이었다. 인근의 더샵스타시티는 당시 100㎡ 기준 시세가 11억 5000만 원 정도였다. 더샵스타시티는 구축 아파트지만 2호선과 7호선이 지나는 건대입구역 더블역세권에, 특목고 진학률이 상위 5% 이내인 자양중학교 바로 앞에 자리한 단지다. 심지어 이 아파트는 높은 층에서 한강도 조망할 수 있다. 비슷한 가격이라면 둘 중 어떤 것을 선택할지 결정하기가 쉽지 않았다. 즉, e편한세상광진그랜드파크의 분양가가 그만큼 애매하게 책정됐다는 것이다. 게다가 9억 원을 초과하는 분양가로 HUG의 중도금대출 보증 대상이 되지 못한다는 점도 한몫했다.

반면 그 이후 서울에서 분양한 아파트는 홍제역해링턴플레이스, 태릉해링턴플레이스, 청량리역한양수자인192, 송파위례리슈빌퍼스트클래스 등 괜찮은 것이 즐비했다. 특히 송파위례리슈빌퍼스트클래스는 105㎡의 분양가가 약 8억 7000만 원이었다. 2015년에 입주한 인근 아파트가 이미 12억 원대를 형성하고 있었으므로, 당첨만 되면 최소 3억 원 이상의 차익을 누리는 이른바 '로또 분양'이었다. 그리고 앞으로도 이와 비슷한 분양 물량이 시장에는 더 많이 남아 있다.

어쨌거나 서울에서 미분양 아파트가 대폭 증가했다는 건 눈여겨볼 만한 현상이다. 그런데 재미있는 사실은 광진구의 미분양 아파트가 한 달 사이에 대폭 줄었다는 사실이다. 서울시 자료에 따르면 광진구의 미분양수는 2019년 3월 721호에서 4월 말 244호로 대폭 감소했다. 이 수치의 대부분을 차지하는 게 바로 앞서 언급한 e편한세상광진그랜드파크다. 시행사가 직접 중도금 연대보증을 서고 계약금을 20%에서 10%로 낮추는 등 조치를 취한 노력이 미분양 소진에 제법 영향을 미쳤다.

그림 3-14 광진구 구의자이엘라 청약 경쟁률(출처: 아파트투유)

청약접수 경쟁률

광진구 구의자이엘라 (서울)

청약접수 결과 입주자 모집공고에 명시한 일반공급 가구수 및 예비입주자선정 가구 수에 미달 시 후순위 청약접수를 받습니다.

주택형	공급 세대수	순위		접수 건수	순위내 경쟁률 (미달세대수)	청약결과	당첨가점			
							지역	최저	최고	평균
073.6556	12	1순위	해당지역	248	20.67	1순위 해당지역 마감 (청약 접수 종료)	해당지역	50	64	57.5
			기타지역	0						
		2순위	해당지역	0			기타지역	-	-	-
			기타지역	0						
평균경쟁률	**46**			**892**	**19.39**					

그림 3-15 강서구 등촌두산위브 주상복합 청약 경쟁률(출처: 아파트투유)

청약접수 경쟁률

등촌 두산위브 주상복합아파트 (서울)

청약접수 결과 입주자 모집공고에 명시한 일반공급 가구수 및 예비입주자선정 가구 수에 미달 시 후순위 청약접수를 받습니다.

주택형	공급세대수	순위		접수건수	순위내경쟁률(미달세대수)	청약결과	당첨가점			
							지역	최저	최고	평균
084.7400	1	1순위	해당지역	601	601.00	1순위 해당지역 마감 (청약 접수 종료)	해당지역	69	69	69
			기타지역	0						
		2순위	해당지역	0			기타지역	-	-	-
			기타지역	0						
평균경쟁률	88			3,856	43.82					

이에 2019년 5월 110호, 6월 75호로 광진구의 미분양 주택은 점차 줄어들면서 e편한세상광진그랜드파크도 미분양이 거의 해결됐다. 여기서 더 중요한 사실은 서울에는 아파트 분양 시장의 에너지가 아직 남아 있는 것이다.

2019년 11월 기준 서울의 분양 시장 분위기는 어떨까? 그림 3-14에서 보듯 2019년 7월 광진구에서 분양한 구의자이엘라는 19 대 1이 넘는 경쟁률로 광진구가 건재하다는 걸 입증했다. 그림 3-15의 등촌두산위브 주상복합 또한 2019년 8월에 분양하며 경쟁률 43 대 1을 훌쩍 넘겼다.

정리하면, 2019년 9월 기준 서울의 미분양수는 207호이며 서울 아파트 매매가격은 다시 반등하고 있다. 게다가 정부는 2019년 11월 6일, 강남4구와 마용성 지역 등 서울 내 27개 동을 민간택지 분양가상한제 적용 지역으로 발표했다. 그렇다면 당분간은 지금처럼 미분양 수치가 매우 낮은 수준을 유지할 가능성이 크고, 이로 인해 상승기류를 탄 서울 아파트 시장은 2020년에도 계속해서 그 기세를 충분히 이어갈 것으로 보인다.

다음으로 살펴볼 지표는 서울의 전세가율이다. 서울은 전세가율 폭의 편차가 제법 심하다는 특징이 있다. 과거 사례를 보면 65%에 육박하는 시기도 있었지만 40%에 한참 못 미치던 때도 있었다. 그런데 이 전세가율과 매매가격을 비교해보면 재미있는 현상이 발견된다.

그림 3-16 서울 아파트 전세가율과 매매가격지수(출처: KB부동산)

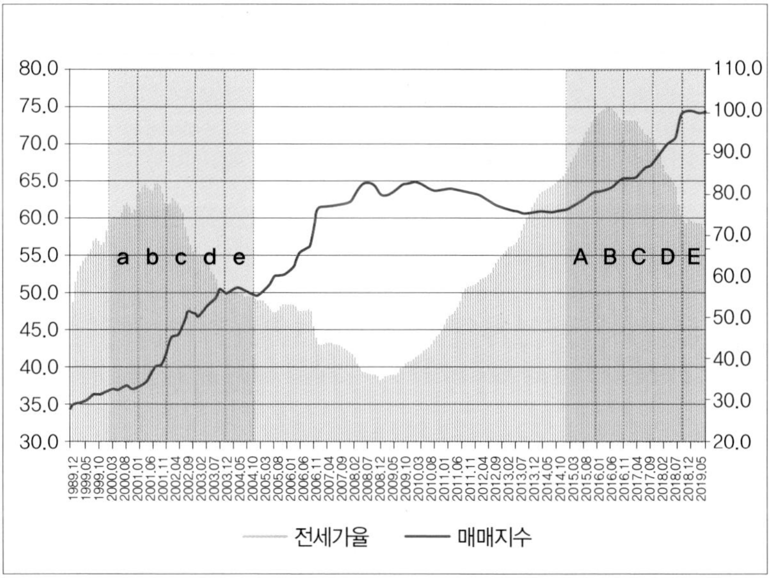

그림 3-16을 보면 과거 a구간에서 전세가율은 계속 오르고 매매가격은 서서히 상승했다. 그러다 b구간에서 전세가율은 최고점을 찍고 매매가격은 갑자기 오르기 시작한다. c구간과 d구간에서는 최고점을 찍던 전세가율이 급격히 하락했고 매매가격은 폭등했다. 그리고 e구간에서 전세가율의 하락폭은 둔화하고 매매가격도 일시적인 조정기에 접어들었다. 그런데 최근 5년간 A~E구간의 모습을 보면 과거와 소름 끼치게 닮아 있는 걸 확인할 수 있다. 즉, E구간 이후의 행보가 과거 e구간 이후의 모습을 따라갈 가능성이 충분하다는 결론이 나온다. 이처럼 전세가율을 파악하면 매수와 매도의 타이밍을 잡는 데 유용하게 활용할 수 있다.

"지금 서울의 아파트를 사도 될까요?" 이 질문에 대한 답변은 매년 시장의 흐름이 변하므로 그에 따라 달라진다. 하지만 큰 틀에서는 아직 "사도 된다"라는 판단에는 변함이 없다. 하지만 아파트를 구매하려는 목적이 무엇인지에 따라 접근 방법은 조금씩 다르다. 우선 앞서 본 그림 3-16에서 A구간인 2015년은 서울 부동산 시장이 바닥을 찍고 본격적으로 반등하던 시기였다. 매수심리는 아직 낮은 상태로 전셋값은 무섭게 상승한 반면 매매가격의 상승폭은 크지 않았다. 이런 이유로 이른바 '갭투자'라는 것이 서울에서도 등장하게 된다. 2015년 서울은 전세에서 실거주로 갈아타기에 좋은 시기이자 소액으로 투자하기에 매우 좋은 시기였다.

B구간인 2016년이 되면서 서울의 아파트 전세가율은 사상 최고치를 기록했다. 하지만 매매가격의 상승 기울기는 아직 완만했다. 당시 임차

인은 전세금에 몇 천만 원만 더하면 집을 살 수 있었다. 그것도 서울에 있는 집을 말이다. 당연히 내 집을 마련하는 데 가장 적기였다. 투자자는 어땠을까? 마찬가지로 아파트를 구매해 전세를 놓으면 몇 천만 원으로 서울에 아파트를 한 채를 더 살 수 있었다. 투자를 목적으로 할 때도 가장 완벽한 매수 타이밍이었다. 나 또한 이 시기에는 끌어올 수 있는 모든 자금을 동원해 경매, 급매를 가리지 않고 서울의 아파트를 사는 데 집중했다.

C구간인 2017년에는 상반기까지 이렇다 할 변화가 없었다. 그런데 하반기로 접어들면서 매매가격이 무서운 속도로 상승한 반면 전세가율은 큰 폭으로 하락했다. 그러자 정부가 규제를 시작했다. 바로 8·2 대책이다. 가격 상승이 우려되는 규제지역을 대상으로 다주택자, 즉 투자자에게 양도소득세 부담을 대폭 강화하는 내용이 주요 골자였다. 하지만 이 시기에 시장을 주도하던 주체는 투자자(다주택자)가 아닌 실수요자(무주택자)였기에 8·2 대책은 별다른 효과를 거두지 못했다. 그래서 서울의 아파트 가격 상승률을 그리는 기울기는 더 가팔라졌다.

D구간인 2018년은 서울의 아파트 가격 상승세가 극에 달한 시점이다. 매매가격은 폭등하고 전세가율은 급격히 줄어들기 시작했다. 정부 차원에서는 더욱 강력한 정책을 쏟아부을 수밖에 없었다. 바로 9·13 대책이다. 역대급으로 강력한 주택담보대출 규제가 주를 이뤘다. 그러자 하늘을 뚫을 듯한 기세로 상승하던 서울의 아파트 가격이 드디어 잠잠해지기 시작했다. 주택담보대출이라는 주택시장의 유동성을 강하게 통제하자 그동안 급등한 서울의 집값도 부담으로 다가오며 주택 안정화 효과가 나타나기 시작한 것이다.

E구간인 2019년은 이런 침체 분위기가 상반기까지 이어졌다. 하지만 앞서도 언급했듯이 이때가 경매로 서울의 아파트를 싸게 사기에는 정말 좋은 시기였다. 게다가 지금까지 내용을 종합해보면 서울 아파트는 추가적인 가격 상승을 기대해볼 수 있어서, 경매로 건물을 싸게 샀는데 시세까지 받쳐준다면 보다 더 큰 이익을 누릴 수 있었다.

하지만 서울 부동산 시장을 무조건 낙관하기에는 이르다. 가장 대표적으로 우려할 만한 지점이 바로 일본과 벌어진 무역 전쟁이다. 만약 이 무역 전쟁이 장기전으로 치달아 우리 경제에 타격을 준다면, 부동산 시장에도 변수로 작용할 수 있다. 일례로 1997년은 서울 아파트 가격이 워낙 낮은 데다가 5대 신도시 입주가 마무리된 시점이어서 주택 가격이 상승해야만 하는 시기였다. 하지만 우리나라에 외환위기가 찾아오자 집값은 내려갔다. 10년 넘게 상승을 이어가던 서울 부동산 시장이 2008년에 하락장으로 접어든 이유도 미국발 금융위기에서 비롯됐다. 즉, 내부나 외부의 경제 충격은 부동산 시장에도 당연히 영향을 미친다.

여기에 미국이 배치를 고려하는 신형정밀유도중거리미사일이 우리나라에 들어온다면, 예전 사드THAAD 때보다 중국은 더 강력하게 경제 보복을 단행할 수 있다. 만약 일본과의 무역 전쟁과 중국의 경제 보복이 동시에 진행된다면 우리나라가 받는 경제적 타격은 상당할 것으로 보인다.

하지만 우리 국민의 한 사람으로서 모든 사태가 원만히 해결되리라 믿는다. 그 밖에도 몇 가지 변수가 더 있지만, 이는 바꿔 말해 '특별한 변수가 없는 한' 2020년 서울 부동산 시장은 가격이 상승할 가능성이 충분하다는 논리의 근거가 된다. 반면 매수심리는 상대적으로 낮은 수준을 유지하고 있어서 부동산 경매라는 투자의 기회는 여전히 열려 있는 셈이다.

여러 정황상 지난 몇 년 동안의 폭등은 다시 누리기 어렵다. 상당히 올라간 지금의 가격대도 부담으로 작용하지만, 주택담보대출 규제로 한껏 위축된 유동성 또한 절대 무시할 수 없는 요인이다. 오르긴 오르되, 단 '한 방'의 수익을 기대하지는 말자는 것, 그것이 이번 테마에서 강조하고 싶은 핵심이다.

THEME 2

강남 vs. 강북! 어디가 더 승산 있는 투자처인가?

2019년 7월부터 서울 부동산 가격이 반등한 건 가시화됐기 때문에 불확실성은 어느 정도 제거됐다. 이러한 상황에서 부동산 경매를 통해 시세보다 싸게 건물을 사들이는 경매의 이점이 더욱 부각되고 있다. 하지만 서울은 25개의 구로 이루어졌고 구마다 움직이는 양상도 다르다. 그렇다면 2020년에는 서울 안에서도 어느 지역을 공략하는 게 더 효과적일까? 한강을 기준으로 강남과 강북으로 나눠 살펴보도록 하자.

먼저 강남이다. 강남구와 함께 강남의 대표주자라 할 만한 서초구의 한 아파트가 2019년 8월에 14억 1600만 원으로 낙찰됐다. 이 아파트는 우리나라에서 재건축 성공 사례로 꼽히며 최고의 위상을 떨치는 아크로리버파크와 아크로리버뷰신반포, 그리고 주변에서 활발히 진행되는 재건축 지역의 한가운데에 위치해 있다. 거기에 2018년 2월에는 조합

그림 3-17 2019년 8월 서초구 잠원동 아파트 경매 낙찰 사례(출처: 탱크옥션)

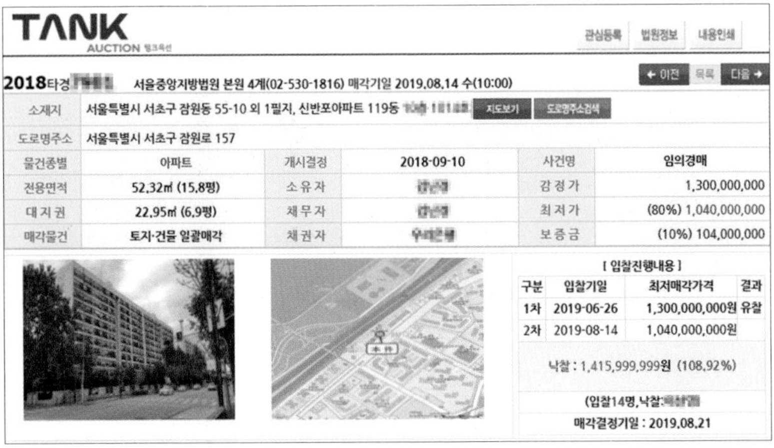
TANK AUCTION 탱크옥션

관심등록 법원정보 내용인쇄

2018타경[illegible] 서울중앙지방법원 본원 4계(02-530-1816) 매각기일 2019.08.14 수(10:00)

← 이전 목록 다음 →

소재지	서울특별시 서초구 잠원동 55-10 외 1필지, 신반포아파트 119동 [illegible] 지도보기 도로명주소검색				
도로명주소	서울특별시 서초구 잠원로 157				
물건종별	아파트	개시결정	2018-09-10	사건명	임의경매
전용면적	52.32㎡ (15.8평)	소유자	[illegible]	감정가	1,300,000,000
대지권	22.95㎡ (6.9평)	채무자	[illegible]	최저가	(80%) 1,040,000,000
매각물건	토지·건물 일괄매각	채권자	[illegible]	보증금	(10%) 104,000,000

[입찰진행내용]

구분	입찰기일	최저매각가격	결과
1차	2019-06-26	1,300,000,000원	유찰
2차	2019-08-14	1,040,000,000원	

낙찰 : 1,415,999,999원 (108.92%)

(입찰14명,낙찰:[illegible])

매각결정기일 : 2019.08.21

그림 3-18 2019년 8월 서초구 잠원동 아파트 시세(출처: 직방)

설립인가도 받았다. 그런데 여기서 한 가지 특이점은 이 아파트의 시세다. '직방'(www.zigbang.com)을 기준으로 당시 시세가 12억 3000만 원 정도였다. 경매 낙찰가가 시세보다 한참이나 높게 형성된 것이다.

하지만 그림 3-19에서 보듯 2019년 8월에 시장에 나온 해당 아파트 호가를 보면 14억 8500만 원이 가장 저렴했다. 9·13 대책 이후 한 번 침체된 분위기가 막 상승세로 접어든 시점이었고, 낙찰가는 이 호가를 바탕으로 산정됐다고 볼 수 있다. 호가만 기준에 놓고 보면 낙찰가는 또 7000만 원 정도 싸게 형성된 격이다. 경매 초보자는 판단하기가 다소 애매한 상황이다. 그렇다면 과연 이를 괜찮은 낙찰이라고 해석할 수 있을까?

그림 3-19 2019년 8월 서초구 잠원동 아파트 호가(출처: 네이버부동산)

매매	확인매물 19.08.09.	신반포16차 N 투자강추 재건축 진행중	57/52	120동	3/11	**150,000** 부동산써브
매매	확인매물 19.08.08.	신반포16차 N 급매호텔하시	57/52	119동	5/11	**148,500** 부동산뱅크

그 답을 찾기 전에 먼저 강북을 살펴보자. 그림 3-20은 노원구 상계동에 있는 아파트 낙찰 사례다. 앞서 본 서초구 잠원동의 아파트와 비슷한 시기에 매물로 나왔고, 4억 3100만 원에 낙찰됐다. 이 아파트는 7호선 수락산역 역세권에 있고 2019년 8~9월에 실거래가는 4억 8000만 원이었다. 이 낙찰자는 실거래가보다 4900만 원 정도 싸게 매입한 격이다.

역시 호가를 살펴보자. 그림 3-22를 보면 서울의 가격 반등이 노원구에도 영향을 미쳐, 2019년 10월 기준 해당 아파트의 호가는 약 2000만 원이 오른 5억 원이었다.

그림 3-20 2019년 7월 노원구 상계동 아파트 경매 낙찰 사례(출처: 탱크옥션)

TANK AUCTION 탱크옥션

관심등록 | 법원정보 | 내용인쇄

2019타경[redacted] 서울북부지방법원 본원 8계(02-910-3678) 매각기일 2019.07.29 월(10:00)

← 이전 | 목록 | 다음 →

소재지	서울특별시 노원구 상계동 1110 외 1필지, 두산아파트 107동 [redacted] 지도보기 도로명주소검색				
도로명주소	서울특별시 노원구 동일로241길 53				
물건종별	아파트	개시결정	2019-03-18	사건명	임의경매
전용면적	84.09㎡ (25.4평)	소유자	[redacted]	감정가	430,000,000
대지권	44.09㎡ (13.3평)	채무자	[redacted]	최저가	(100%) 430,000,000
매각물건	토지·건물 일괄매각	채권자	[redacted]	보증금	(10%) 43,000,000

[입찰진행내용]

구분	입찰기일	최저매각가격	결과
1차	2019-07-29	430,000,000원	
낙찰 : 431,000,000원 (100.23%)			
(입찰5명,낙찰:[redacted])			
매각결정기일 : 2019.08.05 - 매각허가결정			
대금지급기한 : 2019.09.06			

그림 3-21 2019년 8~9월 노원구 상계동 아파트 실거래가(출처: 네이버부동산)

계약월	매매		전세		월세	
	거래금액(만원)	층	거래금액(만원)	층	거래금액(만원)	층
2019.09	47,900	9	32,000	7	5,000/75	6
	-		32,000	7	-	
	-		30,000	12	-	
2019.08	48,000	11	-		-	

그림 3-22 2019년 10월 노원구 상계동 아파트 호가(출처: 네이버부동산)

거래	확인일자	매물명	면적(㎡)	동	층	매물가(만원)
매매	확인매물 19.10.26.	도산 M 수락산역 역세권에 위치 수리된 집	106/84	107동	12/12	50,000 부동산써브

이 두 사례 중 어떤 것이 더 좋은 투자라고 할 수 있을까? 물론 내 집 마련을 포함해서 말이다.

먼저 할인율을 보자. 서초구 잠원동의 아파트는 낙찰가가 8월 호가(14억 8500만 원)를 기준으로 4.7% 할인된 가격이다. 노원구 상계동의 아파트는 낙찰가가 8월 실거래가(4억 8000만 원) 대비 10% 정도 할인됐다. 노원구 상계동의 아파트가 더 많이 할인을 받은 격이다. 게다가 서초구의 아파트는 할인율 계산을 호가를 기준으로 했다. 실거래에서 시세로 확정돼야 하는 불확실성을 안고 있다. 하지만 노원구의 아파트는 이미 실거래를 통해 형성된 시세가 그 기준이다.

더 중요한 것은 향후 가격 상승 전망이다. 2019년의 가격 반등은 2020년에 어떤 흐름을 만들어낼까? 서울 아파트 가격이 계속 상승한다고 해도 정부가 내놓을 카드는 이제 많지 않다. 민간택지 분양가상한제를 시행하기로 결정했지만, 예상대로 아직까지는 서울의 아파트 시장에 별다른 영향력을 미치지 못했다. 단, 강남권을 포함해 재건축 가능성이 있는 아파트 단지에서는 어느 정도 타격이 있을 것으로 보인다. 재건축 사업성이 낮아질 테니 가격이 계속해서 치고 오르기에는 한계가 있는 것이다. 하지만 이로 인해 신축 아파트는 상대적으로 더욱 귀해질 전망이다. 기존 신축 아파트 가격이 오히려 상승하는 현상이 벌어질 수도 있다.

이미 강남은 그간 상승폭이 너무 컸다. 그림 3-17에서 예시한 서초구 잠원동의 아파트도 2013년까지는 4억 원대 중반을 유지하다가 5년이 지난 현재 세 배를 훌쩍 넘긴 가격에 호가가 형성됐다.

반면 비강남권, 특히 한강에 근접한 '마용성동'(마포구·용산구·성동구·동대문구)을 제외한 구에서는 상대적으로 가격 상승폭이 크지 않았다. 예시로 든 노원구 상계동의 아파트도 2013년까지는 시세가 3억 원대 초반이었으나, 지금껏 상승한 가격은 1억 5000만 원 남짓이다. 비율로 본다면 67%에 조금 못 미친다. 300%가 넘는 서초구 잠원동 아파트의 상승에 비해 미미한 수준이라고 할 수 있다.

그렇다면 2020년에는 강북의 부동산 가격이 비로소 올라 강남과의 격차를 점차 좁혀나갈 수 있을까? 그림 3-23은 강남과 강북의 아파트 중위가격과 가격차 비율의 추이를 나타낸 그래프다.

2008년 12월부터 시작된 A구간을 보면 강북을 기준으로 강남의 중위가격 비율이 최저 150%까지 좁혀졌다. 쉽게 설명하면 강북의 아파

그림 3-23 강남과 강북의 아파트 중위가격 및 가격차 비율(출처: KB부동산)

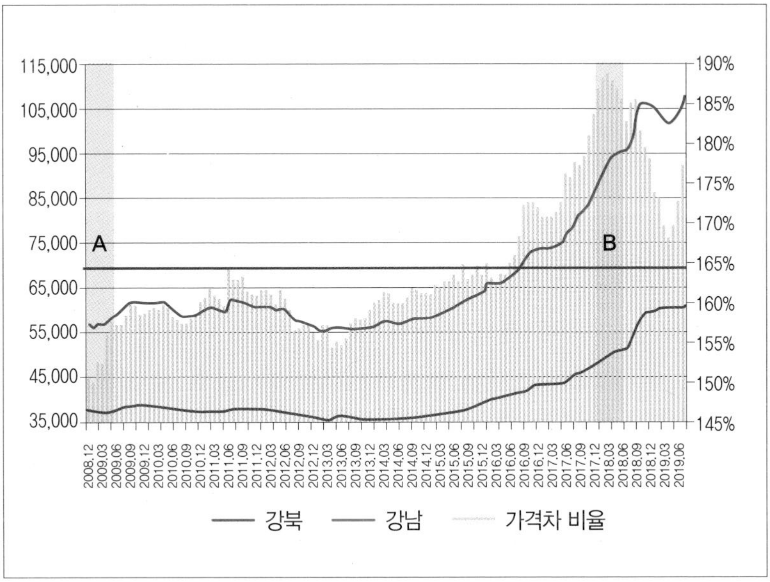

트가 1억 원일 때 강남의 아파트는 1억 5000만 원이었다는 의미다. 강남과 강북의 아파트 중위가격을 비교할 때 차이가 가장 적었던 시기다. 그리고 그 비율은 상승과 하락을 반복하면서 2017년 중반까지 보라색 선과 같은 평균 164% 정도의 차를 유지하고 있었다.

그런데 2017년 후반부터 시작된 B구간을 보면 그 비율이 최고 190%에 육박하며 강남과 강북의 아파트 중위가격 가격차가 심하게 벌어졌다. 이 시기가 바로 강북의 아파트를 사들일 황금 타이밍이었다. 왜냐하면 강남과 강북의 가격차 비율이 일시적으로 균형을 잃은 만큼, 다시 균형을 되찾기 위해서 강북의 아파트 중위가격이 더 많이 올라야 한다는 결론이 나오기 때문이다.

실제로 B구간 이후 강북의 아파트 가격은 그 상승세가 무섭게 진행됐다. 하지만 강남 역시 상승 기세가 만만치 않아서 이들의 가격차는 그다지 크게 좁혀지지 않았다. 그러던 중 9·13 대책이 나왔고 도리어 강남의 아파트 가격이 떨어지며 가격차가 좁혀지는 듯했지만, 이내 강남의 반등으로 가격차 비율은 다시 벌어졌다.

이러한 상황에서 지금까지 서울 부동산 시장의 흐름으로 비추어 봤을 때, 가격차 비율이 다시 평균치만큼이라도 좁혀지려면 두 가지 경우의 수를 생각해볼 수 있다.

첫째, 강남의 아파트 가격이 보합 유지 또는 상승하고 강북은 더 크게 상승한다.

둘째, 강남의 아파트 가격이 다시 하락하고 강북은 보합 유지 또는 상승한다.

과연 시장은 둘 중 어느 방향으로 흘러갈까? 그 가능성에 대해서는 과거의 상황을 참고해 예측해볼 수 있다. 그림 3-24에서 파란색 구간은 그림 3-23의 A구간보다 먼저 형성된 가격의 움직임이다. 강남과 강북의 중위가격을 비교할 때 가격차 비율이 가장 낮았던 A구간 시기의 바로 직전 모습이다.

그림 3-24에서 강남 아파트 가격은 2005년부터 매우 큰 폭으로 상승하며 강북과 격차를 벌리기 시작했다. 하지만 2006년 하반기부터 강북 아파트 가격도 급등하기 시작해서 급기야는 강북의 가격지수가 강남을 추월했다. 즉, 강북이 더 큰 폭으로 오르며 가격차의 비율을 좁힌 것이다.

그림 3-24 강남과 강북의 아파트 매매가격지수(출처: KB부동산)

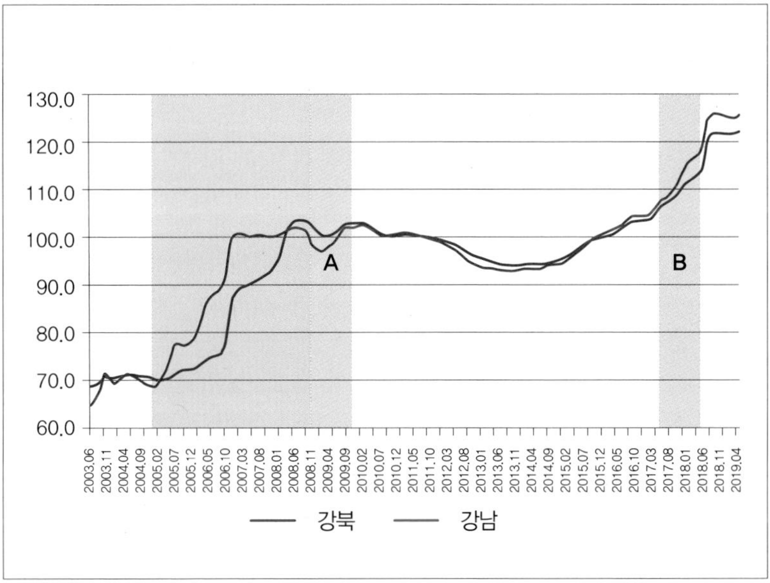

이와 같은 과거 양상을 참고해봤을 때, 강남의 아파트 가격은 계속 오르더라도 지금까지의 상승폭이 부담으로 작용해 그 오름세가 그리 크지 않을 수 있다. 다시 가격이 하락할 가능성도 아예 배제할 수는 없다. 하지만 강북의 아파트 가격은 강남보다 더 큰 폭으로 상승할 가능성이 높으며, 만에 하나 강남이 하락하더라도 보합을 유지할 가능성이 높다.

따라서 부동산 경매를 통해 강남의 아파트를 살 때는 분위기에 휩쓸리기보다는 냉정하게 현재 시세를 파악하고 철저히 시세보다 저렴하게 접근하는 것이 좋다. 될 수 있으면 이미 가격이 많이 오른 아파트보다는 그동안 상대적으로 상승폭이 적었던 아파트에 관심을 기울이는 게 더 안전한 투자 방법이다. 강북의 아파트를 현재 시세보다 저렴하게 사들인다면 가격이 상승할 때 더 큰 이익을 얻을 수 있다. 보수적으로 본다고 해도 하락보다는 보합 유지될 가능성이 높으니, 최소한 잃지 않는 투자가 될 것으로 전망한다.

THEME 3

서울 vs. 수도권! 차이는 좁혀질 수 있는가?

지금까지 계속 주목을 받아온 지역은 단연코 서울이다. 이 분위기는 지금도 변함없이 유지되고 있다. 경기도는 그중에서도 '강남권'이라 일컬어지는 과천, 위례, 분당, 수지, 평촌, 광명 등 일부 지역을 제외하고는 철저히 외면받아 왔다. 이유는 간단하다. 서울은 부동산 가격이 올랐고 그 외 경기도는 오르지 않았기 때문이다. 그렇다면 경기도는 계속해서 이처럼 우울한 분위기를 유지할 수밖에 없을까?

그림 3-25를 보자. 2019년 8월 김포시의 한 아파트가 2억 6900만 원에 낙찰됐다. 당시 시세가 3억 원 정도였으니 3000만 원 이상 할인받은 셈이다. 할인율로 치면 10%가 넘는다(유치권 신고가 되어 있지만 채무자가 점유하고 있다는 확실한 정황이 있기에 권리적으로는 별다른 문제가 되지 않는다). 낙찰받은 시점에서 보면 매우 괜찮은 가격에 산 물건이다. 그렇다면 이 아

그림 3-25 2019년 8월 김포시 장기동 아파트 경매 낙찰 사례(출처: 탱크옥션)

TANK AUCTION 탱크옥션

관심등록 | 법원정보 | 내용인쇄

2017타경[redacted] 인천지방법원 부천지원 3계(032-320-1133) 매각기일 2019.08.20 화(10:00)

← 이전 | 목록 | 다음 →

추천물건

소재지	경기도 김포시 장기동 1629, 고창마을자연앤어울림 306동 [redacted] 지도보기 도로명주소검색				
도로명주소	경기도 김포시 김포한강2로 192				
물건종별	아파트	개시결정	2017-07-17	사건명	임의경매
전용면적	84.85㎡ (25.7평)	소유자	[redacted]	감정가	315,000,000
대지권	58.67㎡ (17.7평)	채무자	[redacted]	최저가	(70%) 220,500,000
매각물건	토지·건물 일괄매각	채권자	[redacted]	보증금	(10%) 22,050,000

[입찰진행내용]

구분	입찰기일	최저매각가격	결과
	2017-12-19	315,000,000원	변경
1차	2019-07-16	315,000,000원	유찰
2차	2019-08-20	220,500,000원	

낙찰 : 268,800,000원 (85.33%)

(입찰3명,낙찰:[redacted])

매각결정기일 : 2019.08.27

그림 3-26 2019년 8월 김포시 장기동 아파트 실거래가(출처: 네이버부동산)

계약월	매매		전세		월세	
	거래금액(만원)	층	거래금액(만원)	층	거래금액(만원)	층
2019.08	31,000	10	23,000	15	-	
	30,100	7	-		-	
	30,000	12	-		-	
	29,000	4	-		-	
	29,000	3	-		-	

파트의 전망은 어떨까?

그림 3-27을 통해 알 수 있듯이 과거 서울과 경기도는 가격지수가

비슷한 양상을 유지하며 움직였다. 서울이 상승하면 경기도도 함께 상승했고, 서울이 하락하면 마찬가지로 경기도도 하락했다. 그런데 A구간인 2016년 중반부터 서울과 경기도의 양상이 달라지기 시작했다. 서울은 무섭게 상승하는 반면 경기도는 그 상승폭이 너무나도 미약했다.

그림 3-27 서울과 경기도의 아파트 매매가격지수(출처: KB부동산)

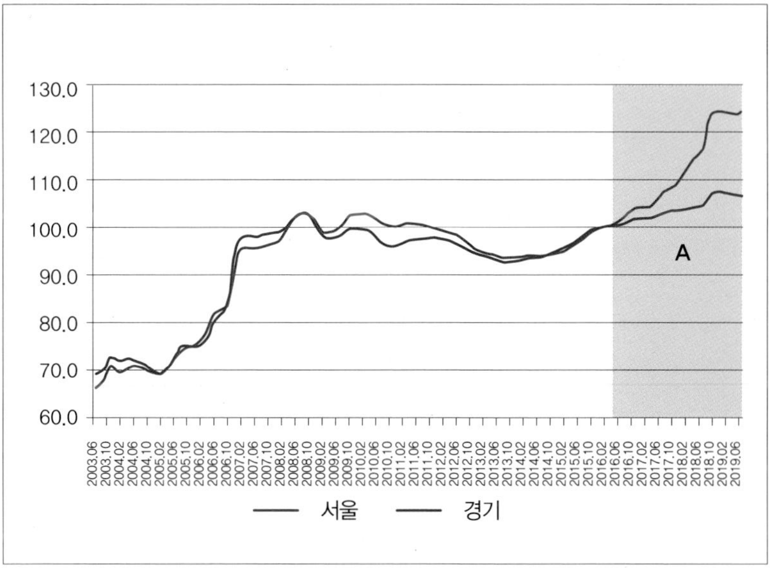

왜 이런 현상이 벌어졌을까? 여러 가지 이유가 있겠지만 가장 결정적인 요인은 입주 물량이다. 경기도의 입주 물량은 2016년부터 많아지기 시작해 2018년에는 역대 최고치를 경신했다.

서울이 무섭게 치고 가면서 수도권의 분위기를 주도했지만 입주 물

그림 3-28 경기도 기간별 아파트 수요와 입주(출처: 부동산지인)

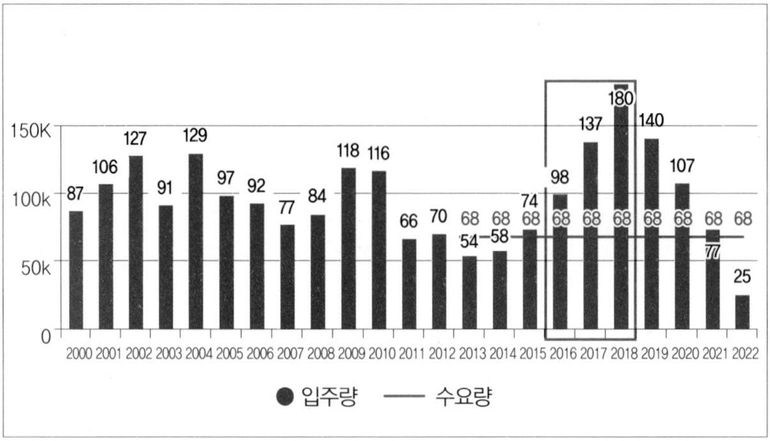

그림 3-29 서울과 경기도의 아파트 중위가격과 가격차 비율(출처: KB부동산)

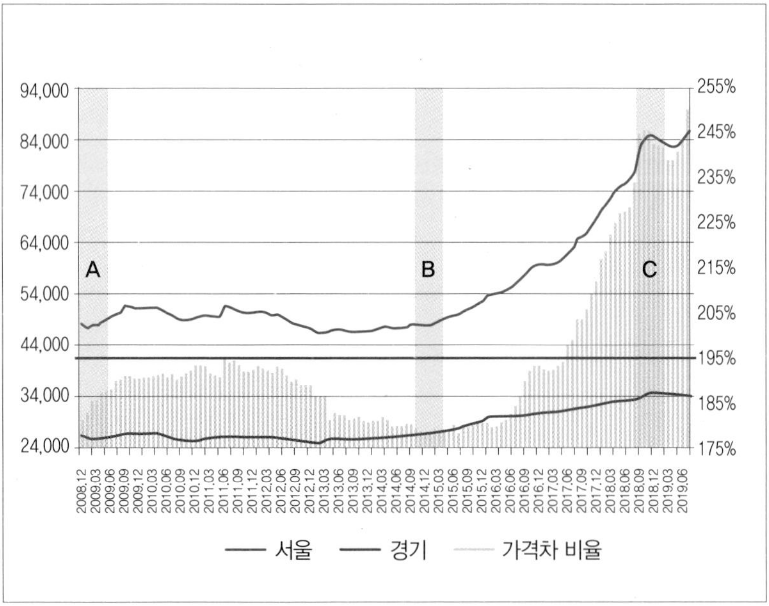

량 증가 앞에는 장사가 없었다. 경기도는 서울 강남권의 수요지 기능을 하는 과천, 위례, 분당, 수지, 평촌, 광명 등을 제외하고는 상승 분위기에 편승하지 못했다. 그러면서 서울과 경기도의 중위가격차도 급격하게 벌어지기 시작했다. 특히 서울과 경기도의 중위가격차를 비교할 때는 그림 3-29의 세 구간을 주의 깊게 분석해야 한다.

먼저 2008년 하반기부터 시작하는 A구간은 서울의 가격 폭등에 경기도가 흔쾌히 동참하면서 중위가격차 비율이 매우 낮아진 시기였다. 2008년 12월, 경기도를 기준으로 서울의 중위가격 비율은 약 180%였다. 쉽게 말해 경기도의 아파트가 1억 원일 때 서울은 1억 8000만 원이었다는 의미다. 그리고 한동안 가격차 비율은 조금씩 상승했다. 2014년 하반기에는 경기도의 전세가율이 극에 달했다. 경기도가 매매가격을 밀어 올리는 형태로 수도권의 가격 상승을 이끌면서 중위가격차 비율은 약 178%까지 떨어졌다. 그런데 2016년 후반부터는 앞서 본 것처럼 서울만 무서운 속도로 가격이 상승했다. 중위가격차가 현저히 벌어진 시점이다. 급기야 C구간에서는 가격차 비율이 245%를 넘어서게 된다. 경기도는 1억 원인데 서울은 2억 4500만 원이 넘은 것이다. 2019년 7월에 서울은 다시 반등한 반면 경기도는 하락세를 면치 못했다. 그러면서 차이는 더 벌어져 가격차 비율이 250%를 넘겼다.

약 10년 동안 평균을 나타낸 보라색 선을 보자. 대략 195%에 형성돼 있다. 반면 2019년 하반기 서울은 250%로 경기도와의 가격 균형이 심하게 깨진 형국이다. 균형을 맞추려면 서울 아파트 가격이 폭락하든지 경기도가 더 큰 폭으로 상승해야 한다. 과연 어느 것이 더 가능성 있는 전개일까? 앞서 설명한 강남과 강북의 시나리오가 충분한 실마리가 되어

줄 것이다. 그리고 바로 이것이 2020년 경기도에 주목해야 하는 이유다.

투자란 현재가 아닌 미래의 가능성을 보고 결정하는 것이다. 경기도는 매우 넓고, 시마다 부동산 시장이 움직이는 양상이 매우 다르다. 따라서 입주 물량과 함께 세부적인 시장의 흐름을 판단한 뒤 지역을 선정해야 오랜 기다림을 피할 수 있다.

몇 개 지역을 예로 들어보자. 용인시 수지구는 현재 주목받는 지역이 아니다. 왜냐하면 지금까지 가격이 크게 상승한 강남4구와 마용성, 분당구 등과 비교해 상승폭이 크지 않았기 때문이다. 그런데 과거 양상을 보면 수지구는 강남4구, 분당구 등과 상승 시기가 비슷했다. 상승폭은 오히려 수지구가 더 높았다. 그런데 왜 최근 사이클에서는 이런 모습이 보이지 않을까? 수지구는 몇 년 동안 많은 입주 물량을 쏟아냈다. 2019년만 해도 5600세대가 넘는다. 게다가 인근 기흥구에서는 6000세대 입주 물량을 털어냈다. 그리고 이렇게 몰려든 입주 물량은 2019년 8월부로 마무리되고 있다. 만약 수지구의 매매가가 상승하는데 과도한 입주 물량이 발목을 잡은 게 맞다면, 앞으로는 매매가가 상승할 가능성이 크다. 참고로 수원에서도 수지구와 비슷한 양상이 펼쳐지고 있다.

한 가지 더 예를 들어보자. 시흥은 다양한 호재 요인으로 미래가 밝은 지역이다. 하지만 2019년 입주 물량이 1만 3000세대를 넘어섰고 2020년에도 1만 2000세대가 입주를 기다리고 있다. 이런 상황에서 2020년에 눈에 띄는 가격 상승을 기대할 수 있을까? 이렇듯 쏟아지는 공급 물량은 가격 상승에 걸림돌이 되곤 한다.

2020년에 수도권에서 소액 투자로 기대를 걸어볼 만한 지역은 어디일까? 인천에서 부평구와 계양구는 서울로 출퇴근할 수 있는 지역이다. 이 중 부평구 산곡동에서 한 아파트가 경매에 나왔고 2억 4300만 원에 낙찰됐다. 2019년 8월 당시 시세가 2억 5200만 원이니 900만 원 정도 싸게 산 격이다.

낙찰 당시 전세 시세는 2억 2500만 원으로 확인되나, 실거래는

그림 3-30 인천시 부평구 산곡동 아파트 경매 낙찰 사례 (출처: 탱크옥션)

TANK AUCTION 탱크옥션

관심등록 | 법원정보 | 내용인쇄

2018타경[redacted] 인천지방법원 본원 16계(032-860-1616) 매각기일 2019.08.19 월(10:00)

← 이전 | 목록 | 다음 →

소재지	인천광역시 부평구 산곡동 274-5 외 1필지, 경남아파트 407동 [redacted] 지도보기 도로명주소검색				
도로명주소	인천광역시 부평구 안남로206번길 18				
물건종별	아파트	개시결정	2018-12-14	사건명	임의경매
전용면적	84.87㎡ (25.7평)	소유자	[redacted]	감정가	320,000,000
대지권	35.83㎡ (10.8평)	채무자	[redacted]	최저가	(70%) 224,000,000
매각물건	토지·건물 일괄매각	채권자	[redacted]	보증금	(10%) 22,400,000

[입찰진행내용]

구분	입찰기일	최저매각가격	결과
1차	2019-07-15	320,000,000원	유찰
2차	2019-08-19	224,000,000원	

낙찰 : 243,000,000원 (75.94%)

(입찰5명,낙찰:[redacted])

매각결정기일 : 2019.08.26

그림 3-31 인천시 부평구 산곡동 아파트 실거래가(출처: 네이버부동산)

계약월	매매		전세		월세	
	거래금액(만원)	층	거래금액(만원)	층	거래금액(만원)	층
2019.09	29,000	20	-		-	
2019.08	25,200	2	-		-	
	25,200	20	-		-	
	23,900	19	-		-	

그림 3-32　인천시 부평구 산곡동 아파트 전세 실거래가(출처: 네이버부동산)

계약월	매매		전세		월세	
	거래금액(만원)	층	거래금액(만원)	층	거래금액(만원)	층
2019.07	25,500	17	-		-	
2019.06	26,800	16	24,000	10	-	
	25,000	11	-		-	

그림 3-33　인천시 부평구 산곡동 아파트 전세 호가(출처: 네이버부동산)

전세	확인매물 19.10.28.		경남4차	106/84	407동	18/19	24,000 한경부동산
전세	확인매물 19.10.23.		경남4차 특올수리, 로얄층, 남향, 붙박이장	106/84	407동	18/19	25,000 부동산써브
전세	확인매물 19.10.08.		경남4차 올수리 전망좋은집	106/84	404동	17/20	24,000 닥터아파트

2019년 6월에 2억 4000만 원으로 이루어졌다. 2019년 10월에 나와 있는 전세 호가도 2억 4000만 원 미만은 없다.

따라서 2억 4300만 원에 낙찰받아 2억 4000만 원에 전세를 놓으면 투입되는 금액은 아래와 같다.

낙찰가 2억 4300만 원 + 등기비 380만 원 + 이사비 120만 원

+ α(인테리어 비용, 전세 중개 보수 등) − 전세보증금 2억 4000만 원

= 투입금 소계 2억 4800만 원 + α − 전세보증금 2억 4000만 원

= 800만 원 + α

대출을 활용한다면 아직 규제지역이 아닌 인천에서는 낙찰가의 80% 또는 KB시세의 60% 중 낮은 금액으로 대출을 받을 수 있다. 즉, 1억 7700만 원까지 대출받을 수 있는 상황이다.

낙찰가(2억 4300만 원) × 80% = 1억 9440만 원

KB시세(2억 9500만 원) × 60% = 1억 7700만 원 ☞ 대출 가능 금액

정리해보면 잔금을 낼 시점에 일시적으로 투입되는 금액은 7100만 원(투입금 소계 2억 4800만 원-대출금 1억 7700만 원)에 인테리어 비용 및 중개 보수 등 추가 비용을 더한 금액이 된다. 전세 보증금이 들어오면 최종 투입 금액은 위에서 계산한 대로 800만 원에 추가 금액을 더한 만큼이다(800만 원+α). 이 정도라면 충분히 소액 투자라 할 만하다. 하지만 이처럼 투자금을 적게 투입하는 것에만 집중하면 좋은 투자를 할 수 없다. 더 중요한 것은 시장의 흐름이다. 앞으로 오를 가능성이 큰지 꼼꼼히 따져본 후에 선택을 해야 한다. 과연 인천은 가격이 상승할 가능성이 얼마나 될까?

인천은 경기도와 마찬가지로 서울의 집값이 급등할 동안 별다른 움직임이 없었다. 하지만 과거 사례를 살펴보면 인천 또한 서울, 경기와 비슷한 양상으로 움직여왔다. 앞서 이야기한 것과 종합해보면, 경기도의 입주 물량이 적정치 이하로 정리되면서 가격 오름세가 서울을 크게 상회하게 된다면 인천 또한 그 분위기에 편승할 가능성이 높다.

물론 시기가 정확히 언제가 될지는 장담할 수 없다. 하지만 소액 투자의 장점은 투입한 금액이 적어서 기다릴 맷집도 강해진다는 것이다.

그리고 투입한 금액이 적은 만큼 수익률 또한 매우 높다는 장점이 있다. 이런 유형의 투자처가 비단 인천에만 한정돼 있지는 않다. 좀 더 넓게 본다면 경기도에서도 충분히 찾아볼 수 있다.

그림 3-34 수도권 아파트 매매가격지수(출처: KB부동산)

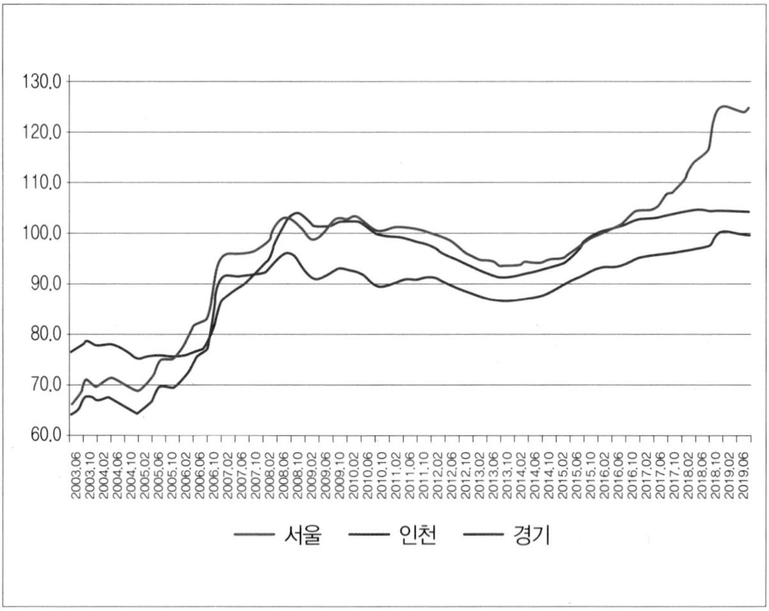

부동산 경매란 부동산을 싸게 살 수 있는 한 가지 수단일 뿐이다. 결국 중요한 것은 시장의 흐름이다. 시장의 흐름을 알고 가격이 쌀 때 본격적으로 경매에 뛰어든다면, 질 좋은 물건을 값싸게 사게 되어 절대 실패하지 않는 투자를 할 수 있다.

이 책을 읽고 철저히 준비하는 당신에게 2020년이 그런 해가 되길 진심으로 바라본다. 행운의 여신은 늘 준비하는 자에게 미소를 띠기 마련이니 말이다.

PART4
상가
– 서울휘

공실포비아,
암살의 징조인가
기회의 신호인가

2019년을
돌아보며

호환마마보다 무서운 공실포비아

1.25% 초저금리 시대가 도래했다. 이제는 은행 이자만 바라보고 살 수 없는 시대가 된 것이다. 많은 사람이 수익형 부동산, 즉 상가에 관심을 갖기 시작한 이유이기도 하다. 하지만 왠지 마음 한편이 무겁다. 상가 분양 하나 잘못 받아서 몇 날 며칠을 공실로 마음고생했다는 이야기를 숱하게 들어왔기 때문이다.

신도시에 경매로 나오는 수많은 공실 상가는 누군가에게는 뼈아픈 투자의 실책이다. 경매 물건을 보다 보면 8억 원 넘게 감정된 상가 물건이 장기간 공실로 있다가 2억 원대까지 떨어져 새로운 주인을 기다리는 경우도 종종 있다. '과연 이런 상가의 진정한 가치는 얼마일까?'

하는 의구심도 든다. 기다리고 또 기다리다 보면, 정말로 새로운 주인을 만날 수 있긴 한 걸까?

2019년은 특히 상가 투자가 어렵게 느껴졌던 해다. 당장 주변만 둘러봐도 공실을 너무 쉽게 찾을 수 있으니 곳곳에서 "상가 투자는 이제 끝났다"라는 말이 들려오는 것도 무리가 아니다. 2층 이상은 말할 것도 없고 1층에도 제법 공실이 보인다.

신도시 분양 상가일수록 상황은 더욱 심각하다. 한국감정원에 따르면 3분기 세종시 소규모(연면적 330㎡ 이하) 상가의 공실률은 9.6%로, 전국 평균(5.9%)을 크게 웃돌았다. 전국 177개 시·도 중 전북(12.1%)에 이어 두 번째로 높은 공실률을 기록한 것이다. 중대형 상가는 전국에서 가장 높은 수준의 공실률을 보이며 공실률이 무려 18.4%에 이르렀다. 심각성이 크다고 볼 수밖에 없는 상황이다.

왜 이런 일이 발생한 걸까? 배후세대에 비해 상가가 과도하게 공급된 것이 가장 큰 이유였다. 한국감정원에 따르면 세종시 1인당 상가면적은 8.1㎡로, 서울 인근 위례신도시(3.6㎡)의 두 배가 넘는다. 수요에 넘치는 공급이라니, 막대한 공실에는 다 그만한 이유가 있었다.

이러한 상황에서는 장기간 방치된 공실의 임대가 나갔다고 해도 섣불리 안심할 수 없다. 한번 어긋난 임대료 산정은 상가의 가치를 대폭 하락시키기 때문이다.

손해 보지 않는 수준에서 임대를 놓으려면 상가 분양가에 맞게, 적당한 수익률의 임대료로 임차인을 들여야 한다. 그러므로 임차인을 구하기가 점점 하늘의 별 따기가 된 것이다. 임대료가 곧 상가의 자산 가치와 직결되는 문제이다 보니 임대인의 입장에서는 함부로 임대료를 낮

그림 4-1　2019년 8월 세종시 상가 경매 낙찰 사례(출처: 굿옥션)

소 재 지	세종특별자치시 고운OOOO, [redacted] 도로명주소검색 Daum 지도 NAVER 지도
새 주 소	세종특별자치시 마음로OOOO, [redacted]

물건종별	근린상가	감 정 가	1,788,000,000원
대 지 권	125.22㎡(37.879평)	최 저 가	(34%) 613,284,000원
건물면적	162.32㎡(49.102평)	보 증 금	(10%) 61,330,000원
매각물건	토지·건물 일괄매각	소 유 자	[redacted]
개시결정	2018-08-06	채 무 자	[redacted]
사 건 명	강제경매	채 권 자	[redacted]
관련사건	[redacted]		

오늘조회: 1　2주누적: 6　2주평균: 0　조회동향

구분	입찰기일	최저매각가격	결과
1차	2019-02-26	1,788,000,000원	유찰
2차	2019-04-02	1,251,600,000원	유찰
3차	2019-05-09	876,120,000원	유찰
4차	2019-07-18	**613,284,000원**	

낙찰 : 813,600,000원 (45.5%)

(입찰12명, 낙찰:[redacted] / 차순위금액 805,700,000원)

매각결정기일 : 2019.07.25 - 매각허가결정

대금지급기한 : 2019.08.23

대금납부 2019.08.23 / 배당기일 2019.09.20

배당종결 2019.09.20

• **임차인현황** (말소기준권리 : **2015.07.23** / 배당요구종기일 : **2018.10.29**)

임차인	점유부분	전입/확정/배당	보증금/차임	대항력	배당예상금액	기타
[redacted]	점포 전부	사업자등록: 2016.08.30 확 정 일: 미상 배당요구일: 2018.10.15	보50,000,000원 월1,320,000원 환산18,200만원	없음	배당순위있음	전세권등기자
기타사항	☞임차인 [redacted](2016.8.30.)의 직원에게 문의하여, 임차인 본인과 통화 한 바, 임차인이 점유중이라고 함. ☞임대차관계조사서에 등록된 내용은 상가건물임대차 현황서를 참고하여 작성된 것임. ☞([redacted] 전세권자(110호~113호 공동전세)로서 전세권설정등기일은 2017. 7. 18.임 ☞([redacted] 계약서상 차임은 1,200,000원임					

춰 임차를 줄 수도 없다.

그림 4-1의 사례를 보자. 120만 원이라는 월세 때문이었을까? 17억 원이 넘게 감정된 상가임에도 낙찰 금액은 8억 원대 초반이었다. 지금 운영하고 있는 카페가 내고 있는 임대료만 놓고 보면 저 낙찰 금액도 과하게 느껴진다. 17억 원이 넘는 상가를 가지고 있는 임대인이 월세 120만 원이라도 받겠다며 임대차계약을 했을 때 그 비장함이 무척 씁

그림 4-2 2019년 전남 나주혁신도시 상가 경매 물건 현황(출처: 굿옥션)

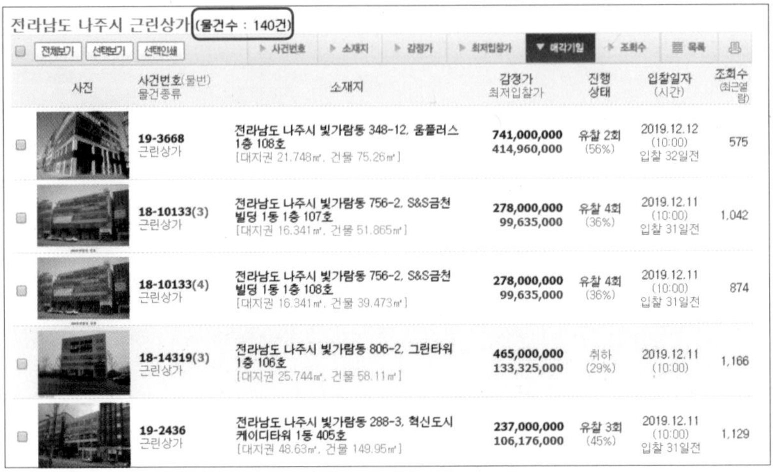

전라남도 나주시 근린상가(물건수 : 140건)

사진	사건번호(물번) 물건종류	소재지	감정가 최저입찰가	진행 상태	입찰일자 (시간)	조회수 (최근열람)
	19-3668 근린상가	전라남도 나주시 빛가람동 348-12, 움플러스 1층 108호 [대지권 21.748㎡, 건물 75.26㎡]	741,000,000 414,960,000	유찰 2회 (56%)	2019.12.12 (10:00) 입찰 32일전	575
	18-10133(3) 근린상가	전라남도 나주시 빛가람동 756-2, S&S금천빌딩 1동 1층 107호 [대지권 16.341㎡, 건물 51.865㎡]	278,000,000 99,635,000	유찰 4회 (36%)	2019.12.11 (10:00) 입찰 31일전	1,042
	18-10133(4) 근린상가	전라남도 나주시 빛가람동 756-2, S&S금천빌딩 1동 1층 108호 [대지권 16.341㎡, 건물 39.473㎡]	278,000,000 99,635,000	유찰 4회 (36%)	2019.12.11 (10:00) 입찰 31일전	874
	18-14319(3) 근린상가	전라남도 나주시 빛가람동 806-2, 그린타워 1층 106호 [대지권 25.744㎡, 건물 58.11㎡]	465,000,000 133,325,000	취하 (29%)	2019.12.11 (10:00)	1,166
	19-2436 근린상가	전라남도 나주시 빛가람동 288-3, 혁신도시 케이디타워 1동 405호 [대지권 48.63㎡, 건물 149.95㎡]	237,000,000 106,176,000	유찰 3회 (45%)	2019.12.11 (10:00) 입찰 31일전	1,129

그림 4-3 2019년 세종시 상가 경매 물건 현황(출처: 굿옥션)

세종특별자치시 근린상가(물건수 : 60건)

사진	사건번호(물번) 물건종류	소재지	감정가 최저입찰가	진행 상태	입찰일자 (시간)	조회수 (최근열람)
	18-7276 근린상가	세종특별자치시 한솔동 940 외 1필지, 첫마을아파트 상가동 1층 144호 [대지권 38.85㎡, 건물 106.94㎡]	1,000,000,000 490,000,000	유찰 2회 (49%)	2019.12.11 (10:00) 입찰 31일전	9,873 (오늘)
	19-296 근린상가	세종특별자치시 도담동 657, 도담센트럴프라자 3층 301호 [대지권 38.35㎡, 건물 154.71㎡]	588,000,000 288,120,000	유찰 2회 (49%)	2019.12.10 (10:00) 입찰 30일전	1,091
	19-2773 근린상가	세종특별자치시 어진동 657, 세종비지니스센터 1층 비110호 [대지권 17.124㎡, 건물 46.42㎡]	683,000,000 478,100,000	유찰 2회 (70%)	2019.12.10 (10:00) 입찰 30일전	779
	19-1770 근린상가	세종특별자치시 어진동 670, 세종에비뉴힐에이 1층 1042호 [대지권 16.31㎡, 건물 47.932㎡]	823,000,000 282,289,000	유찰 3회 (34%)	2019.12.05 (10:00) 입찰 25일전	2,680 (오늘)

쓸하게 느껴졌다.

서울이나 수도권에 공급된 신도시 상가도 상황은 마찬가지다. 공실이 장기화되자, 최근 위례신도시에서는 '반값 임대'까지 나왔다. 해당 지역의 공인중개소 추정으로는 공실률이 30~40%에 달했다. 1층 상가의 분양가는 10~12억 원이었다. 당시에는 보증금 1억 원에 월세 350~450만 원을 받는다고 예상했겠지만, 공실이 장기화되면서 보증금 5000만 원에 월세 200만 원으로도 임차인이 구해지지 않는 실정이다. 공실의 공포를 한 번이라도 겪어본 사람은 잘 알 것이다. 진짜 무서운 공포는 '언제 끝날지 모르는 공포'라는 사실을 말이다.

그래서 2019년에는 공실이라는 공포의 늪에 빠진 신도시 분양 상가가 본격적으로 경매 시장에 쏟아져 나왔다. 공실 3년 차의 벽을 도무지 넘을 수 없었던 것이다. 그나마 다행스러운 점은 2019년에 그 기간이 3년에서 5년으로 조금 늘어났다는 것이다. 은행 이자만이라도 내보려고 임대료를 낮추면서까지 버티고 버텼지만, 결국 이 상황을 돌파할 유일한 길이 '경매'라고 생각했을지 모른다.

누군가의 위기는 누군가에게 기회

2019년, 이렇게 경매 시장에 등장한 신도시 상가들은 분양가의 50% 가격으로 새 주인을 만났고, 더러는 아직 새 주인을 기다리고 있다. 누군가에게는 손실을 확정 짓는 뼈아픈 순간이겠지만, 동시에 누군가는 '반값 경매'로 새로운 기회를 얻었다. 경매를 통해 현상의 본질을 꿰뚫고 분양가보다 훨씬 저렴하게 매수한 사람들은 현실적인 임대료를 산정하면서 가격 경쟁력을 확보했다.

그림 4-4 2019년 세종시 상가 경매 물건(출처: 굿옥션)

소재지	세종특별자치시 [redacted] 외 1필지, [redacted] 도로명주소검색 Daum 지도 NAVER 지도						
새주소	세종특별자치시 [redacted], [redacted]						
물건종별	근린상가	감정가	1,000,000,000원	오늘조회: 38 2주누적: 368 2주평균: 26 조회동향			
				구분	입찰기일	최저매각가격	결과
대지권	38.85㎡(11.752평)	최저가	(49%) 490,000,000원	1차	2018-11-13	1,000,000,000원	유찰
건물면적	106.94㎡(32.349평)	보증금	(10%) 49,000,000원	2차	2018-12-18	700,000,000원	유찰
					2019-01-22	490,000,000원	변경
매각물건	토지·건물 일괄매각	소유자	[redacted]		2019-05-09	490,000,000원	변경
					2019-06-13	1,000,000,000원	변경
개시결정	2018-05-10	채무자	[redacted]	3차	2019-07-18	490,000,000원	낙찰
				낙찰 600,000,000원(60%) / [redacted] / 미납 (차순위금액:500,000,000원)			
사건명	임의경매	채권자	[redacted]	4차	2019-12-11	**490,000,000원**	

• **임차인현황** (말소기준권리 : 2015.02.25 / 배당요구종기일 : 2018.07.30)

임차인	점유부분	전입/확정/배당	보증금/차임	대항력	배당예상금액	기타
[redacted]	점포	사업자등록: 2017.09.20 확 정 일: 미상 배당요구일: 없음	미상	없음	배당금 없음	
[redacted]	점포 144호 전부	사업자등록: 2014.11.03 확 정 일: 미상 배당요구일: 2018.05.23	보100,000,000원 월4,500,000원 환산55,000만원	없음	배당금 없음	현황서상 사:미등재
기타사항	임차인수: 2명 , 임차보증금합계: 100,000,000원, 월세합계: 4,500,000원 ☞임차인 [redacted](미등재)에게 문의한 바, 본인이 점유중이라고 함 ☞임대차관계조사서에 등록된 내용은 상가건물임대차 현황서를 참고하여 작성된 것임 ☞[redacted]:이 사건의 채무자임					

그림 4-4는 유명 프랜차이즈 브랜드가 입점한 상가 경매 물건이다. 월세를 450만 원이나 내고 있는 상가도 최저가가 49%로 떨어져 새로운 주인을 기다리고 있다. 이러한 물건을 살펴볼 때는 현재 임차인의 월세만을 고려할 것이 아니라 주변의 공실 유무, 배후세대, 현재 상가의 임대료가 적정한지를 꼼꼼하게 따져 입찰에 참여해야 한다. 이렇게

그림 4-5 2019년 세종시 상가 경매 물건(출처: 굿옥션)

소 재 지	세종특별자치시 [illegible] 도로명주소검색 Daum 지도 NAVER 지도
새 주 소	세종특별자치시 [illegible]

물건종별	근린상가	감 정 가	549,000,000원
대 지 권	42.83㎡(12.956평)	최 저 가	(49%) 269,010,000원
건물면적	145.28㎡(43.947평)	보 증 금	(10%) 26,910,000원
매각물건	토지·건물 일괄매각	소 유 자	[illegible]
개시결정	2018-05-17	채 무 자	[illegible]
사 건 명	임의경매	채 권 자	[illegible]

오늘조회: 1 2주누적: 3 2주평균: 0 조회동향

구분	입찰기일	최저매각가격	결과
1차	2018-11-27	549,000,000원	유찰
	2019-01-08	384,300,000원	변경
2차	2019-04-23	384,300,000원	유찰
3차	2019-05-28	**269,010,000원**	
낙찰 : 275,300,000원 (50.15%)			
(입찰3명, 낙찰: [illegible] / 차순위금액 272,110,000원 / 차순위신고)			
매각결정기일 : 2019.06.04 - 매각허가결정			
대금지급기한 : 2019.06.27			
대금납부 2019.06.27 / 배당기일 2019.09.04			
배당종결 2019.09.04			

경매에 등장한 신도시 상가들은 남은 게 '가격 경쟁력'뿐이라고 봐도 무방하다.

다가올 2020년 상가 투자의 핵심은 무엇일까? '괜찮은 물건'을 '싸게 매수하는 것', 즉 부동산 투자의 본질로 회귀하는 것이다. 또한 GTX, SRT, KTX 등 새로 생기는 역사가 있다고 해서 이를 무조건 호재로 인식해서도 안 된다. GTX A노선이 개통 예정인 경기도 동탄역 인근에는 최근 분양을 앞둔 상가의 시세가 혀를 내두를 정도다. 하지만 주변에 나온 경매 물건을 살펴보면 전체 상가 중 10%를 제외한 모든 구역이 공실인 건물도 많다. '역세권'이라는 호재만 믿고 뛰어들었다가, 5~7년

이 지나도 임차인을 구경조차 못 하는 경우가 생각보다 정말 흔하다.

지금 신도시 상가의 상황은?

2019년 9월, 동탄역과 근접한 곳에서 식당을 운영하고 있는 물건이 경매로 나왔다(그림 4-6).

이 상가에 관심이 생겼던 건 월 400만 원이라는 높은 임대료 때문이

그림 4-6 2019년 동탄2택지개발지구 상가 경매 물건(출처: 굿옥션)

소 재 지	경기도 화성시 오산동 동탄2택지개발지구OOOO. [illegible] 도로명주소검색 Daum 지도 NAVER 지도
새 주 소	경기도 화성시 동탄OOOO. [illegible]

물건종별	근린상가	감 정 가	1,272,000,000원
대 지 권	미등기감정가격포함	최 저 가	(49%) 623,280,000원
건물면적	49.37㎡(14.934평)	보 증 금	(10%) 62,330,000원
매각물건	토지·건물 일괄매각	소 유 자	[illegible]
개시결정	2018-12-06	채 무 자	[illegible]
사 건 명	임의경매	채 권 자	[illegible]

오늘조회: 1 2주누적: 17 2주평균: 1 조회동향

구분	입찰기일	최저매각가격	결과
1차	2019-07-03	1,272,000,000원	유찰
2차	2019-08-21	890,400,000원	유찰
3차	2019-09-26	**623,280,000원**	
낙찰 : 706,000,000원 (55.5%)			
(입찰1명,낙찰:[illegible])			
매각결정기일 : 2019.10.04 - 매각허가결정			
대금지급기한 : 2019.11.13			

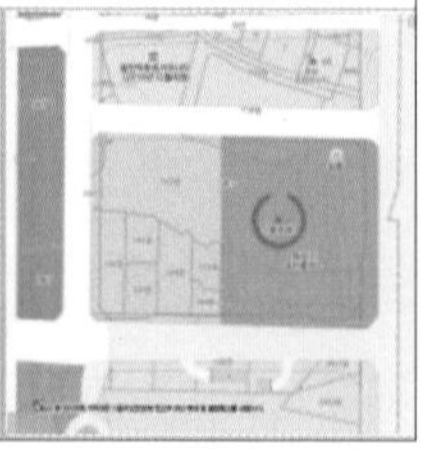

• 임차인현황 (말소기준권리 : 2018.03.15 / 배당요구종기일 : 2019.02.20)

임차인	점유부분	전입/확정/배당	보증금/차임	대항력	배당예상금액	기타
[illegible]	점포 [illegible] 1022호(49.3700㎡)	사업자등록: 2018.03.27 확 정 일: 미상 배당요구일: 없음	보50,000,000원 월4,000,000원 환산45,000만원	없음	배당금 없음	
기타사항	☞현재 [illegible] 식당으로 이용중이며 안내문을 직원([illegible])에게 전달하고 권리신고 할 것을 고지함. ☞관할동사무소 전입세대 열람결과 전입세대 없음. ☞관할세무서 상가건물임대차 현황 조회결과 등재자 있음.					

었다. 그런데 직접 현장을 방문해보니 공실이 그야말로 어마어마했다. 1층 대로변 상가조차도 10%만 가게가 들어와 있었다. 왜 역세권 상가에 이런 일이 벌어진 걸까?

사실 지나치게 높은 분양가도 문제였지만, 결정적인 악조건은 '위치'였다. 이 상가는 너무 넓은 도로변에 위치해 있었다. 그 큰 도로 때문에 건너편 아파트 단지와 단절되고 말았다. 여전히 해당 상가의 공실은 쉽게 해결될 기미가 보이지 않았고, 시간이 흘러도 이 상권이 과연 살아날 수 있을지 의구심이 들었다.

아마도 이 상가의 주인 역시 '역세권'이라는 호재만 보고 투자에 뛰어들었을 것이다. 그런데 무려 5~7년 동안 임차인을 구경조차 못 했다니, 이런 안타까운 상황을 상상이나 했을까?

뼈아픈 손실 때문에 가슴이 쓰리지만, 그렇다고 웅크리기만 해서는 안 된다. 자신의 투자를 계기로, 다른 이의 실패를 계기로 스스로 더 배우고 투자에 대한 지식을 갖춰나가는 것이 중요하다.

세종시에서 경매가 진행되고 있는 이 물건(그림 4-7)에는 KT 매장이 들어와 있었다. 주변에 제법 공실이 있긴 해도 1층 상가라는 강점과 핸드폰 매장으로 정식 운영되고 있다는 점에서, 적정 금액으로만 낙찰받는다면 재계약을 통해 공실에 대한 리스크를 줄일 수 있을 것이다.

상권이 떠올랐다가 쇠락하는 곳은 조심할 필요가 있지만, 아직 피어나지도 못한 상권은 시간을 두고 기다려야 한다. 공실 리스크가 가장 적은 곳을 고르고 가격 경쟁력을 획득한다면 시간은 분명 당신 편이 되어줄 것이다.

2020년에는 경매 시장에 신도시 상가를 비롯해 다양한 물건이 쏟아

그림 4-7 2019년 세종시 상가 경매 물건(출처: 굿옥션)

2019타경[redacted]

소재지	세종특별자치시 한솔동 930, [redacted] 도로명주소검색 Daum 지도 NAVER 지도		
새주소	세종특별자치시 노을3로 92, [redacted]		
물건종별	근린상가	감정가	630,000,000원
대지권	40.899㎡(12.372평)	최저가	(70%) 441,000,000원
건물면적	63㎡(19.058평)	보증금	(10%) 44,100,000원
매각물건	토지·건물 일괄매각	소유자	[redacted]
개시결정	2019-01-11	채무자	[redacted]
사건명	임의경매	채권자	[redacted]

오늘조회: 20 2주누적: 474 2주평균: 34 조회동향

구분	입찰기일	최저매각가격	결과
1차	2019-10-08	630,000,000원	유찰
2차	2019-11-12	**441,000,000원**	

사진 펼쳐보기

사진 | 건물등기 | 감정평가서 | 현황조사서 | 매각물건명세서 | 부동산표시목록 | 기일내역
문건/송달내역 | 사건내역 | 전자지도 | 전자지적도 | 로드뷰 | 온나라지도+

• 매각물건현황(감정원 : 소만감정평가 / 가격시점 : 2019.01.24 / 보존등기일 : 2013.12.24)

목록	구분	사용승인	면적	이용상태	감정가격	기타
건물	4층중 1층	13.12.16	63㎡ (19.06평)	kt대리점	504,000,000원	
토지	대지권	1192.4㎡ 중 40.8993㎡			126,000,000원	
현황 위치	* 한솔동우체국 북동측 인근에 위치하며, 주위는 대규모 아파트단지, 근린생활시설, 공원 등이 밀집한 상가지대임. * 본건까지 제반 차량출입 가능하며 인근에 버스정류장이 소재하여 대중교통사정은 보통임. * 부정형 토지이며, 상업용 건부지로 이용 중임. * 본건은 남서측으로 왕복 2차선의 포장도로와 접함.					

• 임차인현황 (말소기준권리 : 2016.02.16 / 배당요구종기일 : 2019.04.08)

임차인	점유부분	전입/확정/배당	보증금/차임	대항력	배당예상금액	기타
[redacted]	점포	사업자등록: 미상 확 정 일: 미상 배당요구일: 없음	보20,000,000원 월1,800,000원 환산20,000만원		배당금 없음	
기타사항	☞임차인 [redacted]의 대표 [redacted]에게 문의한 바, 임차인이 KT올레핸드폰 매장으로 점유 중이라고 하며, 안내문 전달하였음 ☞위 사항은 임차인 통지를 하기 위해 작성된 것임					

질 것이다. 아마도 낙찰가는 상당 부분 저감될 것이다. 이런 물건이 쏟아지는 상황에서 어떤 물건이 성공 투자로 향할 경쟁력을 갖췄는지, 이를 잘 포착해내는 혜안이 필요하다.

기본적으로 상가는 세 가지 경쟁력을 핵심으로 한다. '입지경쟁력',

'콘텐츠경쟁력', '가격경쟁력'이다. 아주 기본적인 가치지만 판단할 때 더없이 중요한 근거가 된다. 이 세 가지를 모두 갖추면 금상첨화고, 이 중 한 가지만 있어도 투자를 결정할 때 주요한 단서가 된다.

모두가 '어렵다, 어렵다'고 한다. 하지만 남들보다 반 발 정도 앞서 걸으며 조용히 성과를 내는 사람도 분명히 많다. 2020년 쥐띠 해에는 당신도 민첩하고 영민하게 움직여 성공 투자의 주인공이 되길 바란다.

THEME 1

공실 속 기회를 포착하라

서울 중심부인 강남이나 종로에도 상가 1층에 공실이 넘쳐난다. 강남구 신사동 왕복 8차선도로 주변 건물에는 오늘도 '임대'를 건 현수막들이 즐비하다. 건물 전체에 임대 현수막이 붙은 곳도 있고, '주인 직접 매매'라는 글귀를 적어둬 직거래를 원하는 곳도 보인다. 중개업자를 빼고 거래하는 만큼 좀 더 파격적인 조건을 암시하는 것일까? 이처럼 임대 문구 하나에도 세심한 주의를 기울이는 걸 보니 건물주가 임차인을 유치하기 위해 안간힘을 쓰는 게 느껴진다.

중요한 것은 강남 한복판에 위치한 상가조차 공실 기간이 길어졌다는 사실이다. 2층 이상인 지상층의 사무실은 공실률이 더욱 심각하다. 임대료가 워낙 높은 탓에 여러 기업에서는 사무실을 굳이 강남에 둘 이유가 없어졌다. 그만큼 대체지로 옮겨 가려는 수요도 빠르게 늘고 있다. 대표적으로 IT업종이 경기도 판교로 많이 옮겨 갔다. 근래에는 서울 성수동의 지식산업센터 분양이 떠올랐는데, 강남과 비슷한 수준의 임대료에 새로 지은 건물, 서울숲이라는 자연환경까지 더해져 많은 기업과 투자자에게 높은 관심을 받았다.

대기업도 불황 앞에는 장사 없다. 2019년 1월에는 판교 이니스프리 매장이 철수하면서 많은 투자자를 놀라게 했다. 판교에서 가장 목 좋은

그림 4-8 판교 이니스프리 매장 철수 전 전경(위)과 폐점 모습

자리에서 호기롭게 1, 2층에 동시 입점했지만, 결국 높은 임대료를 감당하지 못했다. 판교 이니스프리의 철수 사례를 보며 결국 대기업이라도 점포가 수익을 내지 못하면 버티기가 힘들고, 비싼 임대료를 감당하면서까지 좋은 자리를 차지할 이유가 사라졌다는 걸 다시금 깨달았다. 또한 '안테나 매장'이라는 이유로 비싼 임대료를 감내하던 업종들도 대거 온라인마케팅으로 돌아선 상황이다.

병원으로 다시 태어난 1층의 재발견

최근 서울과 경기도를 비롯한 수도권에서는 상가 건물 1층에 개업한 병원이 종종 눈에 띈다. 무심코 지나칠 수 있는 장면이지만, 사실 여기에도 의미는 있다. 예년 같았다면 2층 이상에서 문을 열었던 업종들이 1층으로 내려왔다는 뜻이고, 후면 1층 상가에서 운영을 하던 업종이 전면으로 이동했다는 의미다.

경기도 분당 정자동에는 꽤 유명한 24시 병원이 있는데, 이 병원은 정자역 5번 출구 바로 코앞에 위치해 있다. 건물의 위치는 좋으나 병원이 들어선 자리(호수)는 안쪽이라 얼핏 봐서는 잘 보이지 않는다. 또한 건물 옆쪽에 있다 보니 접근성과 노출성도 상당히 떨어진다.

하지만 이 병원은 '24시간 운영'이라는 독자적인 콘셉트를 살려 승승장구했다. 분당 정자동에서 이 병원의 존재를 모르는 아기엄마는 아마 없을 것이다. 이제 병원도 이렇게 특화를 넘어 독특한 콘셉트로 무장해야 살아남을 수 있는 시대다.

그림 4-9 경기도 분당구 정자동 병원 위치(출처: 네이버지도)

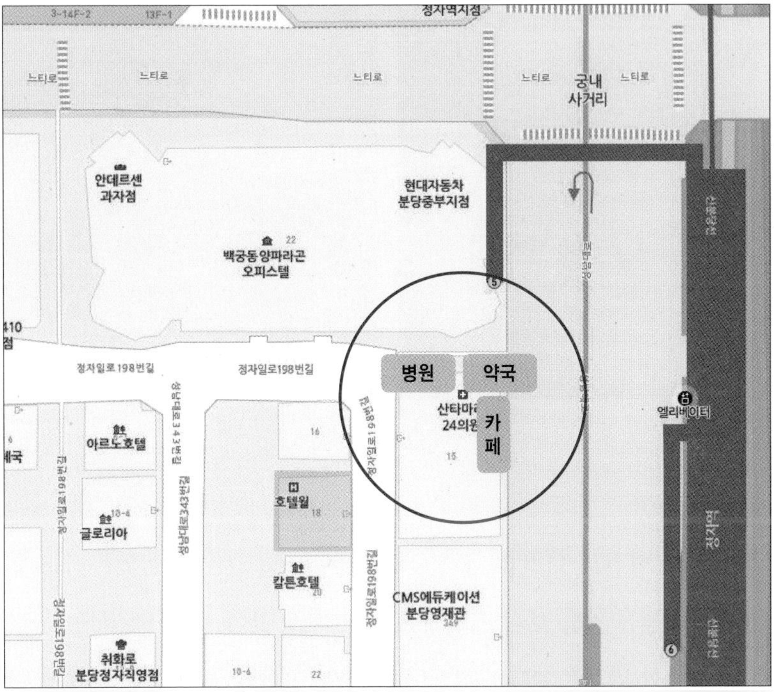

사실 특화라는 게 어찌 보면 단순하다. 남들이 안 하는 걸 알아내고, 왜 안 하는지 그 이유를 찾아내면 된다. 그렇게 찾아낸 이유를 면밀히 분석해 위험 요소를 제거한 후 한번 시도해보는 것이다.

종합병원과 가깝고 가격이 저렴해서일까, 주변의 병원들은 매출이 정체되었지만 유독 이 병원만 성장을 이어갔다. 오다가다 살펴보면 늦은 밤에도 늘 환자가 꽉꽉 들어차 있다. 내과, 소아과, 외과, 산부인과가 있다 보니 손님이 마를 새가 없다. 덩달아 이득을 본 건 주변 약국이었다. 24시간 내내 처방전을 받을 수 있으니 매출이 늘어난 것은 말할 것

그림 4-10 경기도 분당구 정자동 병원 이전 위치

도 없다.

결국 이 병원은 이전을 했다. 예전에는 두 칸을 쓰고 있었는데 점포를 정리해놓은 것을 보니 크기가 그리 크지 않았다. 한 칸당 약 50m^2 병원이 사용한 면적은 100m^2 정도다. 병원이 이전한 곳은 건물 앞쪽에 커피 매장이 있던 자리다.

사실 그동안 병원이 2층 이상의 지상으로 올라가있던 이유는 '업종 특성'과도 밀접한 관련이 있다. 병원을 열기 위해서는 최소 115m^2(약 35평)가 필요하고, 대개는 132m^2(약 40평) 정도를 선호한다. 임대료가 높을 때는 1층 혹은 1층 전면부에다가 이 면적을 수용하는 게 수지에 맞지 않았지만 공실이 장기화된 지금, 1층과 지상층, 후면과 전면의 임대료 차이는 거의 없다. 병원 입장에서는 접근성과 노출성, 인지성을 모두 잡을 수 있는 1층으로 내려오는 게 어찌 보면 당연한 수순이다. 더구나 1층 전면과 후면을 통으로 사용하면 전면에서는 접근성을, 후면에서는 임대료의 합리화를 꾀할 수 있고, 임대인은 넓은 면적을 한 방에 임대할 수 있어 공실 부담을 덜 수 있다.

앞으로는 1층에 오픈하는 병원이 많아질 것으로 보인다. 이는 곧 1층 상가 가치가 더 오를 수 있다는 시그널이다. 지방에서는 이미 자주 목격된 모습이지만, 최근 송파구 쪽에서 가정의학과가 1층에 개원한 걸 보며 앞으로는 이런 현상이 더 증가할 것임을 직감했다.

그러니 경매에 나온 매물 중에서 1층에 공실이 난 상가를 눈여겨보자. 전면과 후면을 연결해 115㎡ 이상의 공간을 만들 수 있다면 당신도 병원을 입점시킬 수 있다. 무엇보다 전면을 확보하는 게 중요한데, 전면을 경매로 취득할 수 있다면 후면 업체와 협상을 통해 충분히 병원을 입점시킬 수 있다.

불황의 시대, 지하 공실 상가에서 답을 찾다

불황의 시대가 끝 모를 듯 이어지고 있다. 물론 불황의 여파에서 자유로운 사람도 있겠지만, 이러한 흐름을 놓치고서는 언젠가 뒤처질지도 모른다. 가급적이면 시대의 흐름에 편승해 다들 어렵다고 말하는 지금의 이 시기를 사업의 발판으로 삼아야 한다.

얼마 전 오랜만에 만난 지인에게 무척 흥미로운 이야기를 들었다. 대기업에 다니다가 경매로 새 인생을 찾은 그는 남들이 관심 갖지 않는 분야를 유심히 살폈다고 한다. 바로 '역세권 지하상가'의 활용 방안이었다. 사실 지하상가는 경매에 자주 나오는 단골 매물이다. 다만 환기가 잘되지 않고 채광이 없다는 이유로 외면받아 왔다. 하지만 조금만 더 깊이 공부해보면 우리나라의 공조 시스템이 세계에서 손에 꼽힌다는 사실을 알 수 있다. 프랜차이즈 레스토랑 '매드포갈릭'이 역세권 지하상가를 특화해 공략한 매장만 가보아도 쉽게 이해할 수 있다. 환기구와 환기장치의 가격도 제법 합리적인 수준까지 내려왔다.

그렇게 그는 남들이 꺼리던 지하상가를 감정가의 32%로 저렴하게 낙찰받아 공유오피스 사업을 시작했다. 덕분에 남들은 임대를 해서 창업하는 반면, 그는 낙찰받은 자신의 상가에서 창업을 시작하게 되었다.

그림 4-11 지하상가 경매 단독낙찰 사례(출처: 굿옥션)

소재지: 경기도 의정부시 [redacted] 도로명주소검색 | Daum 지도 | NAVER 지도

물건종별	근린상가	감정가	230,000,000원
대지권	24㎡(7.26평)	최저가	(33%) 75,366,000원
건물면적	146.04㎡(44.177평)	보증금	(10%) 7,540,000원
매각물건	토지·건물 일괄매각	소유자	[redacted]
개시결정	2012-04-27	채무자	[redacted]
사건명	임의경매	채권자	[redacted]

오늘조회: 1 2주누적: 2 2주평균: 0 조회동향

구분	입찰기일	최저매각가격	결과
1차	2012-09-03	230,000,000원	유찰
2차	2012-10-08	184,000,000원	유찰
3차	2012-11-12	147,200,000원	유찰
4차	2012-12-17	117,760,000원	낙찰
낙찰 461,000,000원(200.43%) / 1명 / 불허가			
5차	2013-01-21	117,760,000원	유찰
6차	2013-02-25	94,208,000원	유찰
7차	**2013-04-01**	**75,366,000원**	
낙찰 : 75,700,000원 (32.91%)			
(입찰1명, 낙찰: [redacted]			
매각결정기일 : 2013.04.08 - 매각허가결정			
대금지급기한 : 2013.05.15			
대금납부 2013.05.14 / 배당기일 2013.06.13			
배당종결 2013.06.13			

이렇게 자신의 상가에서 사업을 하면 장기적인 플랜으로 접근할 수 있어 과감한 시설 투자도 시도할 수 있다. 또한 감정가 대비 낙찰가율이 낮다 보니 대출을 최대 90%까지 활용할 수 있어 실투자금을 최소화할 수 있다.

그가 낙찰받은 지하상가는 역세권에서 조금 벗어난 위치에 있었다. 다만 그는 이용료 면에서 인근 공유오피스와 비교해 최저가 전략을 구사한다면, 충분히 승산이 있다고 내다봤다. 장기 고객에게는 좀 더 파격적인 금액을 제시했는데, 그의 예상은 100% 적중했다. 연일 최고 매출을 경신하고 있다고 속 시원히 웃음 짓는 그의 모습을 보면서, '불황은 불황이구나'라고 느꼈다. 경기가 어려울수록 사람들은 허리띠를 졸라매고, 최저가인 곳은 그 지역에서 인기를 끌 수밖에 없다.

이 사례를 접하며 다음 투자에 어떻게 적용해볼 수 있을지를 고민해봤다. 앞으로 경매에 지하상가가 나오면 '옳다구나!' 하고 낙찰을 받아 공유오피스를 차리면 될까? 백번 양보해서 최소한 그 지역에 공유오피스를 원하는 수요층이 얼마나 되는지는 따져봐야 한다. 반대로 지금 당장 유명한 공유오피스가 많이 포진된 지역을 살펴봐도 좋다. 주요 지하철역을 기점으로 어느 정도 거리에까지 입점하면 될지도 함께 파악해봐야 한다. 이용료가 싸다고 해서 역부터 도보 15분이 넘는 거리에 사무실을 차리는 사람은 많지 않다. 그렇게 하나둘 숙지하다 보면 물건이 나왔을 때 남들보다 빠르게 판단하고 움직일 수 있다.

그림 4-12는 14억 원에 감정되어 두 번의 미납을 거치고 드디어 단독으로 낙찰된 경매 물건이다. 본래 사우나로 운영됐는데 그 누구도 쉽게 넘볼 수 없는 물건이라 그런지 낙찰가율은 17%였다. 전용면적은

945㎡인데, 낙찰자는 이 물건을 무엇으로 탈바꿈시켰을까?

그것은 바로 초대형 키즈카페였다. 인근에 대형 아파트 단지들이 포진해 있고 중소형 크기의 키즈카페들만 있다 보니 초대형에 대한 수요를 블랙홀처럼 빨아들였다. 더구나 경매로 저렴하게 낙찰받아 운영을 하다 보니 공격적인 마케팅도 할 수 있어서 이 동네의 대표 키즈카페

그림 4-12 인천시 계양구 지하상가 경매 단독낙찰 사례(출처: 굿옥션)

소재지	인천광역시 계양구 용종OOOO. [illegible] 도로명주소검색 Daum 지도 NAVER 지도		
물건종별	근린상가	감정가	1,430,000,000원
대지권	842.29㎡(254.793평)	최저가	(12%) 168,238,000원
건물면적	945.6㎡(286.044평)	보증금	(20%) 33,650,000원
매각물건	토지·건물 일괄매각	소유자	[illegible]
개시결정	2013-07-24	채무자	[illegible]
사건명	임의경매	채권자	[illegible]
관련사건	[illegible]		

오늘조회: 1 2주누적: 1 2주평균: 0 조회동향

구분	입찰기일	최저매각가격	결과
	2013-12-18	1,430,000,000원	변경
1차	2014-02-25	1,430,000,000원	유찰
	2014-03-25	1,001,000,000원	변경
2차	2014-09-25	1,430,000,000원	유찰
3차	2014-10-22	1,001,000,000원	유찰
4차	2014-11-20	700,700,000원	유찰
5차	2015-01-02	490,490,000원	유찰
6차	2015-01-30	343,343,000원	유찰
7차	2015-03-03	240,340,000원	낙찰
낙찰 420,000,000원(29.37%) / 6명 / 미납 (차순위금액:411,000,000원)			
8차	2015-05-14	240,340,000원	유찰
9차	2015-06-18	168,238,000원	낙찰
낙찰 350,000,000원(24.48%) / 6명 / 미납 (차순위금액:265,520,000원)			
10차	2015-10-02	**168,238,000원**	
낙찰 : 243,181,800원 (17.01%)			
(입찰1명, 낙찰: [illegible])			
매각결정기일 : 2015.10.08 - 매각허가결정			
대금지급기한 : 2015.11.06			
대금납부 2015.11.06 / 배당기일 2015.11.25			
배당종결 2015.11.25			

가 되었고, 이 브랜드의 키즈카페를 창업하고자 하는 사람들이 시장조사를 하러 오는 곳이 되었다. 이러한 사례들을 면밀히 조사해 지하상가에 적용할 수 있는 업종을 정리해두면 큰 도움이 될 것이다. 그리고 신도시보다는 이미 어느 정도 도시로서 성숙된 시장에 진입하는 것도 중요하다. 그래야만 공실 리스크를 최대한 줄일 수 있다.

현재 경매가 진행되고 있는 그림 4-13의 물건도 키즈카페 운영을 검토해볼 수 있다. 이 상가는 주변 4000세대를 아우르는데, 키즈카페는 단 한 곳이 영업하는 것으로 파악됐다. 이럴 땐 인근 키즈카페 현황을 조사하고 주변 단지의 세대수를 파악한 후 접근해야 한다. 최근 키즈카페의 트렌드는 '대형화'다. 새로운 건물이 지어질 곳이 없는 이런 구

그림 4-13 서울시 구로구 지하상가 경매 물건(출처: 굿옥션)

소 재 지	서울특별시 구로구 구로동 [redacted] 상가동 지층 2호 도로명주소검색 Daum 지도 NAVER 지도		
새 주 소	서울특별시 구로구 구일로8길 [redacted] 상가동 지층 2호		
물건종별	근린상가	감 정 가	1,270,000,000원
대 지 권	516.62㎡(156.278평)	최 저 가	(64%) 812,800,000원
건물면적	981.72㎡(296.97평)	보 증 금	(10%) 81,280,000원
매각물건	토지·건물 일괄매각	소 유 자	[redacted]
개시결정	2017-10-18	채 무 자	[redacted]
사 건 명	강제경매	채 권 자	[redacted]
관련사건	[redacted]		

오늘조회: 17 2주누적: 315 2주평균: 23 조회동향

구분	입찰기일	최저매각가격	결과
	2018-08-21	1,270,000,000원	변경
	2019-04-10	1,270,000,000원	변경
1차	2019-08-21	1,270,000,000원	유찰
2차	2019-11-05	1,016,000,000원	유찰
3차	2019-12-11	**812,800,000원**	

도심의 단지 내 지하상가는 이러한 부분을 공략하기에 좋은 지점이 될 수 있다.

인건비를 아끼든가, 아니면 없애든가

아무리 머리를 싸매도 공실 해결에 답을 찾을 수 없다면, 임대인이 직접 창업하는 것도 방법이다. 인건비를 줄이기 위해 탄생한 키오스크Kiosk(터치스크린 방식의 무인단말기)와 무인점포는 임대인에게 창업의 영역을 더욱 넓혀줬다. 이들이 탄생하게 된 데는 기술 발달도 한몫했지만, 그 확산 배경에는 소비 둔화에 최저시급 이슈까지 겹치면서 기존의 인력을 빠르게 대체하려는 목적도 있다. 비대면이 편한 20~30대는 물론이고, 40~50대 역시 이제는 키오스크 앞에 서는 풍경이 낯설지 않아졌다.

요즘 가장 뜨고 있는 아이템은 '무인카페'다. 테이블이 있는 무인카페도 있지만 손이 갈 일이 많아 운영이 쉽지는 않아 보인다. '터치카페'라는 이 브랜드(그림 4-14)는 테이블 없이 보통 두 대의 자판기로 운영된다. 주인은 하루에 한 번 방문해 청소를 한다. 현금을 수금할 일도 없다. 결제는 오직 카드만 가능하다.

이 점포의 특징은 전용면적 19m^2(약 6평)로도 운영이 가능하다는 것이다. 이것은 무엇을 의미할까? 유동인구가 많은 지역에 19m^2 남짓 되는 공실이 있다면, 이러한 업종으로 탈바꿈해볼 수 있다는 뜻이다.

고급스러운 인테리어 때문에 커피가 비쌀 것으로 생각되지만 가격

그림 4-14 무인카페 전경

은 1500~2000원 선이고, 이탈리아 커피와 프랑스 커피 두 가지를 판매하고 있어 퀄리티 측면에서도 나쁘지 않다. 터치카페는 벌써 60호점이 개설된 상태다. 서울보다 지방에서 그 수요가 더 많은지 지방에 더 빨리 생기고 있는 추세다.

터치카페를 보며 예전에 경매로 나온 물건이 떠올랐다. 인천 대로변 목 좋은 곳에 19m^2짜리 상가가 경매로 나온 적이 있었다. 하지만 사이즈가 작아서 무엇을 할 수 있을까 고민하다가 포기했는데, 이 업종을 보면서 아쉬운 마음이 들었다. 앞으로 커피 점포가 제법 많은 곳(레드오션)이나 노출이 잘되는 19m^2 이상의 1층 상가가 경매로 나온다면, 한 번쯤 이런 업종을 염두에 두고 가능성을 생각해보기 바란다. 남들이 보지 못하는 틈새 속에 기회가 있기 마련이다.

그림 4-15는 최근 경기도 김포에 경매로 나온 물건이다. 2층에 102m^2 규모의 호프집을 운영하고 있다.

그림 4-15 경기도 김포시 경매 물건(출처: 굿옥션)

소재지	경기도 김포시 장기OOOO, [redacted] 도로명주소검색 Daum 지도 NAVER 지도			
새주소	경기도 김포시 김포한강1로[redacted]			
물건종별	근린상가	감정가	495,000,000원	오늘조회: 28 2주누적: 685 2주평균: 49 조회동향
대지권	37.78㎡(11.428평)	최저가	(70%) 346,500,000원	
건물면적	102.96㎡(31.145평)	보증금	(20%) 69,300,000원	
매각물건	토지·건물 일괄매각	소유자	[redacted]	
개시결정	2018-11-06	채무자	[redacted]	
사건명	임의경매	채권자	[redacted]	
관련사건	[redacted]			

구분	입찰기일	최저매각가격	결과
1차	2019-08-22	495,000,000원	낙찰
낙찰 513,799,000원(103.8%) / 1명 / 미납			
2차	2019-10-31	495,000,000원	유찰
3차	2019-12-05	**346,500,000원**	

이 물건을 보면서 문득 떠오르는 업종이 있었다. 현재는 프랜차이즈 호프집이 운영 중인데, 골라 먹는 셀프 생맥줏집을 넣는다면 이 동네에서 인기 맥줏집으로 거듭날 수 있겠다 싶었다. 최근 강남을 비롯해 20대들이 많이 모이는 상권에 속속 입점하고 있고, 인스타그램에도 사진들이 계속 올라오는 인기 업종이다. 내심 궁금한 마음에 직접 방문해보았는데 깔끔한 인테리어에 내 마음대로 골라 먹을 수 있는 기계가 무척 신기하게 다가왔다.

취향대로 골라 마실 수 있는 다양한 주종에 손님들이 각자가 원하는 만큼 따라 마시고 결제하는 시스템이 젊은 층 사이에서 각광받고 있다. 점주 입장에서도 맥주를 서빙할 인원을 줄여, 한두 명의 직원으로도

그림 4-16 각자 마신 만큼 태그해서 정산하는 셀프 생맥주 가게

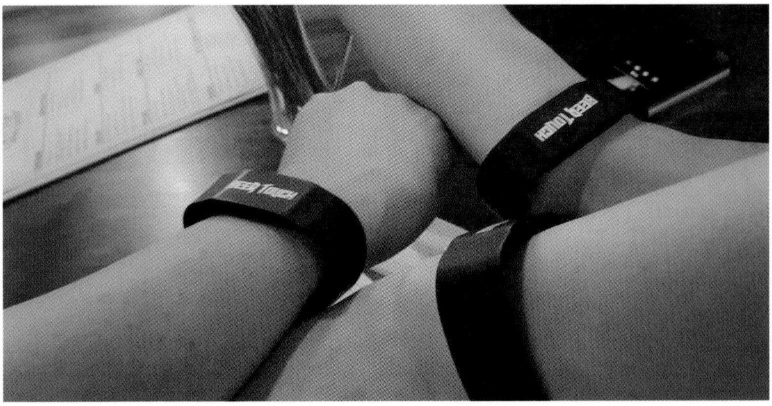

165㎡ 크기의 매장을 충분히 관리할 수 있다.

또 다른 사례를 한번 살펴보자. 165㎡ 정도의 중소형 동네 마트는 인근에 대형마트가 들어오면 폐업을 하는 경우가 많다. 그렇게 폐업하고 나면 들어올 업종이 딱히 없어서 장기간 공실로 방치된다. 그렇게 대형마트의 직격탄을 맞고 폐업한 동네 마트 자리에 아이스크림과 캔맥주를 결합한 할인 점포(그림 4-17)가 혜성처럼 등장하며 인기를 끌고 있다. 취급하는 상품이 아이스크림, 캔맥주, 와인, 양주이다 보니 유통기한이 길어 재고관리가 편하고, 단 한 명의 매장 인원으로 손님 응대와 매장관리를 모두 할 수 있어서 공실에 새 생명을 불어넣는 아이템으로 각광받고 있다. 또한 마트자리다 보니 담배권까지 확보하고 있는 경우가 많아 부수입도 올릴 수 있다.

2019년에 창업 시장을 뜨겁게 달군 무인 스터디카페와 스터디룸, 프리미엄 독서실도 공실의 대안으로 떠오르고 있다. 이는 소비자의 니즈

그림 4-17 아이스크림·캔맥주 할인 매장

가 특히 커진 시장이다. 최근 소모임과 스터디모임의 수요가 늘면서 공간 대여 비즈니스를 하는 점포가 우후죽순 생겨났다. 이에 공매에까지 스터디카페 매물이 등장했는데, 입찰에 나선 사람들 사이에서 굉장한 인기를 끌면서 예상보다 높은 금액에 낙찰이 되었다. 공간 대여 비즈니스의 가장 큰 장점은 무인으로도 충분히 운영할 수 있다는 점이다. 면적에 비해 인건비를 획기적으로 줄일 수 있는 셈이다. 또한 이를 이용하는 고객층은 관리자가 없는 공간에서도 환경을 충분히 깨끗하게 유지한다. 24시간 운영할 수 있다는 점도 공간 비즈니스의 큰 장점이다.

다만 지금은 사업 초기 시장도 지나고, 이미 주요 지역에는 이들이 많이 들어가 있다. 특히 인테리어 비용이 과도하게 든다면 심사숙고해야 한다. 하지만 기회는 있다. 주변에 2000세대가 포진한 기존 독서실 자리를 매입해 스터디카페로 업종을 변경하거나, 독서실이나 공부방이 없던 1000세대 규모의 단지 내 상가를 경매로 낙찰받아 창업하는 방법

그림 4-18 스터디카페·스터디룸

등이다. 아니면 이러한 콘셉트로 공간을 운영하고 싶은 임차인을 구해 볼 수도 있겠다.

THEME 2

'골목상권'도 옛말? 상권의 지각변동

불과 1~2년 전만 해도 '○리단길'이라는 말이 유행처럼 번져나갔다. 서울 이태원 주변의 경리단길을 시초로, 수많은 '○리단길'은 분위기가 독특한 맛집이 모인 거리를 일컫는 대명사로 쓰였다. 하지만 요즘 경리단길을 걷다 보면 많은 생각에 잠긴다. 이곳이 진정 높은 오르막길에도 사람들이 줄을 서던 그 거리가 맞는지, 다섯 집 걸러 한 집에 써 붙은 '임대'라는 글자가 아직도 낯설게 느껴지기 때문이다. 원인은 이미 언론을 통해 잘 알려졌듯 '젠트리피케이션Gentrification(상권 발달로 임대료가 급등하면서 영세한 상인이 타 지역으로 내몰리는 현상)의 역습'이다.

핫한 점포가 썰물처럼 빠져나간 경리단길은 상권이 빠른 속도로 무너졌다. 미처 4년을 채우지 못하고 그 생명이 끝나버린 느낌이다. 경리단길의 사례만 봐도 이제 임차인이 무작정 치솟는 임대료를 참고 장사를 이어가는 시대는 끝난 듯 보인다. 3일치 매출로 월세를 채우지 못할 바에야 차라리 가게를 접는 게 상책인 최악의 경기 상황이기 때문이다. 더불어 SNS의 영향력이 막강해질수록 이제 더 이상 특정 점포가 골목 전체를 이끌지는 못한다. SNS에서 핫한 가게는 비바람을 뚫고서라도 찾아가지만, 딱 거기서 소비를 그치고 돌아서는 경우가 숱하다. 그야말로 '핀셋 상권'의 시대다.

하지만 요지부동의 임대료를 보고 있자니, 앞으로도 이런 현상이 당분간 지속될 것으로 보인다. 이는 비단 경리단길만의 문제가 아니다. 최초의 개성을 빼앗긴 전국의 많은 '○리단길'이 짊어져야 할 숙제다. 이제 개성파 점주들은 충분히 깨달았다. 자신의 무기만 확실하다면 인쇄소 2층에 문을 열어도, 인적 드문 주택가에 외따로 자리를 잡아도, 얼마든지 성공할 수 있는 시대라는 사실을 말이다.

날로 스마트해지는 아파트 단지 상가

비운의 상권에 관한 이야기는 충분히 나눴으니, 이제는 분위기를 바꿔보자. 핀셋 상권화된 시대에도 스마트한 전략으로 걸음걸음마다 구매욕구를 불러일으키는 신흥 골목상권에 관한 이야기다. 바로 수원 광교신도시 광교아이파크 단지 내 상가 '앨리웨이광교'다.

아파트 상가지만 그 외관과 내실을 보면 복합쇼핑몰 못지않다. 판교에 초대형 현대백화점이 생겼을 때 앞으로 새로 짓는 모든 아파트에는 규모가 큰 상권이 생기리라 예상했지만, 이곳은 규모를 넘어 '스토리'

그림 4-19 기획 공연 때의 앨리웨이광교 전경

로 한 걸음 더 진화한 모습이다.

앨리웨이광교를 보면서 아파트 단지 내 상가가 천지개벽했다고 느낀 이들이 많을 것이다. 판교나 광명에 있는 아브뉴프랑 정도를 생각했다면 상상 그 이상이다. 유럽의 어느 골목을 닮은 구불구불한 동선을 따라 색다른 음식점들이 즐비해 있다. 가장 눈에 띄는 지점은 대기업 프랜차이즈 음식점을 찾기가 힘들다는 것이다. 마치 SNS에서 가장 핫한 소규모 동네 음식점만을 모아 갤러리처럼 구성한 느낌이다. 김소영·오상진 아나운서가 운영하는 동네 책방 '책발전소'와 라이브 재즈바 '겟올라잇'에도 사람들의 발길이 끊이지 않는다.

내가 방문한 날에는 호주 서커스단 '스트레인지 프루트'의 공연이 있었다. 나중에 알고 보니 이날 공연을 보기 위해 가족 단위로 몰려든 인파가 1만 명이 넘었다고 한다. 아파트 단지 내 상가치고는 운집력이 압도적이다. 어떻게 이러한 기획이 가능했을까? 독특하게도 앨리웨이광교는 단지 내 상가를 분양하지 않았다. 시행사에서 직접 운영하고 있다. 덕분에 들여올 업종을 꼼꼼하게 따져서 고를 수 있고, 포지션이 어정쩡한 업종은 아예 들어오지도 못하게 한다. 입점한 업종 간에 시너지를 내기가 좋은 구조다.

앞으로 신도시 아파트의 단지 내 상가는 더 변화무쌍해지고 새로워질 것이다. 송파파크하비오푸르지오나 일산벨라시타만 봐도 단지 내 상가가 한 단계 진화하고 있다는 게 느껴진다. 그리고 이러한 발상의 전환은 그들이 살아남는 유일한 생존 방법이다.

초대형 상권 등장을 바라보는 투자자의 자세

스타필드, 현대백화점, 앨리웨이광교와 같은 초대형 상권의 등장은 인근 상가들에 어떠한 영향을 미칠까? 이러한 상권의 등장은 개인 투자자들에게는 그리 반가운 일이 아니다. 대형 상권으로의 쏠림 현상은 이미 기정사실화되었고, 경쟁 자체가 불가한 형국이다. 너무 더운 여름,

너무 추운 겨울도 한몫했지만 미세먼지로 인한 실외 활동의 제한은 이런 초대형 상가로 사람들을 이끌었다. 판교 현대백화점 인근의 상권은 몇 년이 지났지만 아직도 활성화되지 못하고 있고, 스타필드가 들어선 곳의 인근 상권은 어딜 가도 맥을 못 추고 있다.

최근 경매로 나온 고양 스타필드 앞 단지 내 상가(그림 4-20)를 보러 돌아보니 들어와 있는 업종 자체가 썩 매력적으로 보이지 않았다. 경매에 나온 상가에는 정육점이 운영되고 있었고, 편의점과 공인중개소 사무실로 채워진 1층 말고는 2층 상가를 비롯해 거의 모든 상가가 활성화되어 있지 않았다.

1426세대라는 배후세대는 무척 매력적인데, 들어와 있는 업종은 왜 이리 약한 걸까? 이러한 업종의 구성은 쉽게 이해가 되지 않았지만, 스타필드에 웬만한 업종이 다 있다 보니 당장에 필요한 편의점이나 장사

그림 4-20 고양 스타필드 옆 상가 경매(출처: 굿옥션)

소 재 지	경기도 고양시 덕양구 동산동 택지개발지구 [redacted] 도로명주소검색 Daum 지도 NAVER 지도
새 주 소	경기도 고양시 덕양구 [redacted]

물건종별	근린상가	감 정 가	173,000,000원
대 지 권	29.093㎡(8.801평)	최 저 가	(70%) 121,100,000원
건물면적	16㎡(4.84평)	보 증 금	(10%) 12,110,000원
매각물건	토지및건물 지분 매각	소 유 자	[redacted]
개시결정	2019-01-09	채 무 자	[redacted]
사 건 명	강제경매	채 권 자	[redacted]

오늘조회: 6 2주누적: 505 2주평균: 36 조회동향

구분	입찰기일	최저매각가격	결과
1차	2019-10-01	173,000,000원	유찰
2차	2019-11-05	**121,100,000원**	
낙찰 : 153,110,000원 (88.5%)			
(입찰8명, 낙찰: [redacted] 차순위금액 153,000,000원)			
매각결정기일 : 2019.11.12			

가 될 뿐이었다. 다른 업종은 영업하기가 쉽지 않아 보인다.

그래서 스타필드가 새롭게 들어설 곳 인근에 점포를 가진 사람들의 고민이 점점 커지고 있다. 계속 보유할 것인가, 매도할 것인가 쉽게 판단을 내리기가 어려운 것이다. 더구나 수익률이 높은 상가라면 쉽게 팔고 싶지 않을 것이다. 나도 종종 이에 관한 질문을 받는데, 선뜻 대답하기가 어렵다. 스타필드와 경쟁하지 않을 업종이라면 상관없다지만, 상가는 혼자만 잘된다고 잘되는 게 아니다 보니 상권이 힘을 잃으면 상가도 운영하기가 쉽지 않기 때문이다. 선택은 본인의 몫이지만, 이러한 강력한 상권의 출현에 직접적인 영향을 받지 않는 업종을 고르는 것이 살아남는 한 방법일지도 모른다.

수변 상권은 정말로 장사가 잘될까?

최근 임장을 다니다 보면 엄청난 수변상가의 공실을 자주 목격한다. 분양할 때는 일반 상가보다 비싸게 분양을 하고 인기도 높다고 한다. 최근 분양하는 광고만 봐도 수변상가가 매출도 훨씬 높다고 하며 분양가도 더 높게 책정되어 있다. 하지만 현실은 어떨까?

결론부터 말하자면 수변상가는 생각보다 장사가 잘되지 않는다. 수변 쪽으로의 접근을 편하게 만들다 보니 결국 유동인구의 접근성이 떨어지는 것이다. 게다가 산책로와 맞닿아 있다 보니 간간히 지나가는 사람도 붙잡지 못한다. 개와 산책하러 나온 사람이 치킨을 먹을 일이 얼마나 되겠는가?

보통 이러한 수변상가는 오픈 초기에 다른 곳보다 빨리 채워지지만, 이후 재계약 시점에 옮겨가는 경우가 꽤 많다. 사계절이 사라지고 이제는 여름과 겨울만 남은 우리나라에서 '계절을 타는 입지'가 되어버린 것이다. 그래서 공실이 점점 늘어나고 있는 추세다. 투자에 신중해야 하는 이유다.

2020년에는 제법 많은 수변상가가 경매로 나올 예정이다. 수변상가에서 그나마 경쟁력을 갖춘 업종이라면 킥보드나 미니자동차를 대여

그림 4-21 수변상가 전경

그림 4-22 수변상가 공유오피스 사례

해주는 업종밖에 보이지 않는다. 하지만 그 상가의 공실들을 다 채우기에는 역부족이라고 판단된다.

가만히 생각해보면 공유오피스도 가능성은 열려 있다. 조용하다는 장점과 자전거나 킥보드를 타고 접근하기 좋다는 점 때문에 일정 규모의 공간을 확보할 수 있다면 한번 도전해볼 만하다.

THEME 3

2020년 주목해야 할 상가, 그리고 아이템

2020년에는 경쟁력 있는 근린시설 혹은 근린주택을 주시해보는 것도 좋은 투자 포인트다. 2019년에도 우량한 매물이 많이 등장했는데, 2020년에도 안테나를 잘 세우고 물건을 살펴 기회를 잡아보면 좋겠다. 경매를 활용한다면 대출을 적극 이용할 수 있어 투입자금을 최소화할 수 있다.

실제로 2019년 10월, 유명 브랜드 카페가 경매로 나왔다(그림 4-23). 대학교 정문 바로 앞에 있는 물건으로, 보증금 2000만 원에 월세 200만 원이 나오는 알짜 건물이다. 노후 준비용으로는 최적의 상품이다. 감정가는 3억 원 후반대에 나와 현재 변경된 상태다.

이 물건의 경우, 많은 투자자가 관심을 갖고 지켜보고 있다. 변경이 된 상태지만 진행되면 적극적으로 입찰에 참여해봐도 좋다. 이 물건은 낙찰을 받은 뒤 스타벅스 드라이브스루나 이디야 드라이브스루를 넣어도 손색이 없어 보인다. 스타벅스는 직영점을 내주지 않아 유치하기가 좀 까다로운 반면, 근래 드라이브스루를 시작한 이디야는 개별 점포를 내어주기 때문에 접근하기가 좀 더 수월할 것이다.

더불어 마트와 태권도장, 학원과 기지국이 모여 있는 근린시설이

그림 4-23 경기도 안성시 석정동 경매 물건(출처: 굿옥션)

소 재 지	경기도 안성시 석정동 도로명주소검색 Daum 지도 NAVER 지도		
물건종별	근린시설	감 정 가	384,322,400원
토지면적	133㎡(40.233평)	최 저 가	(100%) 384,322,400원
건물면적	164.68㎡(49.816평)	보 증 금	(10%) 38,440,000원
매각물건	토지·건물 일괄매각	소 유 자	[illegible]
개시결정	2018-12-11	채 무 자	[illegible]
사 건 명	임의경매	채 권 자	[illegible]

오늘조회: 16 2주누적: 1501 2주평균: 107 조회동향

구분	입찰기일	최저매각가격	결과
	2019-06-03	384,322,400원	변경
	2019-10-21	**384,322,400원**	변경

본사건은 변경 되었으며 현재 매각기일이 지정되지 않았습니다.

라면 반드시 눈여겨봐야 한다. 서울 아파트 한 채 가격으로 월세를 400~500만 원까지 만들어낼 수 있는 신통방통한 물건이기 때문이다.

그림 4-24 물건은 종합선물세트라고 불려도 손색이 없을 만한 물건이었지만 아쉽게 취하됐다. 참으로 임차인의 구성이 알찬 물건이었다. 보전관리지역이라 식당이나 취사는 불가하여 업종에 제한이 있지만, 임대인은 인근에서 영업하고 있는 임차인들에게 파격적인 조건을 걸어 임대를 빠르게 맞췄다. 그렇게 구성된 임차를 보니 음식점이 아니고서도 알차게 세팅하여 현재 공실 없이 운영되고 있다.

이 건물 옥상에 기지국 안테나까지 있는 걸로 봐서 10억 원대 초반에 잡을 수만 있다면 진정한 알짜 물건이 되지 않을까 싶다. 앞으로 이런 유사한 형태의 근린시설이 나온다면 관심 물건에 넣어두고 다음 날 바로 현장으로 달려가자.

그림 4-24 경기도 평택시 청북읍 경매 물건(출처: 굿옥션)

2019타경[redacted] (5) • 수원지방법원 평택지원 • 매각기일 : **2019.10.28(月) (10:00)** • 경매 4계(전화:031-[redacted])

소재지	경기도 평택시 청북읍 [redacted] 도로명주소검색 Daum 지도 NAVER 지도			
물건종별	근린시설	감정가	1,067,588,600원	오늘조회: 1 2주누적: 8 2주평균: 1 조회동향
토지면적	1028㎡(310.97평)	최저가	(100%) 1,067,588,600원	
건물면적	784.4㎡(237.281평)	보증금	(10%) 106,760,000원	
매각물건	토지·건물 일괄매각	소유자	[redacted]	
개시결정	2019-01-28	채무자	[redacted]	
사건명	강제경매	채권자	[redacted]	

구분	입찰기일	최저매각가격	결과
	2019-10-28	**1,067,588,600원**	

그림 4-25 경기도 파주시 조리읍 경매 물건(출처: 굿옥션)

소재지	경기도 파주시 조리읍		
물건종별	근린주택	감정가	435,825,710원
토지면적	468㎡(141.57평)	최저가	(70%) 305,078,000원
건물면적	283.97㎡(85.901평)	보증금	(10%) 30,510,000원
매각물건	토지·건물 일괄매각	소유자	
개시결정	2018-10-22	채무자	
사건명	강제경매	채권자	

도로명주소검색 Daum 지도 NAVER 지도

오늘조회: 1 2주누적: 158 2주평균: 11 조회동향

구분	입찰기일	최저매각가격	결과
1차	2019-09-25	435,825,710원	유찰
	2019-10-30	**305,078,000원**	변경

본사건은 변경 되었으며 현재 매각기일이 지정되지 않았습니다.

그림 4-25는 맛집으로 유명한 국수집 경매 사례다. 현재는 변경된 상태지만 예의 주시해야 한다. 삼거리 코너 자리에 위치하고 있어서 노출과 가시성이 좋아 보인다. 이런 독보적인 위치의 식당은 주변으로 이전하기도 어렵다. 더구나 오랫동안 영업을 해온 상태이기 때문에 재계약의 확률도 높다. 공실 리스크가 제로에 가깝다고 봐도 무방하다.

이곳에 임장을 간 날은 평일이었는데도 손님이 굉장히 많았다. 국수를 먹으며 이 상가의 주인이 되는 상상도 해보았다. 이런 종류의 근린

주택은 주변 토지시세를 면밀하게 조사해봐야 한다. 최근 시세가 오르고 있는지, 주변의 최신 거래 사례를 통해 시세를 어느 정도 가늠해본 후 입찰에 응해야 한다.

임대료가 탄탄한 임차인이 포진한 상가도 있다. 공실 걱정이 없는 청

그림 4-26 경기도 의정부시 경매 물건(출처: 굿옥션)

2017타경[redacted]

소 재 지	경기도 의정부시 의정부동[redacted] 도로명주소검색 Daum 지도 NAVER 지도						
물건종별	근린시설	감 정 가	5,988,273,960원	오늘조회: 1 2주누적: 16 2주평균: 1 조회동향			
토지면적	532.3㎡(161.021평)	최 저 가	(100%) 5,988,273,960원				
건물면적	1370㎡(414.425평)	보 증 금	(10%) 598,830,000원	구분	입찰기일	최저매각가격	결과
매각물건	토지·건물 일괄매각	소 유 자	[redacted]		2017-09-19	5,988,273,960원	변경
개시결정	2017-04-13	채 무 자	[redacted]		2019-09-17	**5,988,273,960원**	변경
사 건 명	강제경매	채 권 자	[redacted]	본사건은 변경 되었으며 현재 매각기일이 지정되지 않았습니다.			

• 임차인현황 (말소기준권리 : 2010.06.23 / 배당요구종기일 : 2017.07.03)

임차인	점유부분	전입/확정/배당	보증금/차임	대항력	배당예상금액	기타
강OO	점포 1층	사업자등록: 2016.04.04 확 정 일: 미상 배당요구일: 없음	보70,000,000원 월1,600,000원 환산23,000만원	없음	배당금 없음	매물현황서상 차, [현황서상 차:2,200,000원]
남OO	점포 1층	사업자등록: 2015.04.06 확 정 일: 2015.04.09 배당요구일: 없음	보80,000,000원 월2,200,000원 환산30,000만원	없음	배당금 없음	
박OO	점포 3층	사업자등록: 미상 확 정 일: 미상 배당요구일: 없음	보70,000,000원 월3,500,000원 환산42,000만원		배당금 없음	차:부가세제외
양OO	점포 2층 전부	사업자등록: 미상 확 정 일: 미상 배당요구일: 2017.07.03	보180,000,000원 월5,000,000원 환산68,000만원		배당금 없음	[현황서상 차:5,500,000원], 점유:2016.06.20
유OO	점포 지하층	사업자등록: 미상 확 정 일: 미상 배당요구일: 없음	보80,000,000원 월3,300,000원 환산41,000만원		배당금 없음	
진OO	점포 1층 일부	사업자등록: 미상 확 정 일: 미상 배당요구일: 2017.06.21	보270,000,000원 월3,800,000원 환산65,000만원		배당금 없음	오락실, [현황서상 보:275,000,000원], 점유:2016.09.05
기타사항	임차인수: 6명 , 임차보증금합계: 750,000,000원, 월세합계: 19,400,000원 ☞현지 방문시 소유자겸 채무자를 만나지 못하였고, 전입세대열람내역 및 주민등록표 등본 기재상 채무자겸소유자 세대가 등재되어 있으나 정확한 것을 알 수 없으므로 그 점유관계 등은 별도의 확인이 필요함 ☞보증금 및 차임은 임차인들의 진술에 의한 것임					

정 건물은 과연 무엇일까? 바로 '법인 투자'다. 그림 4-26은 법인 투자의 강점을 잘 활용해 투자하기 좋은 물건이다.

개인이 혼자 소화하기 힘든 물건이라면 법인으로 협력하여 물건 입찰에 나선다. 예전 '공투'의 모델이 진화된 듯하다. 법인 창업에 대한 부담도 어느 정도 줄어들었고, 대출 활용도 용이하다. 그림 4-26는 의정부 핵심 상권 사거리 코너에 있는 물건으로, 현재 운영을 하고 있는 임차인들의 임대료만 보아도 상당히 우량한 물건이라 판단된다.

2020년, 인생을 바꿀 업종과 만나라

단지 내 상가의 성공 확률을 높이는 방법은 '명확한 콘셉트'를 가지고 분양을 받는 것이다. 배스킨라빈스는 폐업률 1.5%로, 스타벅스의 뒤를 잇는 최강의 프랜차이즈다. 유일하게 오토 매장이 가능한 곳이라 창업자들에게 인정받는 업종이다.

배스킨라빈스의 창업 기준은 다음과 같다. '배후 6000세대, 전면 5m, 횡단보도 코너 자리를 물고 있는 점포.' 이러한 기준을 숙지하고 신도시 상가를 분양받을 때 대입해보기 바란다. 명확한 콘셉트를 바탕으로 분양 상가에 접근한다면 반드시 성공할 수 있을 것이다.

2020년에는 '통증의학과'도 각광받을 전망이다. 최근 통증의학과는 노인 인구가 제법 많은 시장 입구에 생기기 시작해, 실손보험의 최대수혜를 입으며 몇 년간 가장 많이 개업한 병원이다. 10만 원 이상의 도수치료를 단돈 1만 원으로 받을 수 있다는 사실이 알려지면서 환자도 덩달아 늘어났다.

최근 대세로 떠오른 통증의학과는 어떤 자리를 선호할까? 그러한 원칙을 잘 알고 있다면 경매로 나오는 물건에 대입해 전략적으로 입찰할 수 있을 것이다. 우선 통증의학과는 개인 개원과 공동 개원으로 구분할 수 있다. 근래에는 개인 개원보다 공동 개원이 더 많아지는 추세다. 개인으로 개원할 경우 330㎡(약 100평) 미만의 규모를 선호하고, 공동일 경우 330~990㎡ 규모를 선호한다.

또한 6차선 이상의 큰 대로변은 피하는 게 좋다. 건너편 사람이 간판을 보고 건너올 확률이 급격히 떨어지기 때문이다. 앞서 동탄의 상가에서도 언급했듯이 차선이 너무 많거나 도로가 넓으면 상권의 단절이 발생한다. 사거리 코너에서 이런 실수를 많이 범한다. 건너편에 유동인구가 굉장히 많으니 이쪽으로도 쉽게 건너올 거라고 착각하는 것이다.

통증의학과가 선호하는 곳은 지하철역 주 출입구다. 지하철별 주 출입구는 전체 출입구 수의 절반 정도밖에 되지 않는다. 주 출입구가 아닌 곳은 유동인구가 현격히 줄어들어 개원 입지에서 제외해야 한다.

배후세대에 따라 좋은 병원의 입지도 달라질 수 있다. 3000세대만 보고 들어간다면, 3000세대의 메인 출구 쪽으로 들어가야 한다. 3000세대보다 더 많은 잠재 고객을 타깃으로 한다면 메인 출구보다는 메인 사거리가 적당하다. 가령 메인 사거리에 대형 경쟁자가 출현하면 메인 출구에서 잘되는 병원이 환자를 빼앗기는 현상이 나타난다.

입지의 경우, 구도심과 신도심의 상권이 섞이는 '복합지'를 가장 선호하는데, 7개 이상 병원이 있는 곳이라면 피해야 한다. 경쟁이 너무 치열하다. 또한 기존 대형병원(2차병원으로 세미급 병원) 옆자리도 피해야 한

그림 4-27 반려동물 납골당 사례

다. 자칫 경쟁에서 밀려 빠른 시간 내에 폐업을 할 수도 있다.

월세가 싸고 좋은 자리는 없다는 사실을 의사들도 잘 알고 있다. 월세를 더 주더라도 더 좋은 자리를 찾으려는 이가 훨씬 많다. 고작 월세 100만 원을 아끼는 사람보다 500만 원을 더 주더라도 매출을 1000~5000만 원 수준으로 끌어올리려는 사람이 많은 것이다.

반려동물에 관한 산업도 2020년에 계속 좋은 분위기를 이어갈 것으로 보인다. 그에 발맞춰 반려동물 비즈니스는 불황을 모르고 매출이 늘어나고 있다. 가히 불황을 뛰어넘는 업종임은 확실해 보인다. 최근 반려동물 비즈니스의 꽃은 반려동물 장례 서비스(그림 4-27)다. 10년 넘게 동고동락했던 동물이 죽으면 장례를 치르고 납골당에 안치하는 문화가 생겼다. 이 비즈니스는 수의사들도 엄청난 관심을 갖고 있으며, 파생되는 사업도 점차 많아지고 있다.

COLUMN

임대료 조정의 시대를 준비하라

앞서도 몇 번 언급했지만, 임대료라는 문제를 빼놓고는 2020년의 상가를 논할 수 없다. 근래 경매로 나온 물건을 보다 보면 기존의 임차인에게 임대료를 하향해 재계약을 한 사례가 자주 눈에 띈다. 임대인들도 계속되는 불경기에 임차인의 사정을 이해하게 된 것이다. 물론 임차인이 버티지 못하고 나가버릴까 봐, 이로 인해 공실로 오랫동안 비워질까 봐, 울며 겨자먹기로 한 선택일 확률도 높다. 이는 남의 일이 아니다. 향후 우리에게 이런 선택의 상황이 다가오면 어떻게 대처해야 할까? 다음의 사례를 통해 좀 더 몰입해서 살펴보자. 상가 투자 정보가 많이 오가는 인터넷 카페에서 우연히 접한 내용이다.

지방에 아파트 상가를 갖고 있습니다. 4년 전 임차인과 최초 계약했을 때 250만 원에 계약을 했는데요. 최근에는 상권에 공실도 제법 생기고 분위기가 안 좋아지다 보니 임차인이 180만 원에 재계약을 원하고 있습니다. 어떻게 해야 할까요?

임대인도 이런 상황이 당황스러울 것이다. 250만 원에서 180만 원으로 하향 조정하는 건 당연히 부담스럽다. 특히 지금 상황에서 임대차계약을 갱신하면 2018년에 개정된 「상가건물임대차보호법」에 따라 10년간 계약갱신요구권을 보장해줘야 한다. 2018년 10월 16일 이후로 새롭게 체결되는 계약 또는 갱신되는 계약은 임차인이 10년간 재계약을 요구할 수 있으며, 임대인은 법에서 정하는 사유가 없는 한 이를 거절할 수 없기 때문이다. 여기서 짚어볼 사항은 '갱신되는 계약'이다. 위 사례처럼 4년차 계약 만료를 재계약한다면 남은 6년 동안 개정된 「상가건물임대차보호법」을 적용받게 된다. 하지만 기존 2018년 10월 16일 이전에 한 계약은 5년 만료가 되면 자동으로 갱신되지 않는다. 덧붙여 개정 이후 법에 따라 임대료도 매년 5% 이상 인상할 수 없다.

즉, 임대료를 한번 내리면 다시 그 금액으로 되돌리기가 굉장히 어렵다는 뜻이다. 특히 임대료는 상가의 가치에 직접적인 영향을 끼쳐서 적합한 임차인을 구하지 못할 바에야 공실로 유지하는 게 더 낫다고 말하는 사람도 많다. 여러모로 막막한 상황이다.

다시 한번 사연을 천천히 뜯어보자. 아마 최초 250만 원에 월세를 계약한 걸로 봐서 나름 경쟁력 있는 업종이 들어온 것으로 보인다. 현재 임차인은 180만 원을 제시했다. 250만 원에서 180만 원으로 급격히 가격을 낮춰 부른 건, 아마도 200만 원에 계약하게 될 상황을 염두에 둔

것 같다. 70만 원의 격차가 굉장히 크다는 것쯤은 임차인도 알고 있을 테니 말이다. 임대인은 230만 원까지 생각했을 수도 있다.

이때는 역으로 생각해봐야 한다. 임차인의 입장에서 짐을 쌀 수밖에 없는 최악의 상황은 어떨 때일까? 오픈 당시 들어간 인테리어 투입 비용과 기타 창업 비용 등을 한번 살펴볼 필요가 있다. 인테리어의 감가상각 기간은 평균 7년이다. 이어 다음의 두 가지 체크 포인트를 기억하자.

첫째, 주변의 정확한 시장 현황과 임대료 추이, 경매 물건의 현황 파악하기

둘째, 임차인의 요구 조건을 어느 정도 수렴하면서 이를 특약 사항에 반영하기

먼저 주변의 시세를 면밀하게 살펴야 한다. 주변 상가에 공실률은 얼마나 되는지, 시장 분위기는 어떤지 주변의 영업장 사장 몇 분에게만 물어도 살짝 느낌이 온다. 여기서 주의해야 할 건 무작정 내 점포 임대료만 올리려고 고집하다간 공실이라는 후폭풍을 맞을 수 있다는 것이다. 경매로 나온 물건에서 특히 많이 발생하는 경우다. 임차인과 협의만 잘 됐다면, 임대료를 조금이라도 낮춰줬다면 최악의 상황은 피했을 경우가 생각보다 많다. 무엇보다 정확히 상황을 파악하는 게 이 난관을 타계할 핵심 비책이다.

이어 인근의 공인중개소 세 곳을 방문해 중개사와 이야기를 나눠본다. 그 와중에는 시장을 '안 좋게' 보는 사람, '무척 안 좋게' 보는 사람, '극도로 안 좋게' 보는 사람이 있을 것이다. 그냥 그들의 의견을 청취하면 된다. 자신의 의견을 피력할 필요도 없다. 잘 듣다가 그중에서도 풍

부한 경험으로 객관성을 갖춘 분의 말을 더 귀담아 들으면 된다.

상황 파악이 어느 정도 끝났다면 그때 임차인과 만나 협상을 시작한다. 이 경우 일대일로 만나는 것보다는 공인중개사를 끼고 만나는 게 좋다. 임차인과 둘만 만났다가 자칫 서로 감정만 상할 수 있기 때문이다. 제3자가 개입했을 때 서로의 의견 차이를 더 효과적으로 좁힐 수 있다.

마지막으로 가장 중요한 지점이 남았다. 계약서상의 월세 금액을 최대한 높게 유지해야 한다는 걸 잊어서는 안 된다. 가령 임차인의 사정을 십분 감안해 월세를 2년간 200만 원으로 합의했다고 하자. 이때 계약서상에는 자신의 하한선이던 230만원을 명시한다. 그렇다면 2년 동안 (230-200)×24인 720만 원의 갭이 생긴다. 이를 특약사항에 넣어주는 거다. 계약을 성실히 이행했을 시 2년이 다 되어가는 시점인 21개월차에 660만 원을 돌려주겠다고 말이다. 조금 복잡해 보이지만 실은 무척 간단하다. 계약 조건에 230만 원이란 방어선을 치는 셈이다.

이런 상황을 놓고 보면 임대인과 임차인 간의 소통이 얼마나 중요한지를 깨닫게 된다. 어려운 시기일수록 무작정 자신의 의견만 고집할 게 아니라, 주변 상황을 살피고 자신의 주장에 타당성을 더하는 습관이 중요하다. 정리하면, 임대료를 낮춰달라는 요구가 있을 때는 임차인의 의도를 명확히 파악하자. 그리고 객관성을 갖춘 나만의 우군을 만들자. 계약서상의 숫자는 향후 수익과 직결된다는 걸 절대 잊지 말자. 월세 10만 원의 차이가 경매에서는 1000만 원, 일반 매매에서는 2000만 원의 차이로 이어진다는 걸 꼭 기억하자.

INTERVIEW

떠오르는 수익형 부동산, 지식산업센터에 주목하라!

| 전희영(지원서원아빠) |

다양한 세제 혜택과 유리한 대출 요건, 추가 금리 인하로 인해 지식산업센터에 대한 수요와 관심이 급증하고 있습니다. 그런데도 여전히 많은 투자자가 그 개념과 투자법에 대해 잘 모릅니다.

지식산업센터란 동일 건축물에 제조업, 지식산업, 정보통신산업을 영위하는 자와 그 지원 시설이 복합적으로 입주할 수 있는 다층형(3층 이상) 집합 건축물을 일컫습니다. 공장이 여섯 개 이상 입주할 수 있는 건물로, 일명 '아파트형공장'인데요. 2010년 4월 정보통신산업과 같은 첨단산업체의 입주가 늘어나는 현실을 반영하여 입주 업종의 범위를 넓히고 명칭을 지식산업센터로 변경했습니다(여전히 아파트형공장으로 알고 계신 분이 많지만 「산업집적활성화 및 공장설립에 관한 법률」에 따라 법정용어는 지식산업센터가 맞습니다).

그림 4-28 지식산업센터 전경

지식산업센터는 산업용지와 공업용지가 부족한 국가에서 활발하게 지어지고 있습니다. 토지 이용의 고도화, 관리 운영의 효율화 등을 노린 목적에 의해서입니다. 우리나라에서는 대표적으로 가산디지털단지, 구로디지털단지, 성남산업단지, 안양·군포산업단지, 동탄테크노밸리 등에 많이 들어서고 있습니다.

지식산업센터, 투자하기에 어떤 점이 좋나요?

정부가 잇따른 부동산 대책(8·2 대책, 10·24 대책, 9·13 대책 등)을 발표하면

지식산업센터 내 입주 가능 시설

1. 제조업, 지식기반산업, 정보통신산업, 그 밖에 특정 산업의 집단화와 지역 경제의 발전을 위하여 산업단지관리기관 또는 시장, 군수, 구청장이 인정하는 사업을 운영하기 위한 시설
2. 벤처기업을 운영하기 위한 시설
3. 그 밖에 입주업체의 생산 활동을 지원하기 위한 시설로 금융·보험업 시설, 기숙사, 근린생활시설 등

서 일반 주택에 투자하는 일이 쉽지 않아졌습니다. 이러한 상황에서 다양한 규제를 완화해주는 수익형 부동산, 그중에서도 지식산업센터에 투자자들이 몰리고 있습니다. 그 이유를 하나씩 알아보도록 하죠.

첫째, 지식산업센터는 대출이 잘 나옵니다.

지식산업센터는 기본적으로 제조업, 연구소, 벤처기업들이 입주합니다. 이로 인해 중소기업을 육성하고 지역 경제를 활성화하기 위해 정부와 지자체에서 정책적으로 많은 지원을 해주고 있습니다.

보통 분양가나 일반매매가의 60~80%까지도 저금리로 대출이 가능합니다. 경매로 시세보다 저렴하게 낙찰받는 경우에는 낙찰가의 최대 90%까지도 대출해주는 경우가 있습니다. 주택처럼 규제지역이라는 제한도 없고, 다주택자더라도 대출받는 데 큰 문제가 없습니다.

다만, 최근에는 기존에 받아놓은 대출이 아주 많거나 지식산업센터를 임대 목적으로만 매매할 경우 RTI(임대업이자상환비율) 등의 규제를 하기도 합니다.

둘째, 취득세와 재산세 등의 감면 제도가 있고 부가세 환급이 가능합니다.

지식산업센터를 최초 분양받아 실제로 직접 사용하는 경우에는 2022년 12월 31일까지 취득세 50%, 재산세 37.5%를 감면받을 수 있습니다(「지방세 특례제한법」 58조의 2. 2019년 세법개정안에서 3년 연장). 또한 경우에 따라 법인세 감면과 정책자금 지원 혜택도 누릴 수 있습니다. 법인이 본사를 과밀억제권역에서 그 바깥 지역으로 이전할 때는 법인세를 4년간 100% 감면해주는 혜택도 받을 수 있습니다.

오피스텔은 사무실이 아닌 주거 용도로 사용하면 분양 시 혹은 일반매매 시에 낸 부가세를 환급받을 수 없습니다. 하지만 지식산업센터는 다릅니다. 건물분에 부가세가 붙기 때문에 정산 시에 환급받을 수 있을 뿐더러 조기에 환급을 신청할 수도 있어 투자금이 적게 드는 편입니다.

셋째, 단연 수익률이 좋습니다.

지식산업센터는 실제로 주택, 오피스텔, 상가에 비해 수익률이 좋습니다. 일반매매의 경우 대출을 제외한 보통 4~7% 정도의 수익률이 나오며, 대출을 포함하면 실제 투자금 대비 10~20% 수익률까지 달성할 수 있습니다. 만약 경매로 시세보다 조금 더 싸게 낙찰받고 대출을 많이 받는다면, 투자금 대비 최대 20~50%까지도 수익률을 기대할 수 있습니다. 그림 4-29는 2014년에 분양한 용인 소재 지식산업센터의 2019년 10월 기준 수익률입니다.

그림 4-29 2019년 10월 기준 용인 지식산업센터 수익률 현황(단위: 원)

NO.	항목	대출 無	대출 70%	대출 75%	대출 80%	평당가
1	전용면적	26.1㎡				4,118,774
2	분양면적	52.2㎡				
3	매매가	215,000,000	215,000,000	215,000,000	215,000,000	
4	취등록세(4.6%)	9,890,000	9,890,000	9,890,000	9,890,000	
5	부가세(건물분)	12,800,000	12,800,000	12,800,000	12,800,000	
6	보증금	11,000,000	11,000,000	11,000,000	11,000,000	
7	대출금액	-	150,500,000	161,250,000	172,000,000	
8	초기 투입금액	226,690,000	76,190,000	65,440,000	54,690,000	
9	실투입금액	213,890,000	63,390,000	52,640,000	41,890,000	
10	월세	1,100,000	1,100,000	1,100,000	1,100,000	
11	월이자(3.5% 기준)	-	438,958	470,313	501,667	
12	월수익	1,100,000	661,042	629,688	598,333	
13	연수익	13,200,000	7,932,500	7,556,250	7,180,000	
14	수익률	6.17%	12.51%	14.35%	17.14%	

넷째, 지식산업센터는 가격이 일정합니다.

같은 수익형 부동산인 상가는 1층이냐, 2층이냐, 3층이냐 또는 전면이냐, 후면이냐에 따라 매매가격과 임대가격이 많게는 몇 배까지도 차이가 납니다. 하지만 지식산업센터는 층이나 방향에 따른 차이가 10% 내외로 아주 적습니다. 즉, 한 건물 안에서는 가격이 어느 정도 일정하기 때문에 매매나 임대할 때 쉽게 적정한 가격을 판단할 수 있습니다.

다섯째, 가격대가 다양하며 소액 투자가 가능합니다.

많은 분이 지식산업센터를 '공장'으로 생각해 "가격이 비싸지는 않나요?"라고 문의해옵니다. 지난 명칭은 아파트형공장이었지만, 지식산업센터는 오히려 공장이라기보다 사무실에 가깝습니다. 특히 성수동이나 문정동 같이 강남과의 접근성이 좋은 지역에서는 실제 세무·법무 등 컨설팅 업종의 입주 수요가 많은 편입니다.

지식산업센터는 한 건물에 다양한 평형대가 있고, 지역별로도 특색에 맞는 상품이 많습니다. 저렴한 물건은 1억 원대 중반부터 평수에 따라서 10억 원까지 가격의 범위도 무척 다양합니다. 자금 상황에 맞춰 선택적인 투자가 가능한 것이죠.

분양할 때는 계약금(약 10%)만 있으면 건축 기간인 2~3년 동안 중도금을 무이자로 대출받을 수 있는 등 투자하는 데 있어 부담이 적습니다. 입주 시에도 집단대출이나 정책자금대출로 잔금 납부가 가능해 다른 투자처에 비해 투자비용이 적게 들어갑니다.

지식산업센터의 가격은 어떻게 형성되나요?

지식산업센터는 상업용 부동산입니다. 가격은 크게 세 가지 요인으로 형성됩니다.

첫째, 수요와 공급입니다.

이 부분은 모든 부동산에 동일하게 적용됩니다. 특정 지역에 수요가 많은데 공급이 적으면 부동산 가격은 당연히 올라갈 수밖에 없습니다. 지식산업센터의 경우 최근 몇 년 동안 서울 지역에서도 성수동, 구로디지털단지, 가산디지털단지의 가격이 많이 올랐습니다. 이 역시 넘치는 수요를 공급이 감당하지 못한 경우로 풀이됩니다. 참고로 2018년 서울의 지식산업센터 분양가격은 3.3㎡당 평균 926만 원이었습니다. 최근 지식산업센터촌으로 떠오른 성동구는 3.3㎡당 평균 1000만 원을 넘어 1265만 원대를 형성하고 있습니다.

둘째, 주변 지가 변동입니다.

2017년부터 2018년까지 서울에서 지식산업센터의 가격 상승률은 전반적으로 굉장히 많이 높아졌습니다. 주된 요인 중 하나가 바로 지가 상승입니다. 지가가 많이 오른 덕에 주변 아파트 가격도 많이 올랐고, 지식산업센터 역시 이러한 영향을 받았습니다.

셋째, 투자 수요의 증가입니다.

투자자들 사이에 지식산업센터가 수익률도 높고 규제가 적다는 인식이 퍼지면서 실제로 투자 수요가 급격히 증가했습니다. 이로 인해 수도권을 중심으로 지식산업센터 분양 물량이 늘었고, 프리미엄에 따른 연속적인 분양가 상승도 이어져왔습니다. 이에 건설업체들도 수도권을 중심으로 잇따라 분양 채비에 나섰습니다. 롯데건설과 두산건설 컨소시엄은 경기도 광명시에 광명G타워를 분양하고, 포스코건설은 인천송도국제도시에 송도AT센터를 공급하고 있습니다. 롯데건설과 신동아건설 컨소시엄은 미사강변스카이폴리스 분양에 나선 상태입니다. 이와 함께 서울 강서구 등촌동에서는 가양역데시앙플렉스가 분양했고, 경기도 화성 동탄2신도시에서는 현대실리콘밸리동탄 등이 2019년 11월 기준 분양을 앞두고 있습니다. 서울과 멀지 않은 곳의 단지들은 완판을 이어가고 있으며, 건설업계는 이러한 흐름에 맞춰 수도권 내 지식산업센터 분양에 열을 올리고 있습니다. 참고로 수도권 내 지식산업센터의 3.3㎡당 분양가격은 653만 원으로, 서울 평균가격에 비해 23% 정도 낮습니다.

그런데 지식산업센터가 밀집되어 있는 한 지역에서도 건물별 임대가격과 매매가격을 보면 그 차이가 상당하다는 걸 알 수 있습니다. 같은 지역인데도 더 높은 가격이 형성된 지식산업센터는 무엇이 다를까요? 다음 세 가지로 요약할 수 있습니다.

첫째, 지하철역과 가까울수록 가격이 높습니다.

가격을 형성하는 가장 주된 요인은 단연 교통에 따른 입지입니다. 요즘 지식산업센터는 사무실, 연구실, 제조공장으로 많이 쓰여 상주 인원이 많습니다. 다만 주차 공간은 한정돼 있는 만큼 대부분의 직원이 대중교통을 타고 출퇴근합니다. 그래서 같은 지역에 있더라도 지하철역과의 거리, 대중교통 이용의 편리성 등에 의해 많게는 두 배까지도 가격이 차이 납니다.

둘째, 연면적이 클수록 가격이 높습니다.

요즘 짓고 있는 지식산업센터의 추세는 바로 대형화입니다. 최근에는 연면적이 무려 8만 평에 가까운 지식산업센터도 등장했습니다.

왜 이렇게 큰 규모로 짓는 것일까요? 이유는 지식산업센터의 연면적이 클수록 로비, 휴게 공간, 주차장, 상점과 같은 편의시설과 옥상공원 등의 공용시설을 더 크게 마련할 수 있기 때문입니다. 쾌적한 환경 조성은 가격 상승에도 도움을 줍니다. 아파트를 예로 들어볼까요? 300세대 아파트와 1000세대 아파트 중 어떤 아파트에 더 살고 싶으신가요? 당연히 1000세대 아파트일 것입니다.

셋째, 전용률이 적을수록 가격이 높습니다.

전용률이란 '분양 면적 또는 계약 면적 대비 실제 사용할 수 있는 전용면적이 차지하는 비율'을 뜻합니다. 5~10년 전에 지어진 지식산업센

그림 4-30 다양한 지식산업센터가 모인 송파구 문정동

터 건물은 대부분 전용률이 55~65%였습니다. 실사용 면적이 넓었던 것이죠. 그런데 최근에는 대부분 45~55%로 많이 낮아졌습니다.

이렇게 전용률이 낮아지면 실사용 면적이 좁게 나와 분양가와 매매가는 높아지지만, 반대로 주차장과 공용시설, 편의시설이 들어설 면적이 넓어져 사용자의 실제 만족도는 높아집니다. 그러다 보니 전용률이 낮은 지식산업센터일수록 신축인 경우가 많고, 매매가도 그만큼 높게 형성됩니다.

지식산업센터를 경매로 낙찰받을 때 주의해야 할 점이 있나요?

시세보다 싸게 낙찰받을 때 대출이 70~90%까지 나온다는 점, 대출을 감안해도 15~30%의 수익률을 기대할 수 있다는 점에서 많은 분이 지식산업센터를 매매할 때 경매를 선호합니다. 다만, 경매로 낙찰받을 때 반드시 주의해야 할 점도 있습니다.

첫째, 산업단지 지역에 있는지를 확인해야 합니다.

지식산업센터는 크게 산업단지에 있는 지식산업센터와 일반지역에 있는 지식산업센터로 구분됩니다. 산업단지는 국가산업단지, 지방산업단지, 농공단지, 첨단산업단지를 말하는데요. 산업단지에 있는 지식산업센터의 경우 「산업집적활성화 및 공장설립에 관한 법률」에 따라 임대 목적으로 분양, 취득, 경매하는 것이 불가능합니다. 따라서 산업단지 안에 있는 지식산업센터를 매매할 때는 직접 사용하든, 혹은 공장으로 등록해 허가를 받고 임대를 주든 해야 합니다.

둘째, 관리비 연체가 얼마나 되어 있는지를 확인해야 합니다.

지식산업센터의 경매 물건 중에는 간혹 이전 소유자가 관리비를 연체해놓은 게 많게는 몇 천만 원씩 되는 경우도 있습니다. 이를 낙찰받으면 낙찰자가 미납된 관리비를 다 내야 할 수도 있으므로 입찰하기 전에 반드시 관리사무소에 들러 미납 관리비가 얼마인지를 확인해야 합니다.

셋째, 호실 구분(격벽)이 설치되어 있는지 확인해야 합니다.

예를 들어보겠습니다. A호실이 경매로 나왔습니다. 그런데 이 A호실과 B호실이 뻥 뚫린 공간을 공유하면서 하나의 사무실, 또는 하나의 공장처럼 사용되는 경우가 있습니다. 즉 A호실과 B호실 사이에 격벽이 없다는 의미죠. 어떻게 그럴까 싶지만 간혹 이런 경우가 경매에서 등장합니다. A호실과 B호실이 모두 경매에 나왔거나, B호실 소유주가 경매로 A호실을 낙찰받아 A호실과 B호실을 공동 사용한다면(소유주가 한 명이라면) 문제될 게 없습니다.

하지만 A호실을 하나만 낙찰받고서 뒤늦게 대출을 받으려 알아볼 때 A호실과 B호실이 경계 없이 통으로 되어 있다는 걸 발견한다면, 대출을 받지 못하거나 받더라도 40~60%밖에 나오지 않을 수도 있습니다. 은행에서 호수에 대한 특정이 어렵기 때문에 담보물로 잡기 힘들어서 그렇습니다. 이 문제는 상가에도 비슷하게 적용됩니다.

그림 4-31 호실 구분(격벽)의 예

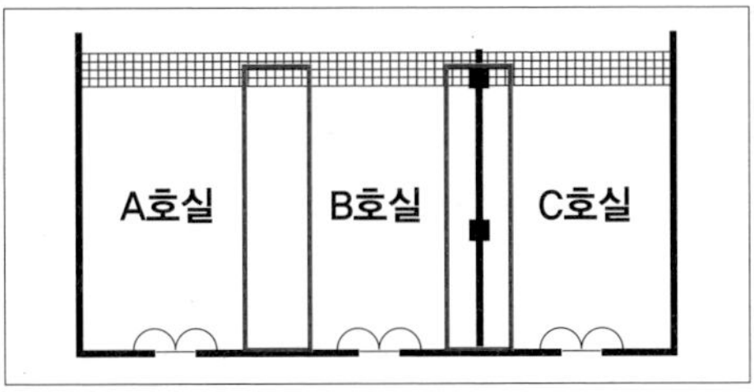

2020년, 지식산업센터 트렌드 BEST 5

앞서 살펴본 내용을 토대로 2020년 지식산업센터 트렌드를 살펴보겠습니다.

첫째, 지식산업센터의 활발한 분양

최근 수도권에서는 지식산업센터의 인기에 힘입어 분양 물량이 가파르게 늘고 있습니다. 특히 신도시 택지지구에서는 일자리 창출이라는 목표를 위해 지식산업센터 단지를 대규모로 지정해 공급을 늘리고 있습니다. 이러한 현상은 2015년부터 시작돼 2020년에도 지속될 전망입니다.

둘째, 중대형 건설업체의 참여

지금껏 지식산업센터를 건설하는 건 주로 중소형 건설사의 특화된 영역이었습니다. 하지만 2014년부터 SK건설, 한화건설, 금강건설, 현

그림 4-32 연도별 지식산업센터 승인 건수

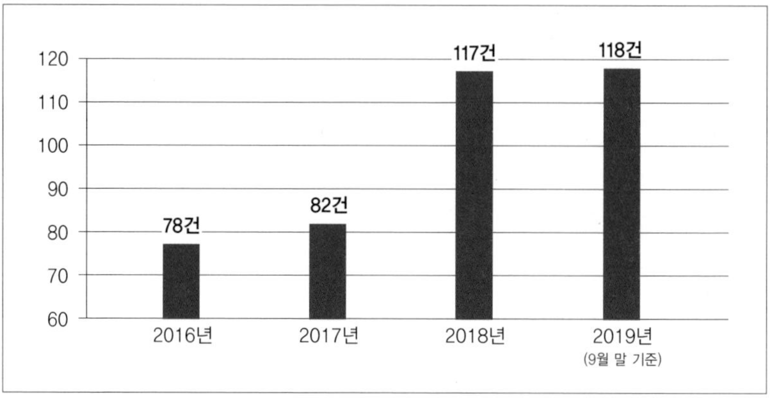

대건설 등 규모가 큰 메이저 건설업체들이 지식산업센터를 건설하는데 앞장서고 있습니다.

셋째, 지식산업센터의 대형화

최근 지식산업센터에서 가장 큰 화두는 앞서도 언급한 대형화입니다. 연면적 기준 5~8만 평 이상의 지식산업센터가 지역마다 속속 분양을 이어가고 있습니다.

대표적으로 동탄2신도시의 금강펜테리움IX타워(연면적 8만 8733평), 기흥ICT밸리(5만 9801평), 광명역GIDC(8만 1548평)가 있고, 가산현대지식산업센터(8만 평)가 분양을 앞두고 있습니다(2019년 11월 기준).

넷째, 다양한 상업시설의 입점과 복합화

지식산업센터의 규모가 커지면서 다양한 시설이 복합적으로 구성되고 있습니다. 지식산업센터 안에 스트리트몰, 기숙사, 영화관, 도서관 등 다양한 편의시설을 배치해 단순히 일만 하는 공간이 아닌, 지역 주민들도 함께 이용할 수 있는 공간으로 사용 범위를 확장하는 것입니다. 이로써 센터가 비는 평일 저녁이나 주말에도 유동인구를 확보할 수 있습니다.

다섯째, 섹션 오피스 및 소형 사무실의 증가

최근 1인 기업이 급증하는 추세입니다. 최저임금 인상에 따라 인건비가 상승했고, 52시간 근무제가 정착되면서 워라밸의 욕구가 강해진 영향입니다. 거기에 평생직장에 대한 개념까지 희박해졌죠. 이에 따라 기존부터 수요가 높던 20~50평대의 넓은 사무실뿐만 아니라 전용평수가 10평 수준인 소형 섹션 오피스에 대한 분양이 늘고 있습니다. 투자자 입장에서도 소형 사무실은 분양가가 1~2억 원 안팎이기에 투자금이

그림 4-33 지식산업센터 내 다양한 편의시설

적게 들고, 월세 수익을 얻기에도 좋은 투자처로 각광받고 있습니다.

2020년, 지식산업센터 유망 지역

앞으로 유망한 지역을 알기 위해서는 미래 가치를 분석할 수 있어야 합니다. 그렇다면 지식산업센터의 미래 가치란 무엇일까요? 크게 두 가지를 들 수 있습니다.

먼저, 교통 여건 개선입니다. 앞서도 살펴보았듯이 지하철역과의 접근성이 지식산업센터 매매가에 가장 큰 영향을 미칩니다. 즉, 지금은 지하철역이 없더라도 앞으로 지하철역이 생길 곳, 지금은 지하철역이 한 개지만 앞으로는 두 개가 될 곳을 주목해야 합니다.

다음으로는 주변 지역의 개발을 살펴야 합니다. 지금 당장은 주변 지역이 낙후돼 편의시설도 부족하지만, 앞으로의 개발에 따라 주변 부동산의 가치가 높아진다면 인접한 지식산업센터의 가치도 함께 올라갈 가능성이 큽니다.

이를 종합적으로 고려해 미래 가치가 있다고 판단되는 지역 몇 군데를 살펴보겠습니다.

첫째, 서울디지털산업단지(신안산선 구로디지털단지역·독산역)

신안산선은 경기도 안산에서 출발해 시흥, 광명을 거쳐 여의도까지 이어지는 총 43.6㎞의 복선전철입니다. 공사 기간은 착공 후 60개월, 총 사업비는 3조 3465만 원입니다. 2003년 처음 제안된 후 2018년 12월에 민간투자사업심의위원회의 의결을 거쳐 2019년 내 착공에 들어갈 예정입니다.

지금 시점에서 안산~여의도를 지하철로 오간다면 1시간 30분 정도 소요되지만, 신안산선이 개통하고 나면 30분 안에 도달할 수 있습니다. 안산에서 서울 중심부인 여의도까지 1시간 안에 출퇴근이 가능하고, 수도권 서남부권의 교통 환경도 더불어 개선돼 많은 사람의 관심을 받고 있습니다. 또한 신안산선을 통해 월곶 판교선, 대곡 소사선, 1호선, 2호선, 5호선, 9호선 등 서울·경기도의 많은 지하철(전철)과 노선이 연결되므로 수도권 주요 지역으로의 접근성도 좋아질 전망입니다.

지식산업센터와 관련해 주목해야 할 지하철역은 구로디지털단지역입니다. 현재는 2호선이지만 추후 더블역세권이 될 예정입니다. 구로디지털단지역 일대에는 지금도 지식산업센터가 몰려 있으므로 향후 신안산선 개통 시 역세권 주변의 가치가 크게 높아질 것으로 보입니다.

신안산선과 관련해 또 하나 주의 깊게 지켜볼 역이 있습니다. 바로 독산역입니다. 지하철 1호선 독산역은 서울디지털산업단지 3단지와 연결됩니다. 2호선과 7호선에 비해서는 그 가치가 좀 떨어지는 편입니다. 신안산선 독산역은 금천우체국 주변에 위치할 예정입니다. 1호선 독산역 역사와는 1*km* 정도 거리가 있습니다. 구로차량기지가 소음에 의한 주민 민원으로 이전이 결정되면서, 이 지역에 상업·업무시설이 들어선다는 계획이 발표됐습니다. 구로차량기지와 인접해 있는 서울디지털 3단지의 경우, 구로차량기지가 이전하면 그 가치가 동시에 올라갈 것으로 전망됩니다.

둘째, 성남일반산업단지(성남1호선)

경기도는 2019년 3월에 도시철도망 9개 노선을 언급하며 2019년 내 정부에서 그 계획을 확정 고시할 예정이라고 발표했습니다. 그중 성남일반산업단지와 연계해서 주목할 노선이 바로 성남1호선입니다. 그동안 성남일반산업단지의 지식산업센터는 교통이 불편해서 다른 곳보다 저평가돼 있었습니다. 오직 버스로만 출퇴근할 수 있는 지역이기 때문입니다.

하지만 호재가 찾아왔습니다. 성남산업단지에 2개의 트램역이 개발을 앞두고 있으며, 산업단지 입구 쪽과 중간에 역이 들어설 계획입니다. 구체적인 시기가 확정돼 본격적으로 역사가 생긴다면, 성남산업단지에 있는 수많은 지식산업센터의 가치도 함께 올라갈 것입니다.

셋째, 동탄테크노밸리

동탄테크노밸리에는 2018년부터 약 20여 개의 지식산업센터가 계속해서 지어지고 있습니다. 지금은 입주 물량에 대한 부담과 불편한 교통으로 공실이 많은 상태입니다. 그러나 앞으로 GTX와 동탄트램 등 교통편이 크게 개선될 여지가 있어 전망은 아주 밝습니다. GTX A노선 동탄역은 동탄테크노밸리와 1㎞ 거리에 위치할 예정이며, 개통되고 나면 삼성역까지 20분 만에 갈 수 있습니다. GTX A노선 동탄역과 연계되는 동탄트램의 경우, 동탄역에서 동탄테크노밸리 내 지식산업센터까지를 연결해줍니다. 개통되고 나면 동탄역~동탄테크노밸리를 10분 안에 오갈 수 있습니다.

지금까지 지식산업센터와 미래의 교통 변화를 살펴보았습니다. 앞으로 새로운 역사가 들어서는 곳에서는 지식산업센터의 가치가 한 단계 상승할 전망입니다. 하지만 꼭 명심해야 할 점이 있습니다. 철도가 개통되기까지는 상당한 시간이 소요되므로, 계획안만 확인하고 덜컥 뛰어들어서는 안 됩니다. 그 계획이 언제쯤 실행될 것인지 명확히 확인하는 작업이 반드시 필요합니다.

전희영(지원서원아빠)

부동산법인 ㈜비전세움의 대표이자, 쉐어하우스 '메이트'의 공동대표다. 2014년 부동산 투자를 시작한 이후 경공매를 기반으로 주거용 부동산 투자뿐만 아니라 지식산업센터, 쉐어하우스, 쉐어오피스 등 여러 분야에서 실전 투자자로 활동하고 있다. 또한 부동산 분야의 폭넓은 실전 투자 경험을 바탕으로 많은 사람에게 경제적 자유와 부동산을 통한 노후 준비를 돕고자 부동산 투자 블로그를 운영 중이며, 여러 분야의 실전 부동산 강의를 진행하고 있다.

PART5
토지
– 시루

2020년,

토지의 금맥은

서쪽으로 흐른다!

2019년을 돌아보며

규제의 총애를 피하는 곳이 투자의 답이다!

문재인 정부가 들어선 지 2년이 지났다. 그간 아파트값이 높이 치솟자 정부에서는 각종 규제책을 내놓았다. 그 내용을 잠시 들여다보자.

첫째, 다주택자의 양도소득세를 중과한다. 주택을 두 채 이상 보유한 사람이 조정대상지역 이상에서 주택을 팔면 기존의 양도소득세에 추가로 10%의 세금을 더 내도록 제도를 개편한 것이다. 만약 주택이 세 채 이상된다면 추가로 20%의 양도소득세를 더 내야 한다.

둘째, 1세대 1주택 비과세 요건을 강화했다. 1세대 1주택 비과세는 1세대가 1주택만 보유한 경우 그 주택을 팔더라도 양도소득세를 물지 않는 제도다(자세한 내용은 파트 6 참고). 그런데 정부는 조정대상지역에 한해 거주를 해야 한다는 요건을 추가했고, 이를 2017년 8월 3일부터 취득하는 주택에 적용했다. 발표일이 2017년 8월 2일이었다는 걸 참작하면 시장 상황이 얼마나 급박했는지를 알 수 있다.

셋째, 분양권을 전매할 때 양도소득세를 강화했다. 분양권 전매는 분양권을 가진 사람이 입주 전 그 지위를 다른 사람에게 팔아넘기는 것을 말한다. 그런데 조정대상지역에서는 주택을 보유한 기간에 관계없이 분양권을 전매할 때 양도소득세 과세를 50% 적용받기 시작했다. 2018년 1월 1일부터 시행된 규제다.

이뿐만이 아니었다. 투기지역에서는 주택담보대출 건수를 가구당 한 건으로 제한하고, LTV·DTI 요건을 강화했다. 또한 다주택자에게 임대주택 등록을 유도하는 한편, 투기과열지구 이상에서는 거래가액이 3억 원을 넘을 때 자금조달계획서를 제출하도록 했다.

물론 이런 강경책이 초반에는 잘 통한다. 하지만 정책이라는 게 시장의 거센 흐름을 억지로 내림세로 반전시키지는 못한다. 항상 정책이 나온 직후에 시장은 일순간 잠잠해지지만, 몇 달 만에 다시 오름세를 반복하곤 한다. 심지어 이때는 규제를 내놓기 전보다 가격이 더 크게 오르기도 한다. 그래서인지 정부는 2018년 9월 또다시 강력한 규제책을 내놓았다. '투기수요 근절', '맞춤형 대책', '실수요자 보호'가 3대 키워드인 9·13대책이다. 주택을 한 채 이상 소유한 사람이 조정대상지역에서 새로 취득한 주택을 임대로 등록하면 양도소득세가 중과되고, 종합부동산세를 합산과세한다는 내용을 포함한다. 주택임대사업자에게 제공하던 혜택이 너무도 과하다는 여론에 따른 방침이었다.

이 외에도 더 많은 규제가 있지만 이 정도만 얘기해도 좋겠다. 이 조치들이 얼마나 강력했는지는 충분히 눈치챘을 테니 말이다. 그런데 이 정책들을 한번 찬찬히 살펴보자. 지금까지 나열한 규제책에서 토지를 규제하는 정책을 찾았는가?

이번 정부가 들어서고 생긴 규제는 모두 주택을 향해 있었다. 토지를 규제하는 정책은 단 한 건도 없었다. 이 말은 곧, 토지 시장만큼은 아직 규제가 미치지 않는 청정 지역이라는 뜻이다.

그림 5-1 연도별·분기별 지가변동률

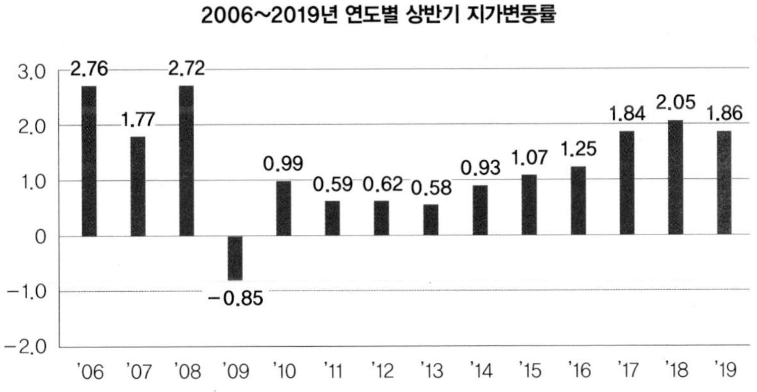

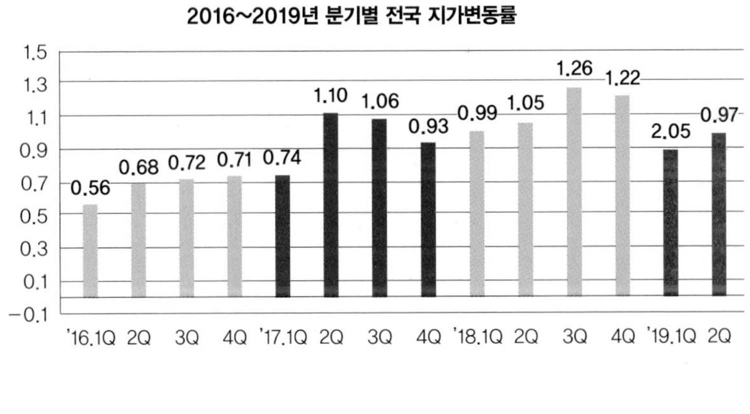

그림 5-2 2019년 상반기 시도별 지가변동률 주요 상승 지역

시도	시군구	변동률(%)	주요 변동 사유
서울	영등포구	2.73	영등포 역사 개발로 투자 수요 증가, 신길뉴타운 개발로 수요 지속
	성동구	2.64	카페 거리 수요 지속, 인근 토지(공장지대)에 대한 투자 수요 확대
부산	동래구	2.76	안락1구역 재건축 인근 개발로 수요 지속, e편한세상동래명장1단지 입주 도래
	해운대구	2.72	우3동 재개발 구역 진행, '부산판 경리단길' 등 해운대 상권 확장
대구	수성구	3.05	만촌동 등 도심주택 재개발 진행, 학군 지역 주택 수요 증가
	중구	2.76	지역 재개발에 따른 수요 지속, 태평로2가 대규모 투자 수요
인천	계양구	2.59	계양테크노밸리 3기 신도시로 지정, 인접 지역 투자 수요 증가
	서구	2.03	경인고속도로 지하화, 2020년 7호선 석남역 개통에 따른 투자 수요 증가
광주	동구	2.90	용산지구 개발 사업 시행, 남구 봉선동과 통하는 도로 개설로 인구 유입 증가
	서구	2.63	골드클래스 부지 매입, 시 외곽 지역 개발 가능한 토지 수요 지속
대전	유성구	1.82	도안신도시2·3 개발 예정, 신규 택지개발지구 수요 증가
	서구	1.72	도마변동8구역 사업 진척, 복수2구역 재개발 사업 기대감 증가
울산	북구	0.87	진장·명촌지구 주상용 신축, 강동골프장 개발로 인근 농경지 수요 증가
	중구	0.86	환경 개선 이슈로 상업용 부동산 수요 증가, 재개발 사업 진척 기대감
세종	세종시	2.66	행복도시 내 단독주택지 수요 증가, 세종벤처밸리 등 산업단지 인근 투자 수요 증가

시도	시군구	변동률(%)	주요 변동 사유
경기	용인 처인구	3.73	2019년 2월 SK하이닉스반도체단지 지정, 용인테크노밸리 인근 투자 수요 증가
	하남시	3.21	교산지구(3기 신도시) 인접 지역 수요 증가, 3호선 연장 추진에 따른 투자 수요 증가
강원	고성군	1.85	DMZ 평화둘레길 시범 개방, 휴전선 접경지역 개발 기대감
	원주시	1.66	여주~원주 철도 복선화, 혁신도시 성숙에 따른 인근 투자 수요 활성화
충북	청주 흥덕구	1.64	청주테크노폴리스 개발 사업 보상 진행, 인근 지역 개발 기대감
	청주 청원구	1.48	밀레니엄타운 개발, 에어로폴리스 2지구 보상에 따른 대토 수요 증가
충남	공주시	1.13	연무읍 국가산업단지 조성, KTX 공주역 활성 기대감에 인근 투자 수요 증가
	금산군	1.10	대둔산 자연휴양림 카페·펜션 수요 증가, 전용 가능 농경지 투자 수요 증가
전북	고창군	1.90	복분자농공단지 완공 인구 유입, 웰파크시티 인근 상업용 수요 증가
	익산시	1.90	홀로그램콘텐츠서비스센터 건립, 완주테크노밸리 조성 개발 기대감
전남	나주시	2.66	2019년 1월 한전공대 유치 확정, 혁신도시 성숙도 증가로 개발 기대감
	장성군	2.49	광주 배후 산업도시 대체지, 심혈관센터 후보지 등 개발 기대감
경북	울릉군	2.83	2019년 3월 울릉일주도로 완전 개통에 따른 숙박 등 상업용 전용 가능한 농경지 수요 지속
	경산시	1.90	펜타힐즈푸르지오 입주 등 중산동 일대 지속 개발로 인근 지역 수요 증대

시도	시군구	변동률(%)	주요 변동 사유
경남	남해군	1.76	바다케이블카사업 등 개발 사업, 관광지 인근 펜션 부지 수요 증가
	밀양시	1.61	밀양농어촌휴양단지 조성 기대감, 부북공공주택지구 사업 진행 등
제주	제주시	0.33	화북상업지역 개발 진행, 제주 제2공항 건설 기대감
	서귀포시	0.23	제주 제2공항 기본계획 착수로 성산읍 인근 지역 개발 기대감

국토교통부가 2019년 7월 발표한 '2019년 상반기 전국 지가'는 전년 대비 1.86% 상승한 반면, 비슷한 시기 KB부동산이 발표한 '2019년 상반기 아파트 매매가격'을 보면 같은 기간에 0.95% 하락했다. 특히 2013년 상반기 이후 아파트 가격이 6년 만에 내림세로 돌아섰다.

그림 5-3으로 비교해보자. 막대그래프로 나타낸 물가에 비해 토지 가격은 위쪽에, 아파트 가격은 아래쪽에 형성돼 있다. 이미 오래전부터 토지 가격은 항상 물가보다 많이 올랐고, 이런 추세는 앞으로도 지속될 전망이다. 정책이나 물량 등에 따라 주택 시장은 등락의 폭이 크지만 토지 시장은 그렇지 않다. 한번 오른 지가는 쉽게 떨어지지 않기 때문이다.

토지는 규제 정책이 잘 나오지도 않을뿐더러, 공급을 마음대로 조절할 수 없는 유한한 자원이다. 그렇다면 그 밖에 또 토지 시장에 영향을

그림 5-3 토지가·아파트값·소비자물가 비교(출처: 통계청, 국토교통부, KB부동산)

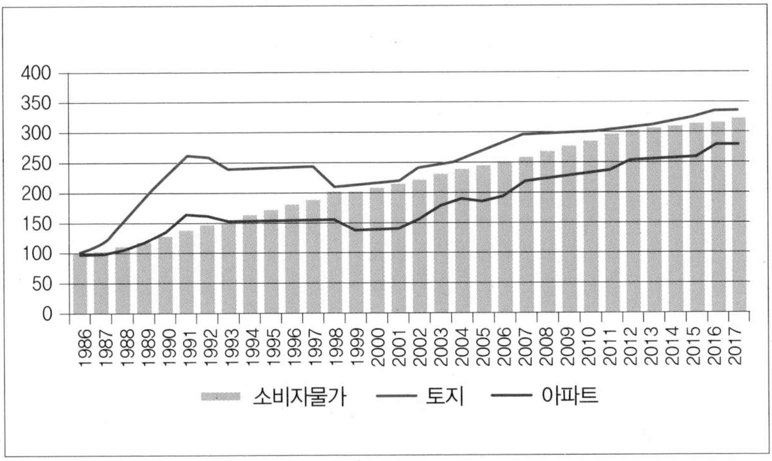

미치는 요인은 무엇일까? 다음 장부터 테마로 선정한 키워드를 따라가 보자. 결론부터 말하면 2020년 토지 시장은 밝다.

THEME 1

2020년 서해안에 관심을 가져야 할 이유

토지만의 특성이 있다. 첫째, 토지는 위치가 고정돼 있다. 지금 내가 밟고 있는 이 땅을 똑 떼어 다른 데로 옮겨 붙일 수 없다. 둘째, 토지는 늘어나지 않는다. 우리나라 전체 면적은 100,210㎢로 한정돼 있다. 그러니까 주택처럼 필요하다고 해서 더 공급할 수 있는 개념이 아니다. 셋째, 토지는 개별적이다. 모양, 토질, 위치 등이 모두 다르다. 인접한 토지끼리는 비슷한 속성을 갖기도 하지만, 도로에 접해 있는지, 어떤 모양으로 생겼는지 등에 따라 분명히 차이가 있다. 완전히 똑같은 속성을 띨 수는 없다는 말이다. 넷째, 토지는 오래간다. 거의 무한정으로 존재한다. 건물은 시간이 지날수록 감가상각 되지만, 토지는 시간이 지나도 그 가치가 떨어지지 않는다.

이런 네 가지 특성 덕분에 토지는 가격이 떨어지지 않는다. 통계가 존재하는 지난 50년 동안 그러했고 앞으로도 그럴 것이다. 그래서 조금이라도 빨리 투자하는 게 수익을 올리는 가장 손쉬운 방법이다.

그렇다고 아무 땅에나 무작정 투자할 수는 없다. 토지에 투자할 때 중요한 점은 무엇일까? 막연하게 토지에 투자한다고 하면 어렵고 큰돈이 들 것 같은 느낌이 든다. 하지만 토지에 투자할 때는 다음 두 가지만 기억하면 된다. 바로 인구와 도로다.

인구가 새로 유입되거나 느는 지역은 토지 가격이 오른다. 우리나라에서 10년간 인구가 가장 많이 증가한 지역은 용인이다. 특히 최근에 인구 100만 명을 넘어섰다. 그렇다면 앞으로 10년 뒤 인구가 가장 많이 증가할 곳은 어디일까? 답은 화성이다. 이 밖에도 평택, 세종, 제주 등을 눈여겨볼 만하다. 이렇게 인구가 늘어날 지역에 관심을 두는 것이 첫 번째 핵심 포인트다.

도로는 어떨까? 도로가 뚫리는 곳은 토지 가격이 오를 수밖에 없다. 해당 지역으로의 접근성이 높아지기 때문이다. 여수도 그중 한 곳이었다. 여수는 지난 2012년 여수세계박람회라는 국제 행사를 치르며 도로 정비에 힘썼다. 도로가 굉장히 구불구불해 사고가 잦던 순천~여수 구간을 자동차 전용도로로 만들면서 접근성이 좋아진 것은 물론, 교통사고 발생률까지 줄어들었다. 서울을 오가는 철도 편도 새로 생겼는데, 2015년 운행을 시작한 KTX가 용산에서 여수까지 2시간 42분 만에 데려다준다. 아침에 기차를 타고 여수로 내려가 오동도와 해상케이블카, 박람회장, 향일암 등을 거쳐 여수 밤바다를 둘러보고 올라오는 일정이 가능해진 셈이다(버스커버스커의 노래 「여수 밤바다」도 인기에 한몫했다). 당연히 여수의 토지 가격은 많이 올랐다.

거대한 교통 호재라는 서해안의 상승 동력

우리나라는 가공무역을 주로 한다. 외국에서 재료를 수입해 제품으로 가공한 뒤 다시 수출하는 방식이다. 경제 성장기인 1970~1980년대에는 미국, 일본과 자주 교역하며 부산, 울산, 포항 등이 항구도시로 발달했다. 하지만 시간이 흐르면서 서서히 변화가 찾아왔다. 중국이 우리나라의 최대 교역국으로 부상한 것이다. 우리나라는 1992년에 중국과 수교를 맺고, 1990년부터 2001년까지 장장 11년간 서해안고속도로를 건설하며 중국과의 무역 기반을 다져나갔다. 중국은 앞으로도 크게 성장할 여지가 크다. 이런 조건 아래 서해안은 동북아 물류의 중심지로 발전할 가능성이 높다. 평택항, 당진항, 군산항, 목포항이 그 거점이 될 것이다.

정부 역시 이런 상황을 인식하고 이를 국토종합계획에 반영했다. 요컨대 서해안을 '신산업벨트'로 지정해서 관리하는 식이다. 삼성전자가 평택으로, LG전자가 파주로 이전하는 것도 이와 관련이 있는 행보다.

교통망은 더욱더 촘촘해진다. 그 첫 번째가 바로 평택-익산고속도로 민간투자사업이다. 다르게는 서부내륙고속도로, 제2서해안고속도로라고도 불린다. 전라북도 익산시 왕궁면과 경기도 평택시 포승읍을 잇는 총 길이 137.7㎞의 도로가 건설된다. 1단계인 평택~부여 구간은 2019년 하반기에 착공해 2024년 완공할 계획이며, 2단계인 부여~익산 구간은 2029년에 착공해 2034년 완공될 예정이다. 마침내 모든 구간이 완공되고 나면 충청도와 호남 내륙의 지역 발전을 견인하는 도로가 되어줄 것이다. 아울러 서해안고속도로의 고질적인 정체 현상도 해소될

그림 5-4 국토종합계획에 따른 '초광역개발권' 프로젝트(출처: 국토교통부)

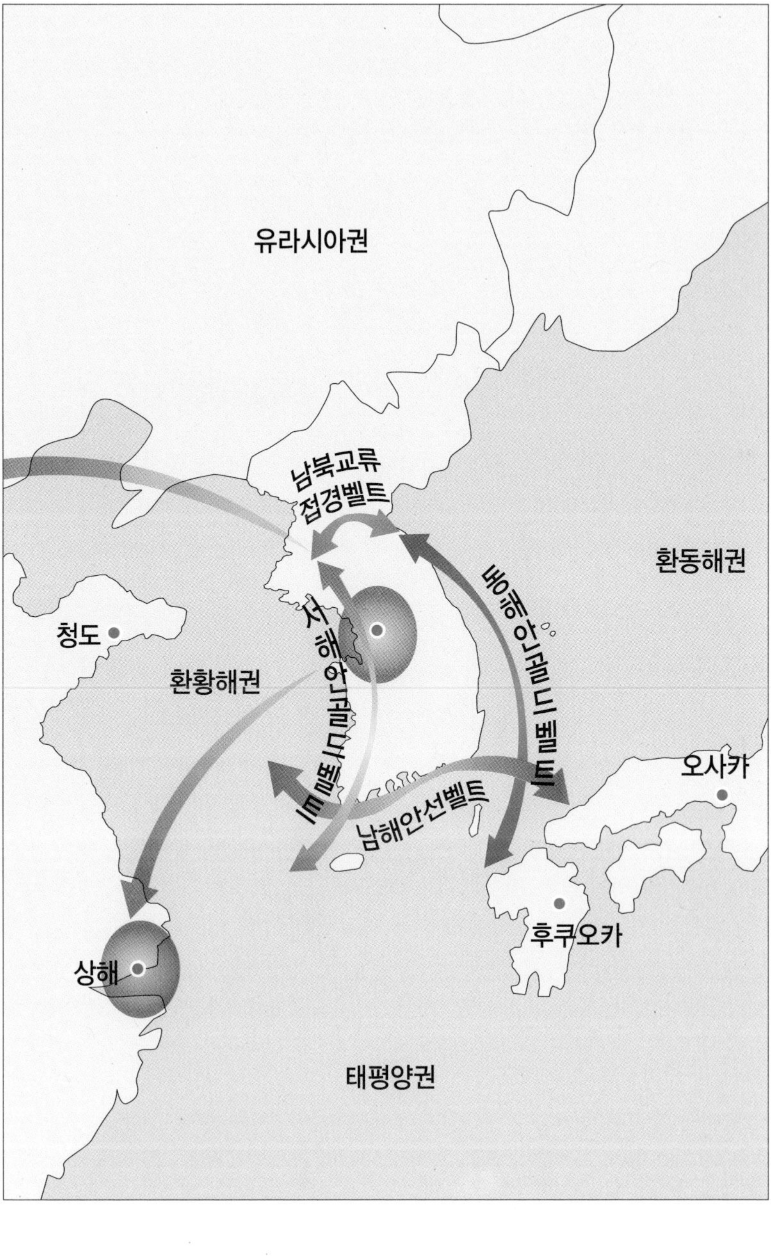

그림 5-5 평택-익산고속도로 민간투자사업(출처: 국토교통부)

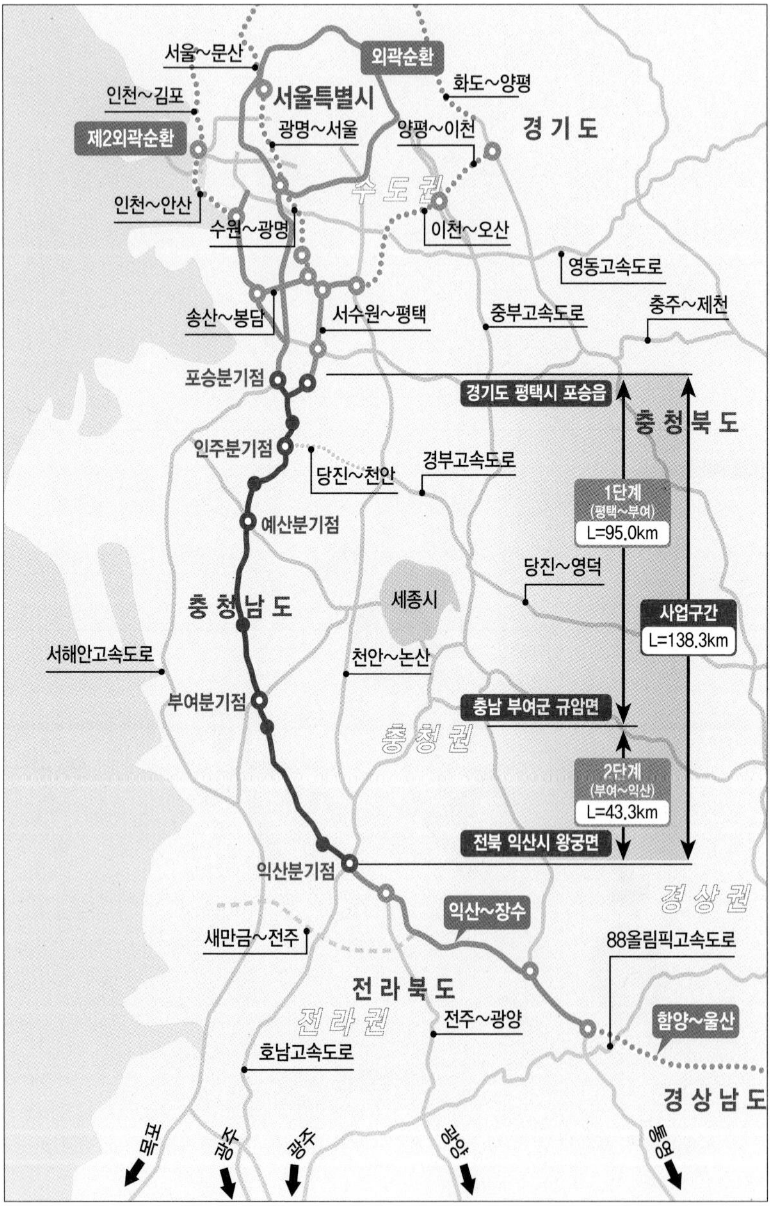

전망이다. 다만 환경영향평가 협의 결과에 따라 일부 사업비가 증액될 여지가 있어, 사업 기간은 조금 더 연장될 수 있다.

두 번째 교통망 이슈는 서울-세종고속도로 건설이다. 정확한 명칭은 세종-포천고속도로지만, 구리~포천 구간은 이미 2017년 6월에 개통을 마쳤으니 우리는 편의상 서울-세종고속도로라고 부르겠다(이 구간은 제

그림 5-6 서울-세종고속도로 사업(출처: 국토교통부)

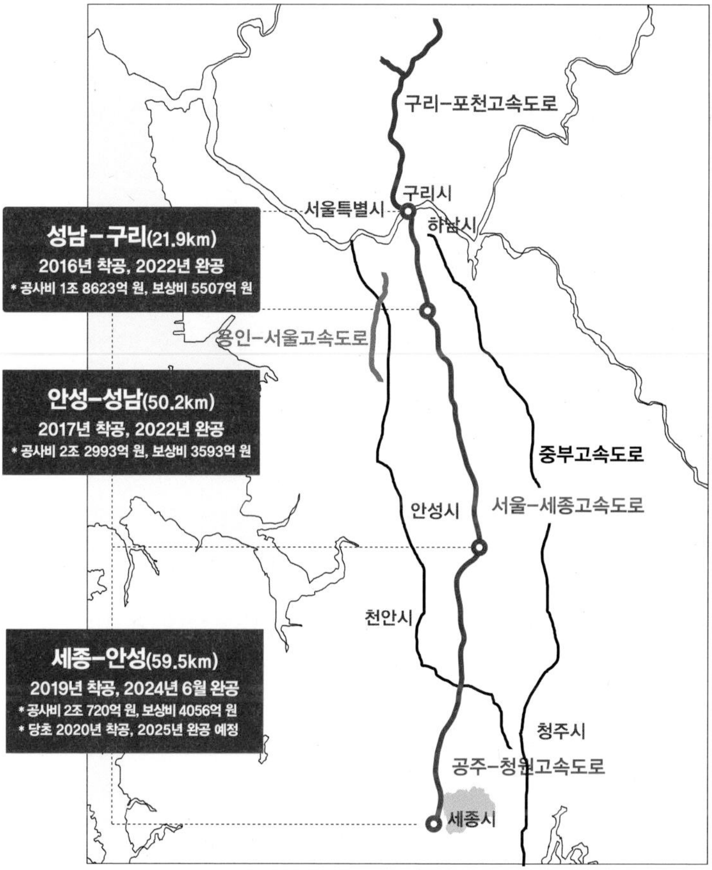

2경부고속도로라고도 불린다). 서울-세종고속도로는 총 2단계로 나눠 공사가 진행된다. 1단계가 총 72.6㎞인 서울~안성 구간이며, 2단계는 58㎞의 안성~세종 구간이다. 1단계 사업은 2016년에 착공해 2022년에 완공을 목표로 하고, 2단계 사업은 2024년 6월에 완공하는 게 목표다.

정부는 2018년 12월 17일 '예비타당성조사 면제 사업'을 발표하면서 서울-세종고속도로 2단계 구간을 여기에 포함시켰다. 따라서 빠르면 2019년 말이나 2020년 초에 조기 착공될 것으로 보인다. 모든 구간이 완공되고 나면 서울에서 세종까지는 1시간 10분이면 주파할 수 있다. 제한속도도 서울~용인은 시속 120㎞, 용인~세종은 시속 140㎞여서 우리나라에서 제일 빠른 도로가 될 전망이다. 이로써 행정수도로서 세종시의 완성도를 기대해볼 수 있다.

세 번째 호재는 서해안 철도 사업이다. 서해안에는 이미 건설하고 있거나 건설을 계획 중인 길고 짧은 노선이 몇 개 있다. 하나씩 살펴보자.

먼저 대곡-소사선이다. 경기도 고양 대곡역에서 부천 소사역까지 19.6㎞를 연결한다. 2016년에 착공해 2021년 개통할 예정이다. 그 아래로 소사-원시선이 이어진다. 부천 소사역에서 안산 원시역까지 23.3㎞를 연결한다. 2018년 6월에 이미 개통을 마친 노선으로, 자동차로 1시간 30분 거리를 33분으로 단축시켰다. 다음은 가장 긴 서해선 복선전철이다. 경기도 송산에서 충남 홍성까지 약 90㎞를 잇는다. 2020년에 개통을 앞두고 있으나 다소 지연될 여지도 있다. 이 노선이 완공되면 홍성에서 서울까지 1시간 안에 이동할 수 있다.

기존에 있던 노선을 더 발전시키려는 계획도 있다. 1931년부터 천안, 아산, 예산, 홍성, 보령, 서천 등 충남 주요 도시를 관통하며 '충남의 발'

그림 5-7 서해선의 철도 사업(출처: 국토교통부)

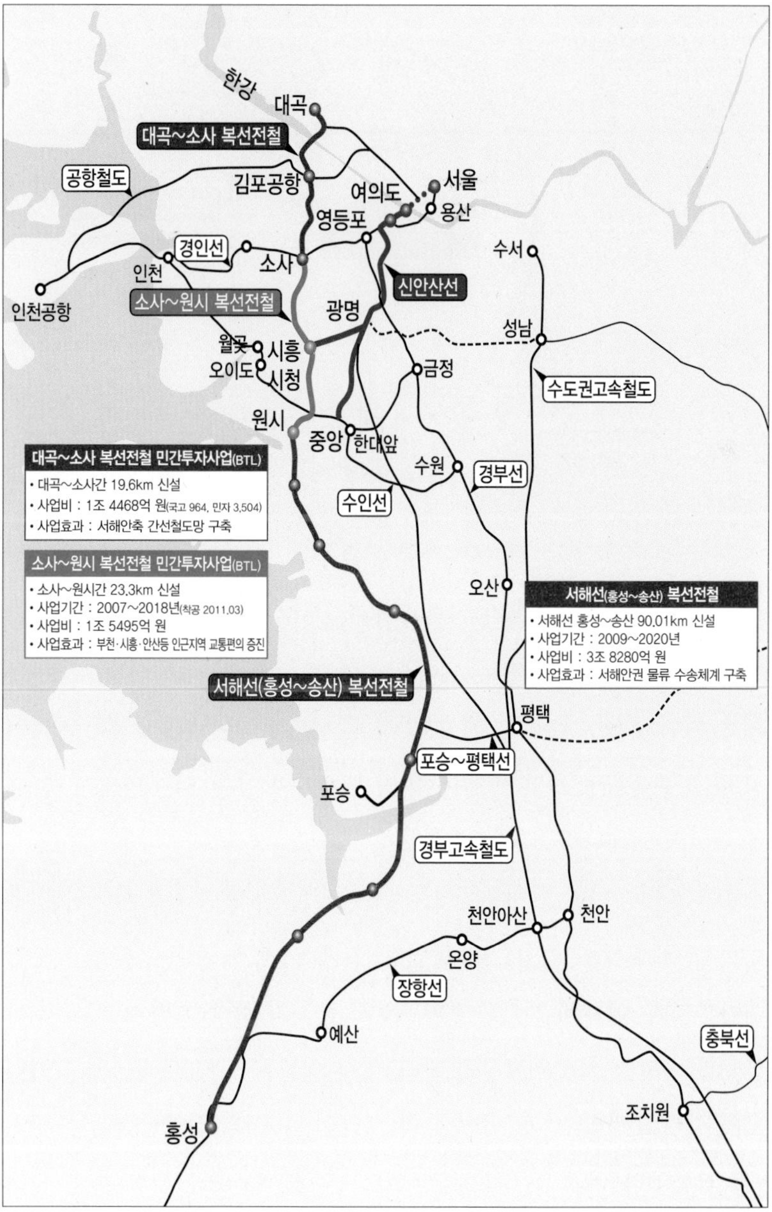

그림 5-8 장항선복선전철화사업(출처: 국토교통부)

로 통하던 장항선이 복선전철화사업에 들어간다. 시속 70km 이하로 움직이던 노선을 고속화하는 사업으로, 2017년 11월 예비타당성조사를 통과했다. 2022년 준공을 목표로 하며, 사업이 완성되고 나면 6584억 원의 생산 유발 효과와 2737억 원의 부가가치 창출, 5436명의 고용 유발 효과가 기대된다.

지금까지 이야기한 철도가 모두 완공되는 시점이 오면 서해안은 거대한 하나의 철도 라인으로 묶인다. 크게 보자면 고양 대곡에서 군산 대야까지다. 여기에 서해안고속도로가 든든하게 축을 받치면서 그 파급효과는 엄청날 것으로 예상된다. 이 외에도 수도권에서는 서울 여의도와 경기도 광명, 시흥, 안산을 잇는 시속 110km의 신안산선이 2019년 9월 착공했다. 개통을 목표로 한 2024년이면 여의도~안산 25분 시대가 열린다. 2021년 시흥~판교를 연결하는 월곶-판교선까지 착공하면 서해안 복선전철라인과 신안산선이 이어져 파급력은 더 거세질 것으로 보인다.

물론 모든 연결고리가 촘촘하게 완성되기까지는 많은 시간이 필요하다. 하지만 사업이 진행될수록, 시간이 흐를수록, 서해안의 토지 가격은 상승할 일밖에 없다. 우리는 다가올 서해안의 시대를 맞아 어떤 준비를 해야 할까? 우선 자신의 자금 사정부터 돌아보자. 토지는 장기적인 관점에서 투자하는 게 가장 좋다. 무리한 투자는 금물이다. 자금 사정에 따라 예산을 세우고, 그 예산에 맞춰 우직하게 투자하면 된다. 서해안의 토지 가격은 정직하다. 서울을 기준으로 아래로 내려갈수록 더 저렴해진다. 따라서 경제적 여력에 따라 위쪽으로는 경기도 서북부부터 아래로는 전라남도까지 수많은 선택지 중에 하나를 고르면 된다.

가장 추천하는 방법은 경매나 공매다. 5000만 원 이하의 소액으로 비교적 저렴하게 토지를 취득할 수 있다. 일반매매를 하면 이렇게 소액으로는 살 만한 물건을 찾기가 힘들지만, 경매나 공매로는 아직 소액 투자할 물건이 많이 남아 있다. 중개 수수료가 얼마 되지 않아 부동산 사무실에서는 관심조차 두지 않는 물건들 말이다.

좋은 사례가 있다. 그림 5-9는 충남 당진에 소재한 물건이다. 실거래 사례를 지도에서 보여주는 '밸류맵'(www.valueupmap.com)을 통해 주변 내역을 살펴보자. 이 일대 토지는 2013년 12월에 3.3㎡당 23만 원, 2014년 3월에 3.3㎡당 20만 원에 거래됐다. 그림 5-9는 2018년 8월에 3.3㎡당 14만 원으로 낙찰됐으니, 주변 시세보다 30% 정도 싸게 받은 셈이다. 이렇듯 서해안에 생길 호재를 주의 깊게 추적하면서 경매나 공매로 조

그림 5-9 충남 당진의 토지 경매 사례(출처: 탱크옥션)

TANK AUCTION 탱크옥션

관심등록 | 법원정보 | 내용인쇄

관련물건번호	1 낙찰	2 낙찰	3 낙찰	4 낙찰

2017타경[redacted] 대전지방법원 서산지원 4계(041-660-0694) 매각기일 2018.08.14 화(10:00)

← 이전 | 목록 | 다음 →

소재지	충청남도 당진시 송산면 무수리 [redacted] 지도보기 도로명주소검색				
물건종별	농지	개시결정	2017-12-20	사건명	임의경매
토지면적	1264.6㎡ (382.5평)	소유자	[redacted]	감정가	65,759,200
건물면적		채무자	[redacted]	최저가	(49%) 32,222,000
매각물건	토지 매각	채권자	[redacted]	보증금	(10%) 3,230,000

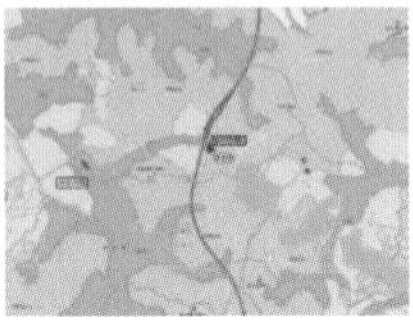

[입찰진행내용]

구분	입찰기일	최저매각가격	결과
1차	2018-05-29	65,759,200원	유찰
2차	2018-07-03	46,031,000원	유찰
3차	2018-08-14	32,222,000원	

낙찰 : 53,870,000원 (81.92%)

(입찰8명,낙찰: [redacted]

매각결정기일 : 2018.08.21 - 매각허가결정

대금지급기한 : 2018.09.28

대금납부 2018.09.12 / 배당기일 2019.01.24

배당종결 2019.01.24

금씩 투자에 관심을 기울여보자. 토지는 어느새 시간을 먹고 자라, 기특한 효자 노릇을 톡톡히 해줄 것이다.

THEME 2

투자의 나침반, 2020년 제5차 국토종합계획

토지 투자의 큰 틀은 국토종합계획이다. 이를 꿰고 있어야 어디가 뜨고 지는지를 구체적으로 파악해 액션 플랜을 세울 수 있다.

그림 5-10 우리나라 국토개발계획 체계(출처: 국토교통부)

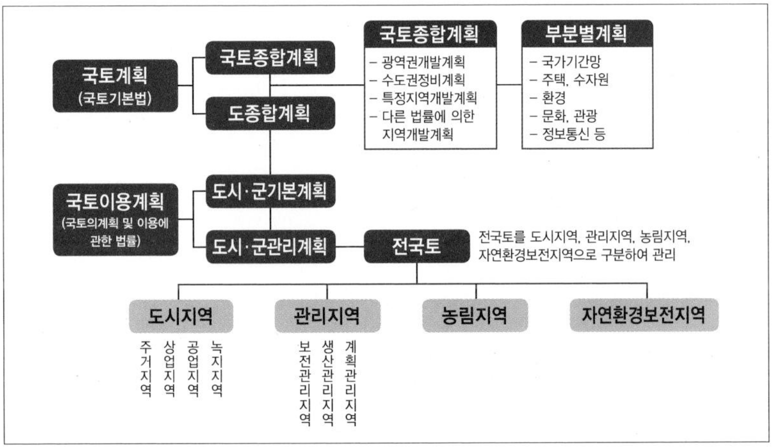

그림 5-10은 우리나라 국토개발계획의 체계를 보여준다. 제일 상위의 개념에는 국토종합계획이 있다. 헌법과 「국토기본법」을 근거로 도 단위 종합계획과 도시기본계획을 세울 때 토대가 된다. 이 중 도시기본계획은 20년을 기준(5년마다 재검토)으로 장기적인 발전 방향을 다룬다. 도시를 물적·공간적 측면뿐만 아니라 환경적·사회적·경제적 관점으로 두루 살펴보면서 주민들의 삶의 질을 개선시키려는 목적을 갖고 있다. 도시관리계획은 이보다 하위 개념이다. 도시기본계획의 장기적인 발전 방향을 구체화하고 실현시키는 10년 단위(역시 5년마다 재검토)의 중기 계획이다. 예컨대 국토종합계획이 제시한 틀로 경기도의 종합계획을 세우고, 이를 바탕으로 화성시 도시기본계획이나 평택시 도시기본계획과 같은 세부 행정단위의 도시계획을 수립하는 것이다.

그림 5-11 국토종합계획 연혁(위)과 1인당 실질국민소득(출처: 국토교통부, 단위: 만 원)

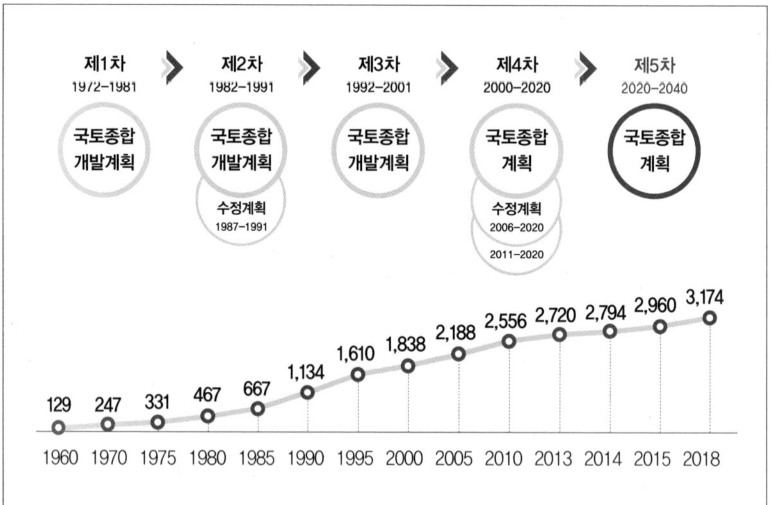

그렇다면 유독 2020년의 테마로 국토종합계획을 강조하는 이유는 무엇일까? 2020년이 바로 제5차 국토종합계획이 시작되는 해이기 때문이다. 2020년부터 2040년까지 무려 20년간의 우리나라 국토 전체의 윤곽을 그린다. 이 시기에 어떤 계획이 만들어지느냐에 따라 향후 발전 가능성이 있는 지역을 점칠 수 있다는 게 핵심이다.

이번 제5차 국토종합계획의 큰 틀은 '메가트렌드에 따른 새로운 국토 이슈'다. 저출산·고령화로 2040년에는 전체 지역의 약 52.9%에서 인구가 감소할 전망이다. 과거 산업화 시대에 집중적으로 건설된 사회기반시설은 급격히 노후화될 가능성이 크고, 미세먼지와 방사능 유해물질 등 새로운 환경·기후 문제가 삶에 심각한 영향을 미칠 정도로 대두되고 있다. 반면 초고속화·무인화·초연결화·초지능화로 대표되는 첨단 기술은 국민의 생활과 국토 관리 방식에도 새바람을 일으킬 전망이다. 마지막으로 삶의 질을 향상시키기 위한 국민의 열망이 다양한 도시 개발 계획을 이끌어나갈 것으로 보인다.

정부는 이 같은 현실을 계획안에 반영했다. 그렇게 세워진 5대 전략은 다음과 같다.

1. 개성과 경쟁력을 갖춘 '균형 국토' 만들기

2. 편안하고 안전한 '생활 국토' 만들기

3. 아름답고 지속 가능한 '매력 국토' 만들기

4. 편리하고 스마트한 '첨단 국토' 만들기

5. 세계와 함께 번영하는 '평화 국토' 만들기

자, 그렇다면 세부 시도별로 어떤 호재가 우리를 기다리고 있을까? 또 어떤 위험이 도사리고 있을까? 주요 광역시가 발표한 개발계획에서 의미 있는 내용만 추려보자. 다소 원론적인 내용에 가깝기는 하지만, 머지않아 훌륭한 투자의 씨앗이 되어줄 것이다.

그림 5-12 서울 주요 계획 과제

서울	서울역을 중심으로 한 유라시아 철도 연결
	거점별 신산업 중심의 투자
	구로·가산디지털산업단지의 산업집적 촉진과 준공업지역 관리
	준공업지역 총량 관리 재고 필요
	재건축 등 정비사업 전체 과정의 책임 관리
	미집행 시설 공원을 도시자연공원구역으로 지정하여 기능 유지
	주택 호수 100호, 1헥타르당 호수밀도 20호 이상의 집단 취락, 임대주택 건립 용도, 추모공원 조성 목적 등 공익성에 부합할 때 제한적으로 개발제한구역을 해제하여 공영 개발
	역세권 중심의 다핵도시공간구조 형성과 균형 발전
	2030 서울 플랜의 '3도심, 7광역 중심, 12지역 중심'으로 다핵의 기능적 체계 강조
	도시재생과 시민 주거권 신장

먼저 서울이다. 서울역을 중심으로 유라시아 철도를 연결한다고 한다. 유라시아 철도가 무엇인가? 시베리아를 거쳐 유럽까지 이어지는 무려 1만km 길이의 철도다. 그 철도가 서울역에서 출발한다는 데는 충분히 의미를 둬도 좋다. 물론 먼 훗날의 이야기지만 현실이 되고 나면 서울역 주변은 더 좋아질 수밖에 없다. 지금도 서울역 주변으로는 개발

계획 소식이 많다. 대표적인 것이 서울역 북부의 유휴 부지를 복합상업 시설로 개발한다는 계획이다. 사업비만 1조 4000억 원에 이르는 대형 프로젝트다. 우선 협상자로 2019년 7월 한화종합화학 컨소시엄이 선정되는 단계에까지 왔다.

하지만 그 밖의 개발제한구역 해제와 관련해서는 귀를 닫고 있는 게 좋다. 선불리 먹다가는 체하기 십상이다. 우선 개발제한구역 해제는 그 지역에 주택 밀도가 높거나 추진하려는 사업이 공익 목적에 부합할 때에만 진행될 수 있다. 바꿔 말하면 개발이 시행되기 위한 기준선도 높고, 막상 개발이 되더라도 공익 목적에 한하기 때문에 투자 수익성을 기대하기가 쉽지 않은 구조라는 것이다. 따라서 '개발제한구역 해제'라는 그럴듯한 소문에 휘둘려 '언젠가는 해제되겠지'라는 기대는 애초에 접어두라고 말하고 싶다. 그 생각이 영영 현실이 되지 못하는 경우를 숱하게 봐왔고, 설사 해제가 된다고 하더라도 공익사업으로 수용돼 만족할 만한 보상금을 받지 못하는 경우가 많다. 초보 투자자일수록 되도록 개발제한구역은 처음부터 투자 대상에서 제외해야 한다. 비슷하게 분류되는 토지가 공익용 산지와 자연환경보전지역이다. 이들 지역은 지가도 크게 오르지 않을뿐더러 개발될 수조차 없어서 이래저래 머리만 아프다.

서울 개발계획에 '역세권 중심'이 명시됐다는 것도 한번쯤 짚고 넘어가볼 만하다. 왜 그럴까? 투자자에게는 너무도 당연한 소리겠지만, 사람들은 '역'을 중심으로 모여들기 때문이다. 역 주변에서 약속을 잡고, 만난 김에 밥도 먹고 소비도 한다. 도시의 소비는 대부분 상업지역에서 이뤄지는데, 역세권이 바로 대표적인 상업지역에 해당한다. 서울에서

그림 5-13 경기도 주요 계획 과제

경기	토지 공공성 강화를 위한 국토보유세 및 공공개발이익 도민환원제 도입
	수도권·상수원·군사 규제 등에서 과다 규제와 중첩 규제의 불합리성을 개선하고 규제 등급과 피해 영향에 기초한 규제 연계형 지원 제도 마련
	미래 세대까지 고려한 개발제한구역의 보전과 이용
	북부·동부 지역, 구시가지 등 저발전 지역 균형 발전 정책 추진
	주한미군 반환공여구역 및 주변지역 개발과 저발전·낙후지역 철도·도로망 건설 조기 추진
	미군 반환공여구역, 공공기관 이전 부지 등에 대학캠퍼스 연계형 또는 경제도시형 재생 추진
	2030년까지 공공임대주택을 62만 호 공급하고 공공임대주택 거주율을 18.4%까지 재고
	GTX와 순환 철도망 구축
	GTX A노선: 동탄~삼성~파주, B노선: 송도~마석, C노선: 덕정~수원
	제2기 테크노밸리 조성 및 경기벤처창업지원센터를 활용한 권역별 거점형 창업 허브 조성
	시화·반월·성남·부천·군포·동두천 등 산업단지와 공업지역에서 스마트산업단지 사업 추진
	서해안에 자동차·기계·부품·소재 클러스터 등을 중심으로 한 스마트팩토리 추진

는 주요 지하철 노선이 지나는 역세권의 시세를 주기적으로 살피는 게 중요하다.

그림 5-13는 경기도의 주요 계획 과제다. 경기도뿐만 아니라 거의 모든 상수원과 군사지역에는 규제가 많다. 이렇게 특정 지역이 규제지

역으로 묶이면 개인이 재산권을 행사하는 데 많은 제약이 따른다. 지역적으로 넓게 봐도 발전하는 데 한계가 있다. 자연스럽게 다른 지역보다 낙후될 수밖에 없는 것이다. 이런 지역에는 개선이 필요하고, 경기도는 이들 지역에 불합리성을 고쳐보겠다고 선언했다.

그렇다고 이를 매수의 시그널로 착각해서는 안 된다. 경기도 역시 서울과 비슷한 맥락에서 개발제한구역 이슈를 살펴야 한다. 즉, 조심하라는 말이다. 특히 경기도에는 각종 개발사업이 많다. 그만큼 개발사업을 등에 업고 토지를 팔려는 사람도 많다. 그들은 팔려는 지역이 곧 개발제한구역에서 해제될 거라고 말한다. 여기에 악마의 속삭임을 덧붙여 몇 배의 시세차익을 누릴 수 있다고도 이야기한다. 하지만 이 말에 현혹되지 말자. 경기도 역시 부분적으로 개발제한구역을 해제할 수 있지만, 이 역시 공익사업을 목적으로 이용될 가능성이 크다.

그렇다면 경기도에서는 어떤 개발계획이 호재일까? 주한미군 반환공여구역(미군이 빠져나간 군사지역)이 차츰 개발될 가능성이 커졌다. 대학캠퍼스와 연계해 활용하거나 경제도시로 재생사업을 추진한다는 방침이다. 해당 지역은 그림 5-14와 같다.

대부분 경기 남부와 북부에 자리하고 있는데, 경기도는 그동안 이들 지역에 꾸준히 지원해왔다. 하지만 지역 주민이 만족할 만한 수준에는 이르지 못한 걸로 보인다. 그래서 앞으로는 더 많은 지원이 있을 전망이다. '주한미군 공여구역주변지역 등 발전종합계획'에 따라 2008년부터 2022년까지 범정부 차원에서 43조 4226억 원이 투입되고, 행정안전부가 2019년 초에 '주한미군 공여구역주변지역 등 발전종합계획 2019년도 시행계획'을 확정하면서 국비 1250억 원을 포함, 1조 1559억

그림 5-14 경기도 반환공여구역 및 공여구역주변지역 현황

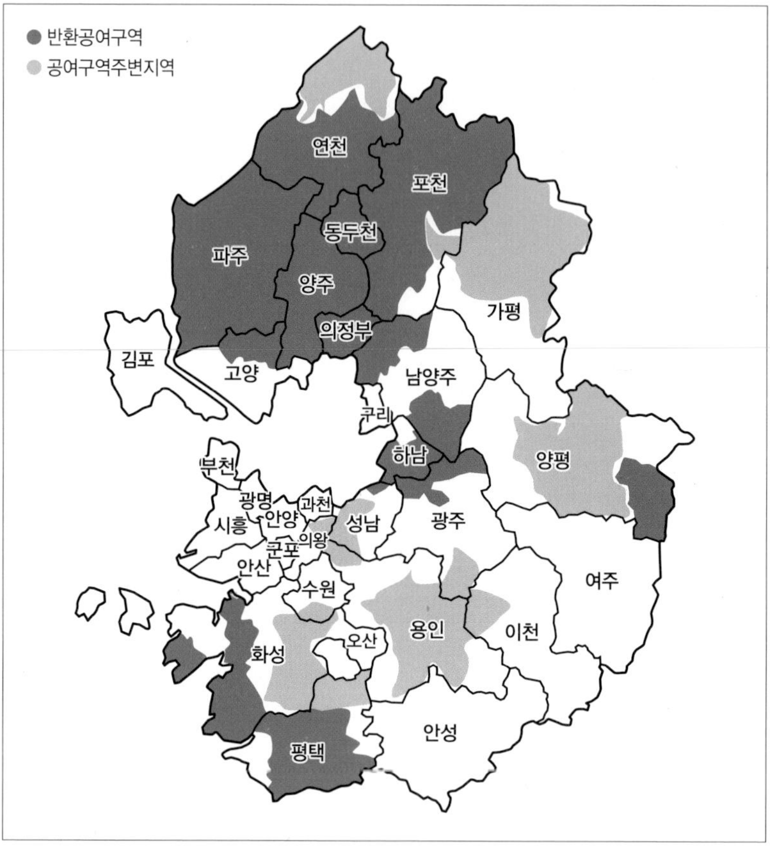

원을 투입하기로 했다. 이로써 미군기지 주변에 도로가 개설되고 문화·복지시설이 생겨나게 됐다. 또한 반환 기지 안에서는 도로와 공원, 하천을 개발하기 위한 토지 매입비가 지원된다.

아울러 행정안전부는 「주한미군 공여구역주변지역 등 지원 특별법」을 개정하여 민간사업자도 기지 안에서 기존 시설물을 활용할 수 있게

하는 등 민간투자 활성화를 위한 규제 완화를 추진하겠다는 방침을 발표했다.

그림 5-15 공여구역주변지역의 경매 물건 사례(출처: 탱크옥션)

TANK AUCTION 탱크옥션 | 관심등록 | 법원정보 | 내용인쇄

2018타경 [redacted] 의정부지방법원 본원 14계(031-828-0366) 매각기일 2019.02.26 화(10:30) | ← 이전 | 목록 | 다음 →

☆☆☆☆☆ 토지관심물건

소재지	경기도 양주시 어둔동 [redacted] 지도보기 도로명주소검색				
물건종별	농지	개시결정	2018-04-30	사건명	임의경매
토지면적	3246㎡ (981.9평)	소 유 자	[redacted]	감 정 가	330,046,000
건물면적		채 무 자	[redacted]	최 저 가	(34%) 113,205,000
매각물건	토지 매각(제시외기타 포함)	채 권 자	[redacted]	보 증 금	(10%) 11,330,000

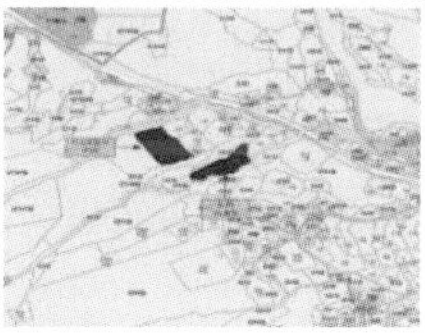

[입찰진행내용]

구분	입찰기일	최저매각가격	결과
1차	2018-11-13	330,046,000원	유찰
2차	2018-12-18	231,032,000원	유찰
3차	2019-01-22	161,722,000원	유찰
4차	**2019-02-26**	**113,205,000원**	

낙찰 : 165,088,000원 (50.02%)

(입찰30명, 낙찰: [redacted]

매각결정기일 : 2019.03.05 - 매각허가결정

대금지급기한 : 2019.04.12

대금납부 2019.03.29 / 배당기일 2019.04.23

배당종결 2019.04.23

그림 5-16 유료 경매 사이트에서 확인 가능한 물건 정보(출처: 탱크옥션)

물건현황 · 감정원 : 북부감정평가 / 가격시점 : 2018.05.09

목록	지번	토지이용계획	용도/구조/면적	㎡당	감정가	비고
토지	어둔동 [redacted]	반환공여구역주변지역,성장관리권역, 자연녹지지역,개발제한구역	답 3246㎡	101,000원	327,846,000원	
제시외 수목	어둔동 [redacted]	수목 매화나무 외 1㎡			2,200,000원	매각포함
감정가				합계	330,046,000원	토지 매각 (제시외기타 포함)
현황 위치	* "어둔저수지"북서측 인근에 위치하며 부근은 농경지(전,답), 임야, 단독주택, 축사 등으로 형성되어있음. * 북측 인근까지 차량 접근 가능하나 본건은 맹지로 인접토지를 통하여 도보로 접근 가능하며 시내버스 정류장에서 인근에 위치하여 대중교통사정은 보통시됨. * 부정형, 북동측 하향의 완경사 토지로 일부 지상에 매화나무, 뽕나무 등이 소재하나 대부분 휴경지임. * 지적도 및 현황 맹지임.					
참고사항	* 매각대상 토지 위에 식재된 매화나무 약 15주, 뽕나무 약 11주는 매각에 포함					

그렇다면 여기서 현명한 투자자는 어떤 선택을 할까? 앞서도 잠깐 살펴봤지만 경매나 공매로 나온 물건이 없는지부터 확인할 것이다. '탱크옥션'(www.tankauction.co.kr)과 같은 유료 경매 사이트를 보면 경매에 나온 해당 물건이 반환공여구역에 해당하는지를 볼 수 있다. 또한 토지이용계획확인서를 확인해도 알 수 있는 부분이다.

그림 5-15의 사례가 바로 공여구역주변지역 안에 있는 물건이다. 2019년에 공시지가는 3억 3000만 원을 넘었으나, 경매로 해당 물건은 공시지가의 약 50%에 낙찰됐으니 굉장히 효율적인 투자라고 볼 수 있다. 이렇듯 반환공여구역에 대해서 기본 정보를 갖고 있다면 경매나 공매로 매물이 나왔을 때 큰 무기를 휘두를 수 있다.

GTX는 경기도에서 가장 뜨거운 감자다. 가히 '교통 혁명'이라고 부를 만하다. A·B·C 세 개 노선이 모두 지나는 경기도에서는 서울로 출퇴근하는 시간이 기존의 3분의 1로 크게 줄어들 예정이다. 개발 진행 속도를 한번 들여다보자. A노선은 2018년 12월에 실시협약을 체결했다. 2023년 개통을 목표로 한창 공사가 진행 중이다. B노선은 2019년 8월에 예비타당성조사를 통과했다. 이제 남은 단계는 기획재정부의 민자적격성조사를 통과해 민자사업 제안서를 입찰받아 사업자를 선정하는 일 등이다. 2022년 연말에 착공을 목표로 하고 있다. C노선 역시 2018년 12월에 예비타당성 조사를 통과했고 2021년 착공을 목표로 준비 중이다.

이쯤에서 반론이 예상된다. 이용 요금이 비쌀 거라는데 GTX가 주변 땅값을 끌어올릴 수 있을까? 이에 나는 GTX와 비슷한 사례로 답을 대

그림 5-17 GTX A·B·C노선 경로(출처: 국토교통부)

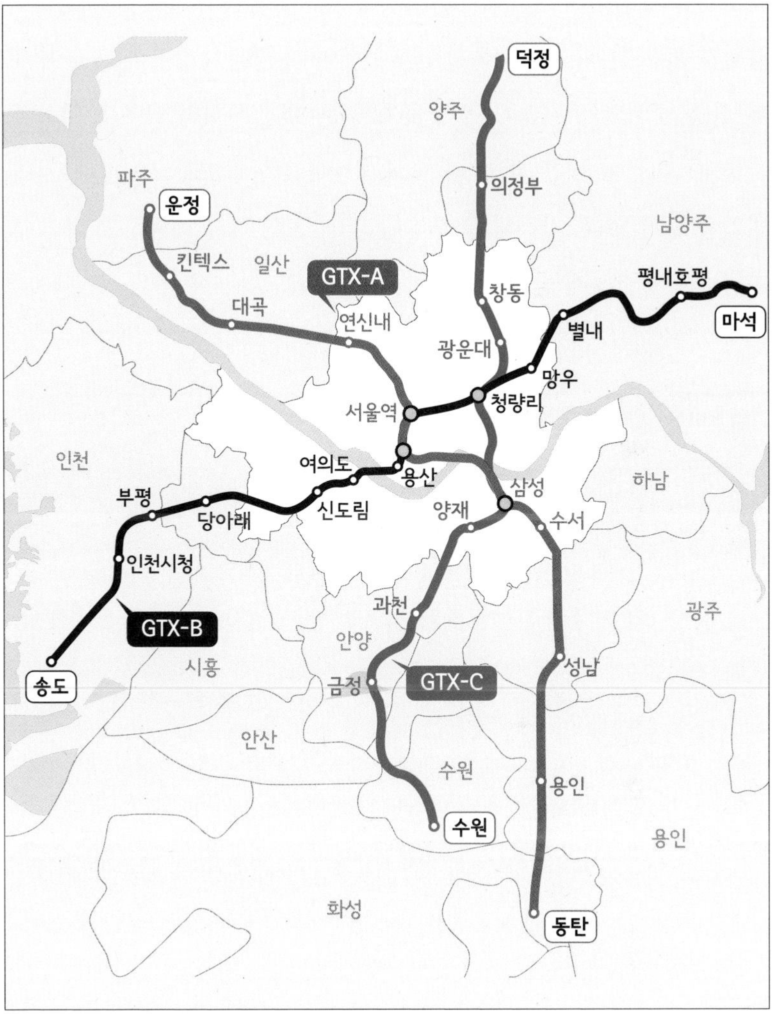

신해보겠다. 나 역시 고속철도, 즉 KTX와 SRT가 개통하기 전에는 그 영향력을 실감하지 못했다. 요금도 비싼데 사람들이 얼마나 이용할까 싶었다. 하지만 지금은 고속철도가 없으면 불편할 지경이다. 요금이 비싼 만큼 낭비되는 시간이 크게 줄기 때문이다. 확실히 피로도 덜하다. 지방 간 이동이 잦은 편인 나는 목적지에 고속철도가 지나면 그렇게 반가울 수가 없다. 지금의 우려와 달리 GTX도 막상 개통하고 나면 그 파급력을 실감하게 될 것이다.

그림 5-18 인천 주요 계획 과제

인천	도시공간구조 집약화, 기반 시설 미흡 지역의 신규 개발 억제 등 압축도시 조성(역세권 위주 개발)
	장기간 지연되는 개발 사업 및 시가화 예정 용지 조정 방안 마련(일몰제)
	역세권 유휴 부지 등 활용해 1인 가구 및 고령자를 대상으로 한 주거환경 조성 추진
	수요가 감소하는 도시기반시설의 용도를 변경해 취약계층을 위한 시설 확충
	도시철도 확충, GTX 등 광역 환승 체계 구축 및 역세권 복합개발로 도심 생활 거점 조성
	경인고속도로 지하화 등 기반 시설 관련 사업과 연계하여 토지 이용 활성화
	노후 산업단지, 노후 항만, 노후 불량 주거지 등을 대상으로 도시재생사업 확대
	공장 이전 지역 및 폐·공가 등 유휴 공간을 활용한 문화 체험과 편익 시설 조성
	공항·항만 등의 입지적 장점을 살린 지역 산업 진흥
	다양한 해양 관광 인프라 및 친수공간 재생으로 새로운 레저 공간 조성
	강화 도서 지역의 섬·역사 자원을 활용한 유형별 특화 테마 관광 사업 추진

그림 5-19 2030년 인천 도시기본계획(출처: 인천광역시)

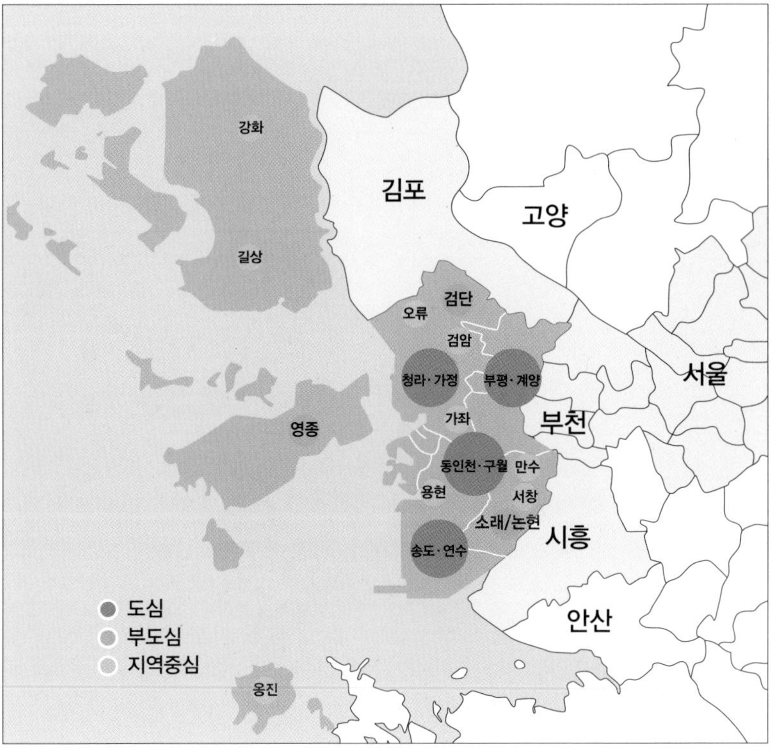

인천은 도시공간구조의 집약화를 선언했다. 방만하게 넓게 퍼져 있는 곳을 도심으로 집중시켜 효율적으로 운영한다는 뜻이다. 특히 '2030년 인천 도시기본계획'에 따라 '4도심'으로 구분된 동인천·구월, 청라·가정, 부평·계양, 송도·연수에 주목해볼 만하다.

이들 4도심을 중심으로 뻗어나가는 발전축도 염두에 두면 좋다. 단, 발전축을 볼 때는 키워드가 중요하다. 문화, 역사, 자연, 환경, 공원, 수변, 녹색과 같은 키워드보다는 상업, 역세권, 첨단, 산업, 핵심, 중심, 공

그림 5-20 인천의 발전축(출처: 인천광역시)

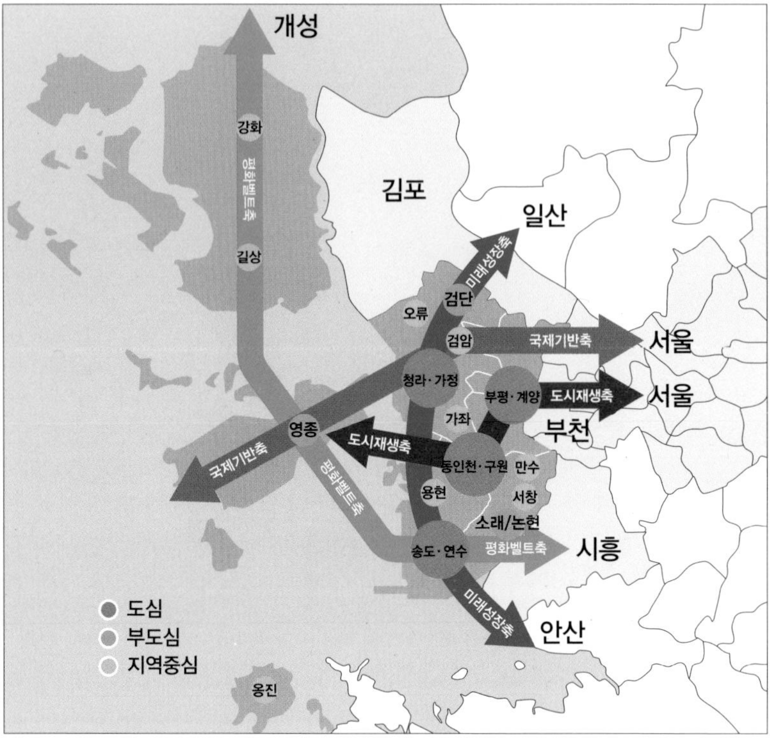

업이라는 키워드가 발전과 개발에 훨씬 중요한 요소다. 따라서 평화벨트축보다는 미래성장축이나 국제기반축, 도시재생축에 주목하는 것이 좋다.

이러한 발전축에 더해 인천 역시 역세권을 중심으로 개발 호재가 있다. 여기서도 GTX가 중요하다. GTX B노선이 2019년 8월에 예비타당성조사를 통과한 만큼 해당 노선의 사업성을 인정받았다. 인천에 간만에 찾아온 대형 호재를 놓치지 말자.

그림 5-21 부산 주요 계획 과제

부산	국토 개방 거점으로서 국제적 경쟁력을 갖춘 항만 물류 중심 기지 구축
	동남권 관문 공항과 공항 복합도시 연계 개발로 지역 경제 활성화 도모
	도심 철도시설 이전 및 토지 이용 고도화
	북항 일원 재개발 사업 효과 재고와 해양과 단절된 도심 구조를 획기적으로 개선
	부산역 일원, 범천 차량정비단 등 철도시설 기능 재편을 통한 도심부 토지 이용 고도화 도모
	부전역 KTX 정차역 설치 등 복합환승역 개발
	경부선의 효율적인 열차 운행과 도심 단절, 환경 저해 등을 가중하는 역기능 해소를 위한 경부선 지하화 및 철도 재생
	신항만 중심 포트 비즈니스 육성
	부산항 신항을 동북아시아 최고 수준의 허브 항만으로 육성하고, 국제 물류 지원 단지 및 항만 비즈니스센터 건립, 배후 물류단지 확충을 통한 항만 물류 산업의 부가가치 극대화
	북항 통합 개발로 해양 산업 클러스터 조성 및 철도시설 재배치로 도심 공간 구조 개편
	경부선(구포~사상~부산진) 지하화 및 부산 지역 철도시설(부산역·가야조차장, 부산철도차량정비단) 기능 개편
	문현(금융, 핀테크), 영도(해양 R&D), 센텀2지구(4차산업, 첨단 ICT 융복합산업) 등 세 개 거점에 특화 밸리 조성
	2030 부산세계박람회 유치 및 성공 개최

부산은 항만과 물류의 도시다. 시에서는 부산역과 북항 일대의 대규모 개발계획에 의지를 다지고 있다. 기반시설 공사는 이미 진행됐고 토지 매매도 이루어졌다. 이로 미루어 보아 이 일대 개발계획은 현실이 될 가능성이 크다. 시간을 먹고 자랄 예정이라는 의미다.

그림 5-22 부산 철도시설 재배치 사업(출처: 부산광역시)

특히 KTX 부산역에 인접한 북항은 부산의 중심 상권인 남포동과 광복동, 자갈치 시장 및 부산 롯데월드와 연계된다. 또한 2020년 부산 도시기본계획에는 이 지역이 상업용지로 반영돼 있어 개발 잠재력이 매우 우수하다. 개발은 2030년까지 진행될 예정이고, 그 끝을 2030부산세계박람회 유치가 화려하게 장식할 준비를 하고 있다.

철도시설 재배치 사업에 따라 철도 라인이 크게 한 번 정리될 예정이다. 부산역을 KTX 전용 역으로 사용하고 이를 오가던 일반철도는 종착역을 부전역으로 이전한다. 여기에 부산진역 CY 물류기지와 부산역 컨테이너 야적장을 부산신항으로 이전하며, 공터에는 백화점과 대형쇼핑몰을 유치할 계획이다. 북항 개발계획과 연계될 수 있어 그 시너지가 더욱 기대된다.

다만, 현재 부산은 부동산 시장이 좋지 않다. 2019년 11월 해운대구와 수영구, 동래구가 조정대상지역에서 제외됐지만, 재개발·재건축으로 주택 공급이 많아 2017년부터는 하락세다. 하지만 시장 에너지는 다시 조금씩 쌓이고 있으며, 중심부나 평지에서는 새 아파트의 가격이 거의 내려가질 않았다. 여기에 웬만한 지역 내 좋은 단지에는 프리미엄도 형성돼 있어 2020년이 부산에는 반등의 구름판이 될 것으로 보인다.

그림 5-23 대구 주요 계획 과제

대구	대구·경북 관문 공항 및 연계 교통인프라 확충
	포항영일신항을 국제 거점항구로 활용(대구경북항)
	대도시권 중심성 강화 및 다핵 공간구조 설정
	도심(역사·문화 중심), 동대구(벤처·금융·비즈니스), 서대구(산업·교통)의 3대 광역중심 및 거점화
	서대구 역세권 개발, 옛 경북도청 부지에 문화·행정·경제복합공간 조성 등 특화 거점 조성
	도시철도 건설 및 연장으로 광역교통시설과 도시 내부 교통수단과의 연계 기능 강화
	동서 3축(새만금~무주~대구) 고속도로 개설 및 산업벨트 형성
	달빛내륙철도(대구~광주) 등 대구·광주 달빛동맹 협력 사업 추진

대구로 넘어가보자. 대구·경북 관문 공항에 대한 이야기가 나온다. 공항이 생긴다는 것은 하늘길이 열린다는 의미고, 그 효과는 기대 이상이다. 빠르면 2019년 연말까지 입지를 선정하는데, 현재 군위군 우보면과 의성군 비안면, 군위군 소보면이 후보지로 거론되고 있다. 두 지역

그림 5-24 대구 도시계획 방향(출처: 대구광역시)

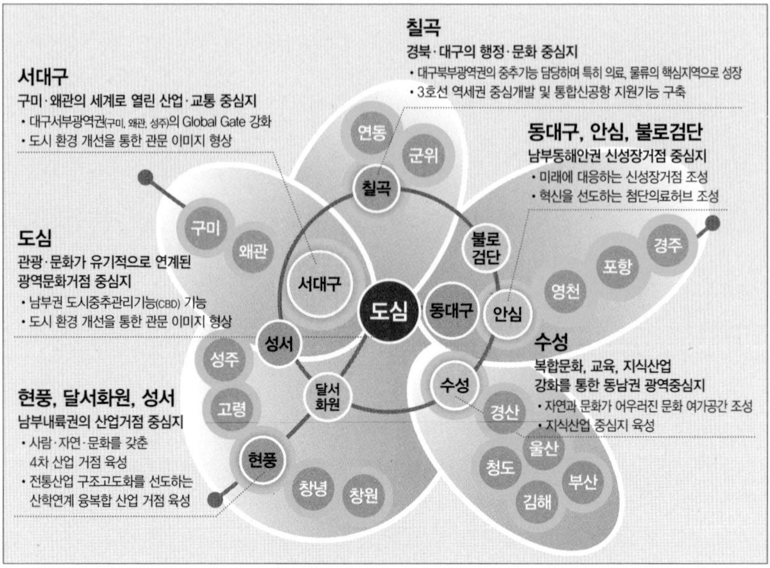

모두 부지가 463만 평으로 대구공항의 두 배가 넘는다.

대구는 도심과 동대구, 서대구가 개발의 열차를 탔다. 도심은 역사와 문화를 중심으로 재생하는 게 핵심이다. 지금은 선호도가 낮은 서대구역 일대가 개발 사업에 의해 사뭇 달라질 테니 관심 있게 지켜보자. 구미, 왜관을 아울러서 대구 서부 광역권의 국제적 관문 기능을 할 이 일대는 2021년에 서대구 고속철도역 개통을 시작으로 2030년까지 14조 원이 투입되는 미래형 첨단 산업밸리가 구축될 예정이다. 한편, 동대구역 주변은 지금도 좋다. 하지만 더욱 좋아질 것이다. 안심, 불로검단과 연계해 첨단 의료 허브가 조성될 계획이다.

예비타당성조사 용역비를 2019년 정부예산으로 5억 원 확보하고 6월에 관련 용역에 착수한 대구~광주 내륙철도도 눈여겨보자. 다만 아직은 시작하는 단계다. 앞으로 있을 제4차 국가철도망 구축계획 용역에 '달빛내륙철도 건설'을 신규 사업으로 반영하는 게 그다음 단계다. 먼 훗날의 이야기지만 최고 시속 250㎞인 이 철도가 완공되면 대구와 광주는 1시간 생활권이 된다.

그림 5-25 대전 주요 계획 과제

대전	ICT 융복합 플랫폼 기반의 국가 혁신 클러스터 조성
	대덕연구개발특구 리노베이션 추진
	충청권 첨단 바이오 클러스터 조성
	과학벨트 거점 지구(신동, 군독) 조성 사업
	대동·금탄 스마트융복합산업단지 조성 사업
	도시 간 중추기능 강화로 광역적 상생 발전 도모
	경제와 문화가 함께하는 쾌적하고 매력 있는 도시환경 조성
	원도심 역세권 도시재생혁신지구 조성(KTX 대전 역세권 개발 등)
	자치분권·교육·복지 기능 강화로 모두 함께 누리는 포용 도시 구현
	시민의 품격 있는 삶을 담는 지속 가능한 스마트 도시

다음은 4차 산업혁명의 거점 도시인 대전의 소식이다. 대전에서는 원도심과 둔산에 투자 가능성이 크다. 두 곳을 연결해 동서발전축이 세워졌고, 이 축은 또 둔산에서 남북발전축과 만난다.

그림 5-26 대전 공간 구조(출처: 대전광역시)

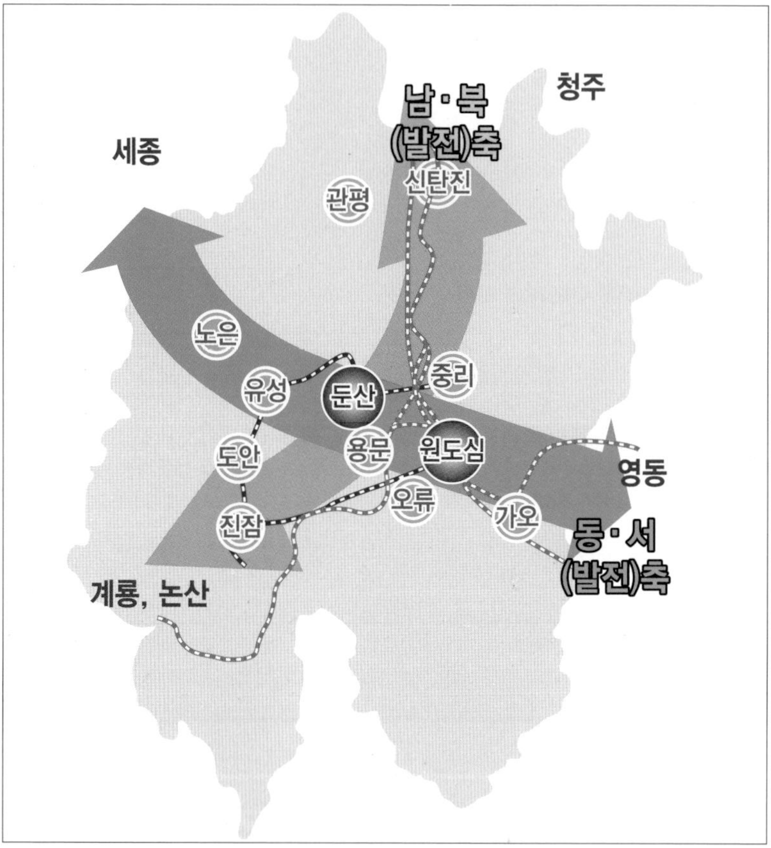

대전에서도 KTX 대전역세권 개발 이야기가 나온다. 대전역은 원도심의 중심부에 있다. 원도심 활성화 프로젝트의 첫 단추가 대전역세권 개발사업으로, 앞서 살펴본 동서발전축의 중심에 자리해 미래 가치가 더 기대된다.

그림 5-27 대전역세권 개발 토지이용계획도(출처: 대전광역시)

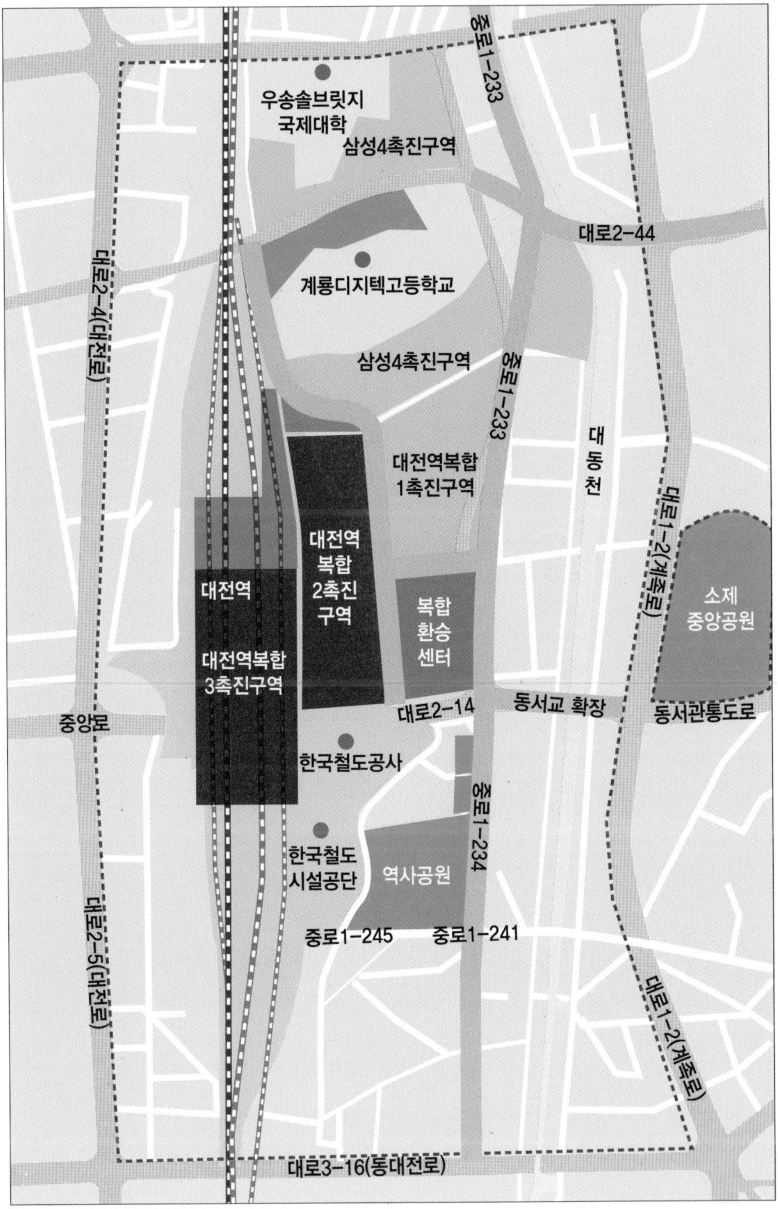

여기에 대덕연구개발특구(이하 대덕특구) 리노베이션 계획이 더해져 고급 인력이 많은 대덕특구를 혁신 성장 거점으로 소규모·고밀도 도시형 복합혁신공간이 5~7개 조성될 예정이다. 특구 내 유휴 부지와 신동이나 둔곡 등 미개발 지역을 활용한 선도 사업도 계획 중에 있다.

그림 5-28 광주 주요 계획 과제

광주	한국문화기술연구원 설립 등을 통한 문화산업 육성 기반 마련
	5대 전략 문화콘텐츠(음악, 디자인, 게임, 첨단 영상, 에듀테인먼트) 집중 육성
	광주비엔날레, 광주아트페어, 미디어아트페스티벌 활성화
	목포·광주·부산 축을 강화하는 경전선 개량 사업 추진
	광주·나주 광역철도 건설
	광주 TG와 삼례 IC 간 호남고속도로 확장
	광주순환고속도로(제3순환선) 건설을 통한 광역 교통망 구축 추진
	혁신도시·도시첨단산업단지·송정·첨단을 연계한 에너지 산업벨트 확장을 고려해 선제적 배후 단지 조성
	인공지능연구원 설립을 통한 AI 분야 전문인력양성 등 인공지능 기반 과학기술창업단지 조성

마지막으로 살펴볼 지역은 광주다. 광주는 한국문화기술연구원을 설립해 5대 전략 콘텐츠를 집중 육성할 계획이다. 이때 원도심과 상무를 주의 깊게 보자. 여러 발전축이 교차하는 중심에 상무가 있다. 이 지역을 중심으로 도로가 더욱 촘촘해지고 철도가 보강된다면 도시의 모습은 사뭇 달라질 것이다.

그림 5-29 광주의 발전 방향(출처: 광주광역시)

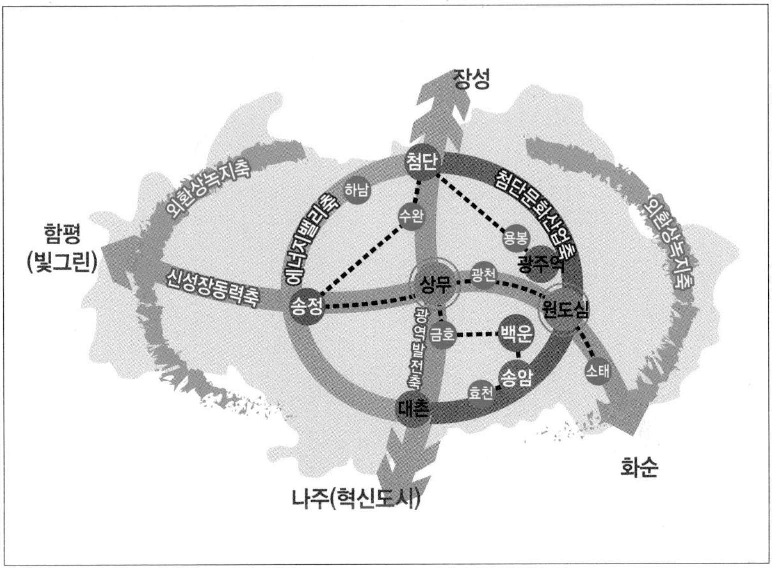

광주에서 큰 이슈는 광주도시철도 2호선이 확정됐다는 소식이다. 2025년에 광주도시철도 2호선이 완전 개통하면 광주 전역이 30분 안으로 연결된다. 다른 대도시와 마찬가지로 지하철 역세권이 차츰 주목받게 되면서, 이를 중심으로 사람이 모여들 것이다.

광주역 주변에도 관심을 두자. 사실 광주역 주변은 터미널이 이전하고 KTX 정차지가 광주송정역으로 결정되면서 쇠퇴의 길을 걸었다. 이런 광주역 주변을 다시금 살려보고자 1조 156억 원을 들여 도시재생 뉴딜사업이 추진 중이다. 코레일과 함께 2025년까지 차량정비시설 부지에 복합상업단지를 추진한다는 계획으로, 특히 광주도시철도 2호선이 통과할 예정이라 5년 후에는 지금과는 또 다른 모습이 기다리고 있

그림 5-30 광주도시철도 2호선 노선도

그림 5-31 광주도시철도 2호선 건설 단계 및 구간

구분	구간
1단계 (17.06km, 2023년 개통)	시청~상무역~금호지구~월드컵경기장~백운광장~남광주역~조선대~광주역(정거장 20개소, 차량기지 1개소)
2단계 (20km, 2024년 개통)	광주역~전남대~일곡지구~본촌~첨단지구~수완지구~운남지구~시청(정거장 18개소)
3단계 (4.84km, 2025년 개통)	백운광장~진월~효천역(정거장 6개소, 주박기지 1개소)

을 전망이다.

각 시도의 주요 계획 과제는 해당 지자체에서 무엇보다 중점적으로 추진하려는 내용이다. 지자체가 의지를 다진 만큼 실현 가능성도 높다는 걸 기억해두자. 또한 이 계획들이 모든 개발의 뼈대가 된다는 것도 염두에 두면 좋다. 여기에 앞서 짚어본 유의점까지 잘 기억해둔다면 달콤한 유혹에도 흔들리지 않고 소신 있는 투자를 할 수 있을 것이다.

THEME 3

태양광, 알면 '돈', 모르면 '독'!

토지 투자는 장기전이다. 지금까지 토지 분야에서 꼽아온 테마는 지금 당장 '치고 빠지라'는 식이 아니다. 흰 도화지와 같은 2020년에 밑그림을 잘 그려놓으면 최소한 5년 뒤에는 훌륭한 작품을 만들 수 있다는 의미다. 여기, 당장은 설왕설래가 많지만 장기적으로 보면 효자 노릇을 톡톡히 할 또 하나의 시그널이 있다.

문재인 대통령은 대선 당시 '안전하고 깨끗한 에너지'라는 캐치프레이즈를 내걸며 에너지 분야에서 여섯 가지 정책을 발표했다. 더 이상 새로운 원전을 짓지 않고 청정에너지 시대의 문을 열겠다는 의지다. 사실 이는 이미 세계적인 추세이기도 하다. 국제재해경감전략기구UNIDRS에서 발표한 「2008~2017년 경제적 손실과 빈곤 및 재해」에 따르면 기후와 관련한 재해로 인해 1998~2017년에 발생한 재난 피해 국가들의 직접적인 경제 손실액을 따져보면 약 2245억 달러였다. 대부분 온실효과(이산화탄소나 메탄가스의 영향으로 태양열이 지구로 들어와 나가지 못하고 순환하는 현상)에 따른 예측하기 힘든 장마와 홍수 등으로 야기된 피해였다. 2005년에 공식 발효한 「교토의정서」(기후변화협약에 따른 온실가스 감축목표에 관한 의정서) 이후 국제사회는 벌써 그 심각성을 공유하고 있었다.

이런 세계적인 흐름에 발맞춰 정부는 2017년 12월에 '재생에너지 3020 이행 계획'을 발표했다. 주된 내용은 2030년까지 재생에너지 발전량 비중을 20%로 끌어올린다는 계획이다. 설비용량으로는 63.8GW에 이른다. 이때 계획된 전체 재생에너지 중에서 95%를 태양광과 풍력발전으로 공급할 계획이어서, 태양광에 관한 세간의 관심이 높아질 수밖

그림 5-32 재생에너지 3020 이행 계획(출처 : 산업통산자원부)

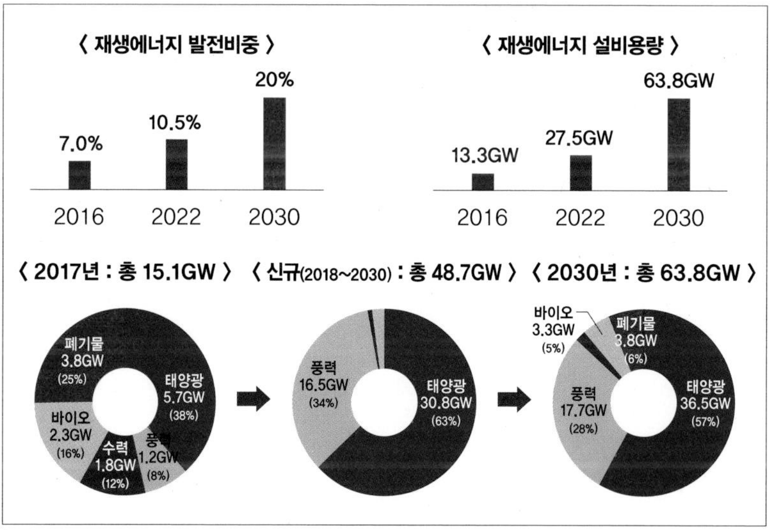

에 없는 상황이다.

태양광 발전소는 상당히 빠른 속도로 우리 주변에 생겨나고 있다. 물론 기대가 큰 만큼 부작용도 분명히 따른다. 뭐든지 돈이 되는 곳에는 잡음도 생기는 법이다. 발전소 분양 사기 피해, 원주민과의 마찰, 각종 민원 등 좋지 않은 이슈가 투자 수익률이라는 빛 뒤에 숨어 그림자처럼 따라다니고 있다. 하지만 모든 투자가 그렇듯 태양광산업 역시 알고 뛰어들면 '돈', 모르고 뛰어들면 '독'이다. 이번 테마에서는 태양광 투자의 꽃길만을 걷기 위한 구체적인 실행 전략을 소개하겠다.

태양광 투자, 그래서 어떻게 한다고?

태양광 발전은 전문 투자자나 기업은 물론, 은퇴를 앞둔 직장인이나 주부들에게도 폭넓은 관심을 받고 있다. 대출을 활용하면 비교적 소액으로 투자할 수 있고, 수익률도 요즘의 은행 이자보다 세다. 태양광 발전에 투자하는 방법은 크게 네 가지다. 그 방법을 살펴보기 전에 태양광 발전이 태양의 빛을 전기에너지로 전환해 전력을 생산한다는 개념부터 짚고 넘어가겠다. 태양의 빛을 모아 전기에너지로 전환하기 위해서는 우선 태양광 모듈(태양전지)이 필요하다. 그리고 이를 세워둘 토지가 먼저 있어야 한다. 누군가는 벌써 토지를 소유하고 있을 수도 있고, 그렇지 않을 수도 있다. 토지가 있어도 태양광 모듈을 직접 설치할 수도 있고, 업체에 맡길 수도 있다. 좀 더 자세히 알아보자.

첫째, 직영 시공을 하는 방법이다. 본인 소유의 토지에 설계와 시공

그림 5-33 태양광 모듈

을 직접 하는 것을 말한다. 투자비는 가장 적게 들지만 공부가 필요하다. 자칫하면 추가 비용이 들고 스트레스를 받을 수 있다.

둘째, 본인 소유의 토지에 도급을 주는 방법이다. 본인은 토지를 제공하고 사업은 시공사에서 진행한다. 투자비를 아낄 수 있지만 시공사를 잘 선택해야 한다. 시공사를 잘못 만나면 개발행위허가나 설치가 지연돼 추가 비용이 발생하기도 한다.

셋째, 태양광 발전소를 분양받는 방법이 있다. 시공사가 직접 시행한 발전소를 사들이는 것이다. 시행사에서 좋은 조건의 대출을 준비해둘 때가 많아 당장의 자금 여력이 부족하거나 직접 신경 쓸 시간이 없는 투자자에게 유용하다. 하지만 비용은 위의 두 방법에 비해 조금 비싸다(토지 비용 포함 99kWh 기준 2억 3000만 원~2억 6000만 원 선). 이때 조심해야 할

게 있다. 네이버 카페나 블로그의 홍보 글만 믿고 덜컥 분양받는 일이다. 보통 태양광 발전소가 분양할 때는 계약금과 중도금, 잔금을 나눠서 받는다. 그런데 계약금만 받고 사업을 더 이상 진행하지 않거나 약속된 날짜에 준공하지 못하는 사례가 제법 많다. 따라서 분양받는 방법을 택할 땐 뒤에서 소개할 내용을 꼼꼼히 숙지한 후에 실행에 옮기는 것이 좋다.

마지막으로 넷째, 직거래 방법이다. 기존의 태양광 발전사업자가 운영 중인 발전소를 사들이는 방법이다. 최근에는 태양광 발전소를 전문으로 중개하는 회사도 생겼다. 하지만 이 역시 분양 상품과 비슷하게 가격이 높다. 실제 발전 현황을 파악하고, 장기 고정 계약이 되어 있는지도 확인한 뒤에 계약을 진행하자.

그럼, 각각의 방법에서 수익률은 얼마나 차이가 날까? 그림 5-34를 보면 본인의 토지에서 대출을 받아 태양광 발전을 한 사례가 연수익률이 27%로 가장 높았다. 당연하다. 토지 구매비용이 들지 않았기 때문이다. 따라서 자가 토지가 있다면 태양광 발전사업을 적극적으로 고려해볼 만하다. 이어서 토지를 매입해 대출을 이용하는 방법이다. 연수익률이 15% 정도 나온다. 토지를 평당 10만 원 선에서 구매했다고 가정한 경우로, 토지 가격이 달라지면 수익률에도 변동이 생긴다. 즉, 토지가 비싼 경기도에서 이 방법을 택한다면 수익률이 낮아지고, 비교적 토지가 저렴한 전라남북도에서 이를 활용한다면 수익률은 더 올라갈 수 있다.

태양광 발전으로 발생하는 수익은 SMP(계통한계가격)와 REC(신재생에너지 공급인증서)를 합쳐서 결정된다. SMP는 태양광 발전으로 생산된 전

그림 5-34 투자법별 태양광 발전 수익률(단위: 백만 원, 주요 가정: 발전량 3.8시간, REC 1.2x)

구분		토지매입 시		보유토지 이용 시		분양물건	비고
		전액투자	대출이용	전액투자	대출이용	대출이용	
투자비	토지	40.0	40.0			40.0	평당 10만 원, 400평
	개발행위	20.0	20.0	20.0	20.0	20.0	개발행위 및 세금 (전용부담금)
	시설비	150.0	150.0	150.0	150.0	180.0	
	소계	210.0	210.0	170.0	170.0	240.0	
대출		–	120.0	–	120.0	150.0	
순수투자		210.0	90.0	170.0	50.5	90.0	
연수입		27.0	27.0	27.0	27.0	27.0	발전수입 (SMP+REC=180원 가정)
관리비용		–1.4	–1.4	–1.4	–1.4	–1.4	월 12만 원 (안전관리자, O&M)
대출이자			–4.6		–4.6	–5.7	이자율: 3.8% 가정
상환 감안 전	연순수입	25.6	21.0	25.6	21.0	19.9	
	연수익율	12.2%	23.3%	15.0%	42.0	22.1%	
대출 상환 감안 후	상환금액		–6.0		–6.0	–7.5	20년 균등 상환 가정 (실제 12~15년)
	연순수입	25.6	15.0	25.6	15.0	12.4	
	월순수입	2.1	1.3	2.1	1.3	1.0	
	연수익율	12.2%	16.7	15.0%	30.0%	13.7%	
자기 자본 상각 감안 후	감가상각	–7.5	–1.5	7.5	–1.5	–1.5	
	연순수입	18.1	13.5	18.1	13.5	10.9	
	원순수입	1.5	1.1	1.5	1.1	0.9	
	연수익율	8.6%	15.0%	10.6%	27.0%	12.1%	

* 출처: 생각실현가 블로그 blog.naver.com/retireschool

그림 5-35 2019월 10월 기준 과거 30개월간 국제유가와 SMP(육지 기준) 비교

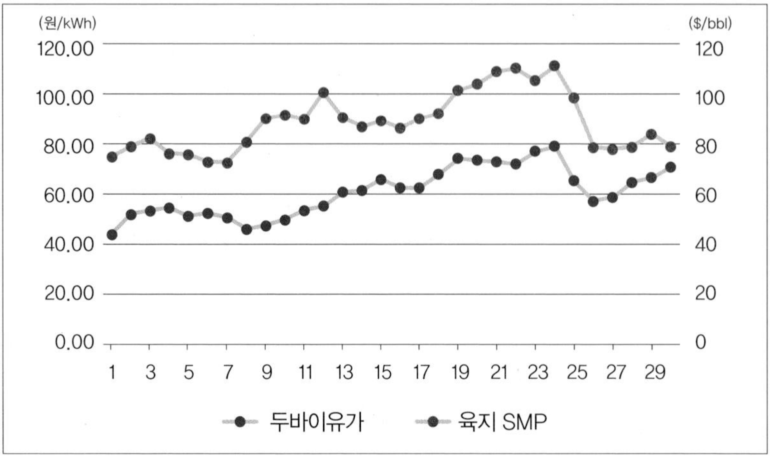

기를 한국전력공사에 파는 시장가격이다. 특히 국제유가와 상관관계가 높다.

REC는 RPS(신재생에너지 의무할당제)와 밀접한 관련이 있는데, 이 RPS는 50만kW 이상 생산하는 발전사업자에게 총발전량의 일정 비율 이상을 신재생에너지로 공급하도록 의무화한 제도다. 2019년 기준으로 한국수력원자력과 남동발전 등을 포함한 총 21개 사가 이에 해당한다. 이들은 재생에너지를 직접 발전하거나 외부에서 REC를 사들이는 방법

그림 5-36 연도별 신재생에너지 공급 비율

해당연도	2015년	2016년	2017년	2018년	2019년	2020년	2021년	2022년	2023년
비율(%)	3.0	3.5	4.0	5.0	6.0	7.0	8.0	9.0	10.0

으로 공급의무를 이행하고 있는데, 이들의 연도별 신재생에너지 공급 비율은 그림 5-36처럼 해마다 늘고 있다.

앞서도 언급했듯이 태양광 발전사업의 기본 수익 구조는 SMP와 REC의 가격을 합해서 결정된다. 2019년 10월 기준으로 1kWh당 육지의 평균 SMP는 78.73원이며, REC는 51.81원이다(1000kWh가 1REC다). 여기에 태양광 발전소의 종류에 따라 REC에 가중치를 준다. REC 가중치는 그림 5-37과 같다.

그림 5-37 REC 가중치

<table>
<tr><th rowspan="2">구분</th><th rowspan="2">공급인증서 가중치</th><th colspan="2">대상에너지 및 기준</th></tr>
<tr><th>설치 유형</th><th>세부 기준</th></tr>
<tr><td rowspan="10">태양광 에너지</td><td>1.2</td><td rowspan="3">일반부지에 설치하는경우</td><td>100kW 미만</td></tr>
<tr><td>1.0</td><td>100kW부터</td></tr>
<tr><td>0.7</td><td>3000kW 초과부터</td></tr>
<tr><td>0.7</td><td>임야에 설치하는 경우</td><td>-</td></tr>
<tr><td>1.5</td><td rowspan="2">건축물 등 기존 시설물을 이용하는 경우</td><td>3000kW 이하</td></tr>
<tr><td>1.0</td><td>3000kW 초과부터</td></tr>
<tr><td>1.5</td><td>유지 등의 수면에 부유하여 설치하는 경우</td><td>-</td></tr>
<tr><td>1.0</td><td>자가용 발전설비를 통해 전력을 거래하는 경우</td><td>-</td></tr>
<tr><td>5.0</td><td rowspan="2">ESS설비(태양광설비 연계)</td><td>2018년, 2019년</td></tr>
<tr><td>4.0</td><td>2020년</td></tr>
</table>

자, 그럼 이제 본격적으로 태양광 발전의 연매출액을 계산해보자. 다음의 공식을 따라야 한다.

연매출액=연간발전량×[SMP+(REC×가중치)]

가령 약 400평의 토지에 99kW의 태양광 모듈을 설치하고 하루 평균 3.8시간을 발전했다고 해보자. 그럼 하루 발전량은 99×3.8인 376.2KWh가 된다. 1년은 365일이므로, 연간발전량은 376.2×365인 13만 7313kWh다. 이때 SMP가 78.73원, REC가 51.81원, 가중치가 1.2라면, 78.73+(51.81×1.2)인 140.9에 연간발전량인 13만 7313kWh를 곱하면 연매출액은 약 1934만 7401원으로 계산된다.

99kW급의 태양광 발전 시설비는 보통 1억 5000만 원 선이다. 시설비의 70%는 금융권에서 대출받을 수 있다. 그럼 실투자금은 5000만 원 정도다. 산술적으로 계산해보면 5000만 원을 투자해 연간 1900만 원의 매출이 발생하는 셈이므로 수익률은 꽤 높은 편이다. 다만 대출금 상환과 각종 유지비를 제하면 대략 30% 전후로 계산된다. 즉, 위의 경우 연간 1500만 원가량의 수익을 낼 수 있으며, 이를 한 달 단위로 나누면 매월 125만 원의 수익을 얻을 수 있다.

하지만 여기서 또 하나 고려하지 않은 것이 있다. 토지 가격이다. 만약 토지를 구매해 태양광 발전을 한다면 수익률은 더 낮아진다. 토지 가격 또한 변수다. 지방마다, 위치마다 토지 가격의 편차는 심하다. 따라서 이것만이라도 잘 기억해두자. 태양광 발전을 하기 위해 토지를 매수한다면, 평당 단가가 10만 원 이하일 때만 어느 정도 수익률을 기대할 수 있다는 사실이다.

이렇게 단순하게만 계산해도 태양광 발전의 수익률은 썩 나쁘지 않다. 요즘 1년 만기 정기예금의 금리가 2%도 채 되지 않으니, 태양광 발전은 그 자체로도 꽤 괜찮은 투자 상품이다.

태양광 투자에서 가장 경계해야 할 유혹들

태양광 발전사업은 그림 5-38과 같은 여덟 단계의 절차를 거친다. 이때 꼭 기억해야 할 두 가지가 바로 2단계인 발전사업허가와 3단계인 개발행위허가다.

발전사업허가는 특별히 어려운 단계가 아니다. 사업허가신청서, 사업계획서, 송전관계일람도, 발전원가명세서 등의 서류만 첨부해서 신청하면 된다. 그리고 발전사업허가를 받는 것 자체도 대단한 일은 아니다. 그런데도 이 이야기를 꺼낸 건 '발전사업허가를 받았다'는 말에 현

그림 5-38 태양광 발전사업 절차(출처: 한국에너지공단)

혹되지 말자는 의도에서다. 발전사업허가는 이제 막 사업을 시작하는 단계다. 발전사업허가를 받고도 다음 단계에서 막히는 비율이 80% 이상이다. 실제로 발전사업허가를 받은 걸 대단한 일처럼 과대광고를 해 놓고, 투자자를 끌어모은 뒤 계약금 명목으로 수천만 원을 받는 사례가 많았다. 하지만 이들 대부분은 개발행위허가 단계에서 발목을 잡히더니 사업 자체가 불투명해졌다거나, 흐지부지 무산 소식을 알리는 경우가 많았다. 이때 투자자는 계약금 명목으로 지급한 수천만 원을 돌려받기 어렵다. 그사이 업체는 도산하거나 자취를 감추기 때문이다.

발전사업허가 다음 단계인 개발행위허가는 태양광 발전사업에서 가장 중요한 단계이자 어려운 단계다. 개발행위허가는 「국토의 계획 및 이용에 관한 법률」에 따라 지자체의 허가를 받게 한 제도다. 전체 신청 건수 중 약 20%만이 허가를 받을 수 있다. 그만큼 조건이 까다롭다. 이 개발행위허가를 통과하면 태양광 발전사업에서 8부 능선은 넘은 셈이다. 그러니 이 단계를 지난 투자처는 눈여겨봐도 좋다.

한 가지 더, 토지소유권이 불명확한 경우도 주의해야 한다. 즉 분양 업체에서 토지 소유권을 확보하지도 않고 분양 광고를 하는 경우다. 남의 땅에서는 사업이 진행될 리가 없다. 이는 처음부터 투자 유치만을 노린 사기로, 심지어는 문화재 검토 구역 등 태양광 발전을 할 수 없는 지역에서 땅을 분양하거나 기획부동산이 개입해 맹지(도로와 맞닿은 부분이 전혀 없는 토지)만 파는 일도 있다.

분양 사기를 피하려면 꼼꼼하게 자신이 직접 점검하는 수밖에 없다. 첫째, 인허가 사항을 검토한다. 발전사업허가는 났는지, 개발행위허가는 났는지, 토지소유권은 제대로 확보했는지, 민원은 해결했는지, 송배

선 선로의 용량은 충분한지 등이다.

둘째, 계약서를 검토한다. 계약이행보증 보험에는 가입할 수 있는지, 사업이 지체될 때나 무산될 때 그동안의 투자 금액에서 얼마나 돌려받을 수 있는지 등을 꼼꼼하게 따져보는 것이다.

셋째, 분양 업체의 그간 실적을 파악해 신뢰도를 확인하는 일이다. 피해를 미연에 막기 위한 최선의 방법이다.

최근에는 태양광 발전사업에 정부 보조금이 줄고 있다며 우려의 목소리도 나온다. SMP와 REC 가격이 하락하고 있기 때문이다.

태양광 발전사업도 수요와 공급의 원리가 작용하는데 최근 몇 년간 태양광 발전사업자가 많이 늘었다. 이에 따라 3년 전과 비교하면 수익률이 많이 떨어진 것도 사실이다. 하지만 시설비도 함께 줄고 있다. 태

그림 5-39 국내 연도별 태양광 설치 추이

(단위: MW, 출처: 한국에너지공단, 수출입은행 해외경제연구소)

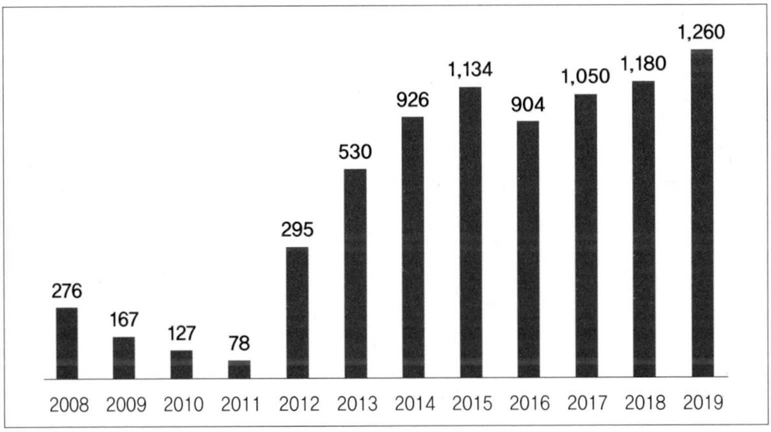

양광 발전에서 가장 큰 부분을 차지하는 태양광 모듈 가격은 꾸준히 하락하고 있다. 10년 전과 비교하면 10분의 1 수준에 불과하다. 대신 성능은 점점 좋아지고 있다.

앞서도 강조했듯이 토지 투자는 장기 레이스다. 눈앞의 하락 이슈에 너무 위축되지 말라고 말하고 싶다. 5년 이상 길게 달릴 체력을 지금부터 미리 준비해두자. 결국에는 쾌감을 맛보며 결승선을 통과할 날이 기다리고 있을 것이다.

정부는 '재생에너지 3020 이행 계획'에 따라 지속적으로 다양한 정책을 시행할 전망이다. 앞서 말한 SMP·REC 하락에 대비해서도 보완 정책을 내놓을 것으로 보인다. 그래도 영 미덥지 않다면, 자기 소유의

그림 5-40 태양광 모듈 가격 동향(단위: $/W, 출처: BNEF, PV Insight)

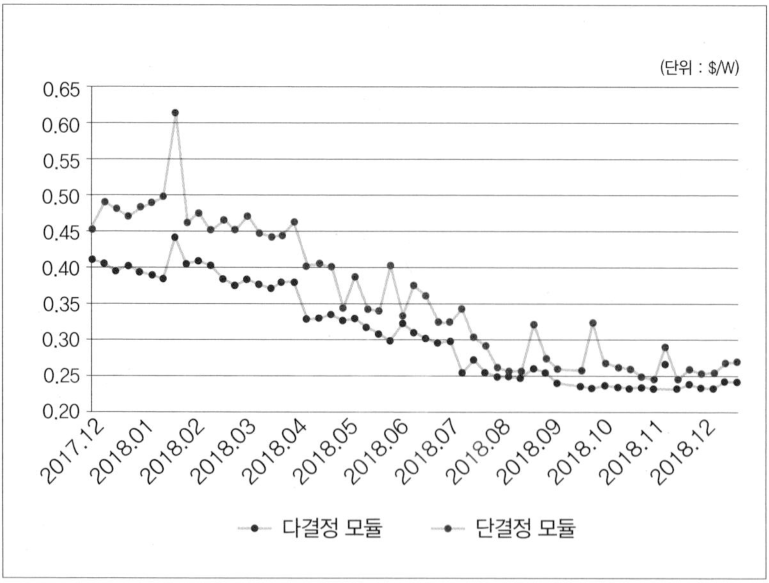

토지가 있는 사람 정도만 태양광 발전사업에 관심을 기울이면 좋겠다. 태양광 발전사업은 자기 소유의 토지에서 하는 게 가장 이상적이기 때문이다. 단, 다음의 세 가지는 꼭 점검하자.

첫째, 선로 용량에 여유가 있는지 확인한다. 한국전력공사 홈페이지에는 '분산형전원 용량조회'라는 메뉴가 있다. 여기서 해당 지번을 입력하면 알아볼 수 있다. 또는 한국전력공사 지역 지사에 문의해도 된다. 2019년 10월 현재 전라남북도는 상당 부분의 지역에서 선로 용량이 부족하다. 그래서 한국전력공사에서 용량을 증설할 때까지 기다려야 한다. 충청남도부터 경기도까지는 아직 여유가 있는 편이다.

둘째, 발전허가를 받을 수 있는지 확인한다. 토지가 소재하고 있는 지역의 시청이나 군청 담당 부서에 토지 지번을 알려주고 문의하면 된다.

셋째, 개발행위 가능 여부를 확인한다. 개발행위는 각 지역의 조례까지 만족해야 하므로 일반적이라고 말할 수 있는 규칙은 없다(공통적으로

그림 5-41 분산형전력 용량조회(출처: 한국전력공사)

진입로와 배수로는 필요하다). 이는 본격적으로 투자에 뛰어들기 전에 간단하게 확인 가능하고, 또 확인해야 할 기본 사항이다. 토지가 소재한 시청이나 군청 앞 설계사무소에 문의를 해 상담받는 것도 현명하다. 물론 태양광 발전소 개발행위를 해본 곳이라면 더 좋다.

최근에는 영농형 태양광 발전사업 연구도 활발하다. 기존 농지에 농사는 그대로 지으면서, 지상에 태양광 발전 시설을 설치하는 사업이다. 사업이 본궤도에 오르면 농사 짓는 농부도 부수입을 거둘 수 있을 걸로 보인다. 700평 규모의 농지에서 매월 100만 원 정도의 수입을 챙길 수 있다고 하니 기대해볼 만하다.

2020년은 문재인 대통령이 임기 3년 차를 맞는 해다. 임기 5년 가운데 정중앙을 통과한다. 친환경 에너지 정책은 계속해서 이어질 것이며, 태양광 발전과 관련한 논의는 더 활발해질 것이다. 반면 분양 광고 역시 더 화려해질 가능성이 크다. 덩달아 피해 사례도 늘 것이다. 불특정 다수를 겨냥한 요란한 광고에 현혹되지 않도록 하자. 비관론에 젖을 필요도 없다. 그저 묵묵히 정도를 걷는 게 최선의 토지 투자 전략이다.

COLUMN

이런 땅은 절대 사지 마라!
(feat. 기획부동산)

강의를 하다 보면 가끔 이런 질문을 받는다. "이 땅은 어떤가요?" 그럼 난 이렇게 답한다. "번지가 어떻게 되나요?" 그렇게 번지를 받고 나면 어떻게 이 땅을 사게 됐는지 묻는다. 질문자가 내게 이 땅이 어떤지를 묻는다는 건 자신이 그 땅을 싸게 샀는지가 궁금하기 때문이다. 싸게 산 것이 아니더라도 앞으로 개발할 여지가 있거나 시세가 상승할 여지가 있는지 궁금해한다.

그런데 질문이 들어오는 토지 중에는 사실 좋은 토지가 별로 없다. 좋은 토지라면 본인도 이미 알았을 테고, 그사이에 시세도 올랐으니 내게 물어볼 필요가 없다. 하지만 별로 좋지 않은 토지는 어딘가 찜찜하고, 몇 년 동안 시세도 꿈쩍하지 않아 잘 샀는지 고민스럽다. 그래서 내게 물어보는 건데, 문제는 그런 질문자가 제법 많다는 것이다.

기획부동산은 말 그대로 물건을 기획해서 파는 부동산을 말한다. 처음부터 나쁜 의미가 아니었다는 걸 상기시키기 위해서 하는 말이다. 불특정 다수를 노리며 이를 악용하는 사람이 해마다 늘어나서 그렇지, 날 때부터 '나쁜 부동산'의 표본은 아니었다.

기획부동산 측이 어떻게 영업하는지를 알면 피해를 줄일 수 있다. 기획부동산은 보통 다음의 순서를 밟아가며 영업한다. 먼저 번화가에 사무실을 얻는다. 서울이면 강남이고 부산이면 서면 근처다. 대구는 수성구, 대전은 서구, 광주는 상무지구에 사무실이 있다. 그래야 이른바 '뽀대'가 나기 때문이다. 어떤 기획부동산은 공기업의 건물을 임차하기도 한다. 가령 서울 강남의 ○○공사 건물 7층을 빌리는 식이다. 공기업이나 국가기관의 건물에 사무실이 있으면 방문하는 사람에게 믿음을 줄 수 있다. 내부 인테리어는 또 어찌나 고급스러운지, 고급 가죽 소파로 손님을 맞이하고 상담실에는 전자칠판과 대형 모니터가 준비돼 있다.

그런 다음 영업사원을 뽑는다. 영업사원은 무작위로 뽑는다. 주부, 청년, 은퇴자 등을 가리지 않는다. 많을수록 좋다. 인맥 영업을 해야 하기 때문이다. 영업사원들에게 기본급은 약간만 지급하고 대신 수당이 크다. 토지를 팔수록 수당을 많이 받는 구조다. 그런데 처음 영업하는 사람은 팔 곳이 없다. 가족, 친구, 지인 등이 첫 번째 고객이 될 수밖에 없다. 기획부동산은 영업사원을 지속적으로 교육한다. 일단 본인이 그 땅이 좋다고 믿어야 다른 사람에게도 팔 수 있기 때문이다. 그래서 정작 영업사원 자신은 그게 정말로 토지라고 믿는다.

이렇게 영업사원을 뽑은 다음에는 철저한 내부 경쟁 체제로 간다. 다단계 방식을 택하는 곳도 있다. 여기에 적응하지 못하거나 실적이 없는 사람은 해고한다. 그리고 실적이 좋으면 상당한 수당과 승진이 뒤따른다. 그래서 한번 이곳에 맛을 들이면 빠져나오기가 힘들다.

이들은 주로 개발계획이 있는 곳의 토지를 선호한다. 그렇다고 이들이 파는 토지가 개발되는 것은 아니다(그 이유는 두 번째 테마에서 자세히 설명했다). 개발계획이 있는 지역의, 개발될 일이 없는 토지를 싸게 사들이는 식이다. 대표적인 게 개발제한구역의 임야나 공익용 산지 등이다. 이들은 소기의 목적을 달성하면 연기처럼 사라진다.

기획부동산에서 파는 토지는 다음과 같은 공통점이 있다. 첫째, 지인에게 소개받은 경우가 많다. 둘째, 매매금액이 3000만 원에서 5000만 원 사이이다. 이 정도 금액은 웬만해서는 혼자서도 만들 수 있는 돈이기 때문이다. 특히 토지는 수도권에 투자하려고 하면 몇 억 원은 기본인데, 소액에 판다고 하니 일단 관심이 간다. 그 정도는 나도 가지고 있기 때문이다. 행여 토지가격이 미동도 하지 않는다는 걸 뒤늦게 깨달아도 비교적 쉽게 잊을 수 있다. 돈도, 그들도.

셋째, 지분 형태로 등기한다. 판매 금액을 3000만 원에서 5000만 원 사이로 맞추면 토지의 면적은 작아질 수밖에 없다. 그러려면 토지를 나눠야 한다. 하지만 대부분 토지에는 '최소 분할 면적'이라는 게 있어서 분할하기가 쉽지 않다. 지방자치단체에 따라서는 분할을 금지하는 경우도 있다. 그래서 이들이 고안한 방법이 지분으로 등기하는 것이다.

가령 기획부동산 측이 평당 10만 원에 1000평을 샀다고 하자. 그럼 이들은 다시 평당 30만 원에 불특정 다수에게 팔 궁리를 한다. 평당 30만 원으로 정했으니 사는 사람이 부담스럽지 않게 파는 가격을 3000만 원으로 맞춘다. 한 사람에게 100평씩을 팔아야 한다. 그럼 1000평을 열 개로 쪼개본다. 그런데 이 1000평이 농지라고 한다면 분할할 수 있을까? 경지정리가 된 농지거나 도로가 없는 농지는 분할하는 게 쉽지 않다. 경지정리가 된 농지는 최소 분할 면적이 2000㎡, 약 605평이다. 그래서 이들은 평당 30만 원씩 열 명에게 팔되, 이 열 명을 1000평의 공동소유 형태로 등기한다. 그림 5-42를 보자.

2013년 3월 27일 김동○은 임재○에게 이 농지를 사들였다. 그런 다음 2013년 4월 24일 이준○에게 2424분의 165만큼을 판다. 2424는 전체 면적을 말한다. 2424㎡ 중에서 165㎡를 지분 형태로 판 것이다.

거래금액은 3528만 원이다. 165㎡는 약 50평이니, 평당 70만원 꼴이다. 마찬가지로 2013년 4월 24일에 김순○에게도 50평을 3479만 원에 팔았다. 역시 2424분의 165 지분이니 평당 70만 원 꼴이다.

그림 5-42 기획부동산의 공동소유 형태 등기 사례 ①

【 갑 구 】 (소유권에 관한 사항)				
순위번호	등 기 목 적	접 수	등 기 원 인	권리자 및 기타사항
1 (전 2)	소유권이전	1995년5월23일 제12131호	1980년12월30일 증여	소유자 임재 공주시 법률제4502호에 의함
				부동산등기법 제177조의 6 제1항의 규정에 의하여 2000년 11월 09일 전산이기
2	소유권이전	2013년3월27일 제7768호	2013년2월26일 매매	소유자 김동 ~~경기도 부천시~~ 매매목록 제2013-233호
2-1	2번등기명의인표시변경		2013년4월30일 전거	2013년5월3일 부기
3	소유권일부이전	2013년4월24일 제10632호	2013년4월23일 매매	공유자 지분 2424분의 165 이준

[토지] 충청남도 공주시 [redacted]

순위번호	등 기 목 적	접 수	등 기 원 인	권리자 및 기타사항
				서울특별시 [redacted] 거래가액 금35,280,000원
4	2번김[redacted] 지분808분의753 중 일부(2424분의165) 이전	2013년4월24일 제10633호	2013년4월23일 매매	공유자 지분 2424분의 165 김순[redacted] 경기도 [redacted] 거래가액 금34,790,000원
5	2번김[redacted] 지분404분의349 중 일부(2424분의165) 이전	2013년4월24일 제10634호	2013년4월23일 매매	공유자 지분 2424분의 165 조귀[redacted] 경기도 남양주시 [redacted] 거래가액 금34,790,000원
6	2번김[redacted] 지분808분의643 중 일부(2424분의165) 이전	2013년4월24일 제10635호	2013년4월23일 매매	공유자 지분 2424분의 165 이도[redacted] 서울특별시 [redacted] 거래가액 금35,280,000원
7	2번김[redacted] 지분202분의147 중 일부(2424분의165) 이전	2013년5월3일 제11681호	2013년5월3일 매매	공유자 지분 2424분의 165 권영[redacted] 인천광역시 [redacted] 거래가액 금34,790,000원
8	2번김[redacted] 지분808분의533 중 일부(2424분의198) 이전	2013년6월3일 제14430호	2013년6월3일 매매	공유자 지분 2424분의 198 장미[redacted] 서울특별시 [redacted] 거래가액 금42,336,000원
9	2번김[redacted] 지분808분의467 중 일부(2424분의165) 이전	2013년6월3일 제14431호	2013년6월3일 매매	공유자 지분 2424분의 165 김용[redacted] 대전광역시 [redacted] 거래가액 금35,000,000원
10	2번김[redacted] 지분202분의103 중 일부(2424분의165) 이전	2013년6월3일 제14432호	2013년6월3일 매매	공유자 지분 2424분의 165 오동수[redacted] 경기도 고양시 [redacted]

이런 식으로 전체 면적이 2424㎡(733평)인 토지가 지분 형태로 총 열다섯 명에게 팔렸다. 733평을 평당 70만 원에 팔았으니 총 매매대금은 5억 1300만 원이다. 그럼 김동○은 이 토지를 얼마에 샀을까?

그림 5-43처럼 토지의 실거래가를 보여주는 '밸류맵'에서 확인해보자 이 토지는 평당 27만 2000원에 거래됐다. 결국 김동○은 이 토지를

그림 5-43 기획부동산의 공동소유 형태 등기 사례 ②

[주 의 사 항]

본 주요 등기사항 요약은 증명서상에 말소되지 않은 사항을 간략히 요약한 것으로 증명서로서의 기능을 제공하지 않습니다.
실제 권리사항 파악을 위해서는 발급된 증명서를 필히 확인하시기 바랍니다.

고유번호 1612-1996-543028

[토지] 충청남도 공주시 이인면 신영리 629 답 2424㎡

1. **소유지분현황 (갑구)**

등기명의인	(주민)등록번호	최종지분	주 소	순위번호
권영[redacted] (공유자)	[redacted]	2424분의 165	인천광역시 [redacted]	7
김미[redacted] (공유자)	[redacted]	2424분의 215	경기도 [redacted]	17
김순[redacted] (공유자)	[redacted]	2424분의 165	경기도 [redacted]	4
김용[redacted] (공유자)	[redacted]	2424분의 165	대전광역시 [redacted]	9
박완[redacted] (공유자)	[redacted]	2424분의 142	경기도 [redacted]	15
오동[redacted] (공유자)	[redacted]	2424분의 165	경기도 [redacted]	10
원상[redacted] (공유자)	[redacted]	2424분의 202	경기도 [redacted]	18
이도[redacted] (공유자)	[redacted]	2424분의 165	서울특별시 [redacted]	6
이준[redacted] (공유자)	[redacted]	2424분의 165	서울특별시 [redacted]	3
이혜[redacted] (공유자)	[redacted]	2424분의 165	인천광역시 [redacted]	16
장미[redacted] (공유자)	[redacted]	2424분의 198	서울특별시 [redacted]	8
전주[redacted] (공유자)	[redacted]	2424분의 165	경상남도 [redacted]	11
조귀[redacted] (공유자)	[redacted]	2424분의 165	경기도 [redacted]	5
최완[redacted] (공유자)	[redacted]	2424분의 83	전라남도 [redacted]	24
하창[redacted] (공유자)	[redacted]	2424분의 99	인천광역시 [redacted]	14

평당 27만 원에 사서 70만 원에 팔았다는 이야기다.

이 일대의 시세는 얼마나 할까? 주변 시세가 평당 70만 원 정도라면 거래를 튼 김동○보다 웃돈을 주고 샀을지라도 이 땅의 새로운 주인들은 피해가 없다고 할 수 있다. 그저 평당 27만 원에 사들인 김동○의 능

그림 5-44 기획부동산 판매 토지 실거래가(출처: 밸류맵)

력이 출중한 것이다. 하지만 주변 시세가 70만 원에 못 미친다면? 매수자들은 직간접으로 피해를 본 셈이다. 밸류맵을 통해 주변의 시세를 찾아보았다.

그림 5-45 주변 토지 시세(출처: 밸류맵)

아뿔사! 당시 주변 시세는 평당 20만 원 전후였다. 인근에 높게 거래된 필지도 한두 곳 보이지만, 이를 두고 주변 시세를 단정지을 수는 없다. 오히려 평당 20만 원 전후에서 거래된 토지가 더 많다.

이렇게 지분 형태로 토지를 구매한 사람이 열다섯 명이나 된다. 이들은 추후 재산권을 어떻게 행사할까? 하나의 필지를 단독으로 소유하면 자기가 원할 때 얼마든지 팔 수 있다. 하지만 열다섯 명이 공유하고 있으면 이야기가 달라진다. 열다섯 명이 모두 동의를 해야 이 토지를 팔 수 있다. 물론 본인 지분은 자유롭게 팔 수 있다. 다만 일반적으로 토지를 지분 형태로 거래하기란 쉽지 않다. 만약 열다섯 명 사이에 협의가 이뤄지지 않으면 법원에 공유물분할청구를 해야 한다. 토지 전체를 팔아서 지분 비율대로 나누어 가지라는 판결이 나온 후에야 이 토지를 팔 수 있다. 하지만 열다섯 명 중 쉽게 나설 사람은 없다. 더구나 공유물분할청구는 소송비용을 본인이 부담해야 한다. 그렇지 않아도 비싸게 싸서 이미 손해인데 추가로 비용을 더 부담하면서까지 물건을 정리할 사람은 없다.

쉽지는 않아도 지분 형태의 거래를 시도해볼 수는 있다. 일반적으로 자기 지분만 거래할 때는 싸게 팔아야 한다. 경매 낙찰가 수준에서 거래되기도 한다. 그럼 이런 물건이 경매에 지분 형태로 나오면 얼마에 낙찰될까?

최근 이 물건의 2424분의 165의 지분이 경매에서 낙찰됐다. 50평이 582만 원에 낙찰됐으니 평당 11만 6400원에 팔린 꼴이다. 결국 70만 원에 사서 12만 원 정도에 팔았다. 5분의 1 토막이 난 셈이다.

그럼 기획부동산은 왜 이렇게 토지 위주로 성행할까? 가장 큰 이유

그림 5-46 지분 형태의 물건 경매 낙찰 사례(출처: 탱크옥션)

TANK AUCTION 탱크옥션

관심등록 | 법원정보 | 내용인쇄

2018타경[redacted] 대전지방법원 공주지원 2계(041-840-5743) 매각기일 2019.07.01 월(10:00)

← 이전 | 목록 | 다음 →

☆☆☆☆☆

소재지	충청남도 [redacted] 지도보기 도로명주소검색				
물건종별	농지	개시결정	2018-07-04	사건명	강제경매
토지면적	165㎡ (49.9평)	소유자	[redacted]	감정가	19,635,000
건물면적		채무자	[redacted]	최저가	(24%) 4,715,000
매각물건	토지지분매각	채권자	[redacted]	보증금	(10%) 480,000

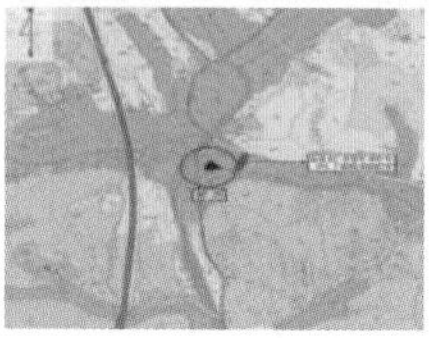

[입찰진행내용]

구분	입찰기일	최저매각가격	결과
1차	2019-01-07	19,635,000원	유찰
	2019-02-11	13,745,000원	변경
2차	2019-03-18	13,745,000원	유찰
3차	2019-04-22	9,622,000원	유찰
4차	2019-05-27	6,735,000원	유찰
5차	**2019-07-01**	**4,715,000원**	

낙찰 : 5,820,000원 (29.64%)

(입찰3명,낙찰:[redacted]

매각결정기일 : 2019.07.08 - 매각허가결정

대금지급기한 : 2019.08.16

대금납부 2019.08.12 / 배당기일 2019.08.27

배당종결 2019.08.27

가 토지에는 정해진 시세가 없기 때문이다. 아파트는 단지별로 가격이 정형화돼 있다. 하지만 토지는 같은 지역에서도 용도지역, 땅의 생김새와 토질, 도로의 유무에 따라 그 가격이 천차만별이다. 그래서 보통 사람은 해당 토지의 적정가를 판단하기가 힘들다. 영업사원의 말을 비교적 쉽게 믿는 이유다.

또 하나는 토지 투자의 성격 때문이다. 토지는 장기간 묵혀야 돈이 된다. 그래서 일단 토지를 산 사람은 몇 년간 관심을 끄고 지낸다. 토지를 판 기획부동산이 사무실을 정리하고 사라질 시간을 벌 수 있다.

마지막 세 번째는 개발계획이 잘 먹힌다는 것도 한몫한다. 기획부동산이 선호하는 지역은 개발 호재 인근의 토지다. 특히 개발 호재 인근의 토지 중에서도 개발이 쉽지 않은 토지가 주 타깃이다. 이런 토지는 실제 개발 여부와 상관없이 개발지 옆에 붙어 있다는 이유만으로 팔기가 쉽다. "곧 개발제한구역에서 해제된다" 또는 "거리가 가까우니 임야도 상관없다"라는 식으로 영업한다. 그래서 피해를 더 키운다.

기획부동산에 피해를 당하지 않으려면 어떻게 해야 할까? 투자 권유를 받으면 제일 먼저 지번을 물어보자. 지번 알려주기를 꺼린다면 일단 의심하자. 지번을 받았다면 밸류맵을 통해 용도지역과 공시지가 등을 확인하자. 용도지역에 자연환경보전지역, 공익용 산지, 개발제한구역이 포함돼 있다면 버리자. 공시지가는 매년 조금이라도 오르는 게 좋다. 주변 거래 시세를 확인하자. 최근 거래된 순으로 용도지역과 공시지가가 비슷한 토지를 참고하면 된다. 도로나 진입로가 있다면 비슷하게 도로나 진입로에 접한 토지를 살펴보는 식이다.

이렇게 해서 주변 실거래가를 마음속으로 가늠해보자. 상대방이 제시한 매수가가 주변 시세와 세 배 이상 차이를 보인다면 다시 한번 의심을 하자. 마지막으로 이렇게 책정된 금액이 5000만 원 이내라면 기획부동산이 확실하다. 그들이 말하는 개발 호재는 이 땅에서 일어나지 않는다.

요즘엔 가을에도 모기가 많다. 가을 모기에 물리면 여름 모기보다 더 따갑고 가렵다. 가을에는 피부가 여름보다 더 건조해져서 가려움이 더 심해지기 때문이다. 산란을 앞둔 가을 모기가 더 많은 혈액을 흡입하려는 경향이 있어서이기도 하다. 기획부동산에 당하는 피해도 그렇다. 돈만 사라지는 게 아니라 믿었던 사람에게 당한 배신감까지 더해져 그

아픔의 크기가 상당하다. 투자 시장에서 '우리 사이에'보다 더 무서운 말은 없다는 걸 기억하길 바란다.

PART6
절세
– 별부자

정책의 흐름을
한발 앞서 읽는
절세의 기술

2019년을
돌아보며

2019년은 부동산 법인의 해

2019년 하반기에 접어들면서 연초 잠시 주춤하던 서울 아파트 시세가 다시 고개를 들었다. 강남 아파트를 기점으로 매수세가 다시 상승 국면으로 돌아선 것이다. 정부는 2017년 8·2 대책을 시작으로 다주택자 양도소득세 중과세(2주택자가 집을 팔 때 10% 중과세, 3주택 이상 보유자가 집을 팔 때 20%를 기본세율에 중과세하는 제도) 등 각종 규제를 휘둘렀고, 2018년 공포의 9·13 대책으로 많은 투자자의 뇌리에 '법인'이라는 돌파구를 각인시켰다.

하지만 톰과 제리의 관계처럼 규제의 칼끝은 법인의 뒤를 바짝 쫓아왔다. 개인사업자에게만 적용되던 성실신고확인제(종합소득세 신고 시 세무대리인에게 신고 내용을 확인받게 한 제도)는 2018년부터 소규모 임대법인에까지 확대됐고, 최근에는 법인 명의의 주택담보대출도 LTV가 40%로 제한되면서 우회 대출길이 막혔다.

법인 설립을 향한 뜨거운 열기로 2019년의 터널을 통과했다. 다가올 해에도 여전히 법인은 투자자에게 구세주가 되어줄 수 있을까? 정부가 부동산 법인을 어디까지 규제할지가 2020년 최대의 관전 포인트다.

세금을 모르고 투자를 논할 수 없다

집을 한 채만 보유한 사람도 규제의 그늘에서 자유로울 수 없다. 조정대상지역에서 2017년 8월 2일 이후 취득분은 1세대 1주택 비과세(동일한 주소에서 생계를 같이하는 1세대가 국내 1개 주택을 소유하고 2년 이상 보유한 뒤 매도할 때 비과세 혜택을 주는 것)를 받기 위해 2년 이상 거주 요건을 충족시켜야 한다. 또한 신규 주택 취득 시 종전 주택과 신규 주택이 모두 조정대상지역에 있다면, 종전 주택을 신규 주택 취득 후 2년 안에 양도해야 비과세 혜택을 받을 수 있다. 여기에 토지, 건물, 조합원입주권은 장기보유 특별공제율이 연 3%(10년 이상, 30% 한도)에서 연 2%(15년 이상, 30% 한도)로 하향 조정됐고, 과세 대상 1세대 1주택자에 한해 8% 적용되던 공제율(10년, 80% 한도)은 2020년 1월 1일 양도분부터 조정대상지역에 소재했는지와 관계없이 무조건 2년 이상 거주해야 적용된다고 바뀌었다. 여기까지만 봐도 그동안의 부동산 조세 정책이 주택 투기 억제와 실거주 쪽에 초점을 맞춰 강화되었음을 알 수 있다.

2018년과 2019년의 굵직한 세금 정책을 조금 더 자세히 들여다보면 다음과 같다.

첫째, 장기보유 특별공제 배제 확대 및 조정대상지역 다주택자에 대한 중과세

둘째, 장기보유 특별공제율 연 2%(15년 이상, 30% 한도)로 하향 조정

셋째, 임대료 증액 제한 준수 요건 강화

넷째, 세부담 상한율 인상으로 보유세 점진적 강화 및 종합부동산세 세율 인상

여기에 2019년부터는 공정시장가액비율이 상향 조정되면서 공시가격이 현실화되자 다주택자의 비명 소리는 점점 더 커졌다.

세무조사 역시 강화됐다. 특히 서울 강남을 중심으로 부동산 투기와 고액 재산가에 대한 편법·탈법, 상속·증여 관련 자금출처조사가 몰아쳤다. 또한 부동산 가격을 조작하거나 허위거래로 시장을 교란시키는 행위에 대하여 모니터링이 철저해졌고, 다주택자 임대소득에 대한 세원 관리도 주택임대차정보시스템(RHMS)을 통해 한 차원 더 치밀해졌다. 나아가 양도소득세·종합부동산세 강화, 주택담보대출 제한, 수도권 주택시장 내 투기 억제 등 실수요자를 보호하기 위한 정책은 앞으로도 진보할 전망이다.

다가올 2020년을 맞아 투자자는 주택을 취득하고, 보유하고, 양도하는 데 발생할 각종 세금 문제에 더욱 철저히 대비해야 한다. 아울러 치밀한 절세 전략도 필요하다. 투자자에게 다주택자 양도소득세 중과세는 매우 가혹하고 치명적인 결과를 안겨줄 것이다. 수익률에 미치는 영향이 매우 크기 때문이다. 따라서 투자자는 복잡한 세금과의 전쟁에서 승리하기 위해 세무 전문가와 장기적인 관점에서, 거시적인 안목에 따라 현명한 '세테크' 전략을 짜야 한다.

파도 파도 어려운 게 세금이다. 이 책에서는 복잡한 세금 공식보다는 2020년을 맞이해 투자자에게 피가 되고 살이 되는 절세 노하우에 초점을 맞춰볼까 한다. 다가올 해에 가장 주목해야 할 세금 관련 이슈를 짚어보고, 실무 현장에서 가장 자주 받는 질문을 추려 Q&A 형식으로 풀어보았다. 진정한 투자 고수가 되는 지름길이 세금, 나아가 절세라는 사실을 이 책을 통해 쉽게 깨닫는 계기가 되길 바란다.

THEME 1

법인의 열기는 현재진행형

2019년에 가장 핫한 절세 아이템인 법인의 열기는 2020년에도 계속될 전망이다. 가장 큰 장점은 법인이 개인 명의와는 전혀 관련이 없는 독립된 실체라는 점이다. 대표자 개인이 보유한 주택수는 법인이 보유한 주택수에 영향을 미치지 않으므로, 개인은 법인을 이용해 1세대 1주택 비과세 혜택까지 누릴 수 있다. 법인의 세율이 개인의 소득세율보다 낮은 것도 단기적으로는 유리한 부분이다.

먼저, 가장 많이 헷갈려 하는 법인사업자와 매매사업자의 차이부터 짚어보자. 과거에는 매매사업자도 인기가 높았다. 하지만 다주택자 양도소득세 중과세 규정이 시행되고부터 매매사업자도 중과세를 완벽히 피할 수 있는 게 아니라는 사실이 널리 알려지면서 법인사업자에게로 관심이 쏠렸다. 그림 6-1은 법인사업자와 매매사업자를 간략히 구분해

그림 6-1 부동산 법인사업자와 매매사업자 구분

		법인사업자	매매사업자(개인)
취득 시		취득세 중과세 (과밀억제권역 내)	취득세 과세
보유 시	재산세·종합 부동산세	납세의무 있음	납세의무 있음
	임대소득 발생 시	법인세	종합소득세
양도 시		매년 법인세 신고 시 추가 과세 (주택, 별장, 비사업용 토지)	매년 5월 종합소득세 (비교 과세)
부가가치세		과세[국민주택 규모(전용면적 85㎡) 이하 면세] / 4회 신고	과세(국민주택 규모 이하 면세) / 2회 신고
결손금		10년간 이월과세	10년간 이월과세
성실신고확인제		• 부동산 임대법인의 경우 • 성실신고 대상자 법인 전환 후 3년	• 매매업: 수입금액 15억 원 초과 시 • 임대업: 수입금액 5억 원 초과 시

놓은 표다. 공통점도 있지만 차이점도 크니 잘 비교해보기 바란다.

법인을 설립할 때는 보통 새롭게 법인을 내는 '법인 신설 방식'을 따른다. 간혹 1세대 1주택 비과세를 노려 양도할 주택 이외의 주택을 법인으로 전환하는 '포괄양수도 방식'이나 '현물출자 방식'을 택하기도 하지만, 전자는 실질적인 자본금이 많이 필요하고 후자는 복잡한 절차에 시간이 많이 걸린다는 단점이 있다.

법인 설립에 대한 열망은 2019년부터 뜨겁게 달아올랐고, 이미 어느 정도 규제도 시작됐다. 조심스레 추측해보건대 2020년에는 보다 본격적으로 부동산 법인을 겨냥한 세법 개정이 이뤄질 수 있다. 이에 따라 법인을 보유하고 있거나 설립을 앞두고 있다면, 문제가 될 부분을 사전에 철저히 차단하고, 증빙관리를 엄격히 해둘 필요가 있다. 법인은 법에서 인정한 경제적 실체이며, 의무를 다하지 않았을 때 생기는 모든 책임은 법인과 임원 등이 짊어져야 한다.

법인을 운영하면서 세무상으로 특히 자주 발생하는 문제는 가수금과 가지급금이다. 가수금은 회사 계좌에 일시적으로 입금된 돈이며, 반대로 가지급금은 일시적으로 출금된 돈을 말한다. 가수금과 가지급금에 따라 발생할 수 있는 세무상의 문제점은 그림 6-2와 같다.

그림 6-2 가수금·가지급금에 따른 세무상 문제점

	가수금	가지급금
인정이자 여부	입금 내역이 명확하지 않으면 가수금 인정이 어려움	익금산입·상여처분으로 법인세·소득세 증가
비용 인정 여부	매출 누락, 가공경비 시 대표자 상여로 처분됨	업무무관 가지급금의 경우 손금불산입으로 법인세 증가
조사 대상	법인세, 소득세	법인세, 소득세
청산 또는 대표자 사망 시 문제점	상속세 재산가액에 포함	법인세·소득세 발생 가능

가수금과 가지급금은 법인이 폐업할 때까지 꼼꼼히 관리해야 할 부분이다. 중요성을 거듭 강조해도 모자란 이유는 최근 들어 이에 따른 세무 문제가 자주 불거지고 있기 때문이다. 국세청에서도 세무조사를 할 때 이를 가장 먼저 파악하고자 한다. 특히 대표자가 사망했을 때 법인의 가수금과 가지급금 내역을 파악하고, 가수금이 상속재산에 귀속

되는지를 파악하면서, 심지어는 그 가수금에 대한 자금출처조사까지 하는 경우도 있다. 법인 설립이 유행처럼 번지고 있는 요즘, 남들보다 더욱 철저히 대비해 투자 수익의 상당수를 세금 때문에 잃게 되는 불상사를 피하도록 하자.

그림 6-3 법인을 대상으로 한 세무조사 포인트와 대처 방법

세무조사 포인트	대처 방법
상법상·절차상 하자 여부	상법을 잘 준수한다
특수관계자와의 거래 내역	특수관계자와는 기본적으로 시가거래를 한다
적격증빙 수취 여부	적격증빙을 철저히 수취한다
가수금·가지급금 출처 파악	가수금·가지급금 세무관리를 철저히 한다
친인척 인건비 처리 여부	친인척이 실질적으로 근무했을 때만 지급한 인건비를 비용 처리한다

부동산 법인 관련 Q&A

Q. 법인을 운영하고 있습니다. 대표이사 가족(친인척 포함)에게 지급한 급여는 경비 처리가 되나요?

A. 대표이사의 가족이라도 실제 법인을 위해 일을 했다면 당연히 인건비로 비용이 인정됩니다. 이때 법인은 인건비를 지급하면서 원천세(인건비에 대한 세금)를 신고하고 지급명세서까지 증빙자료로 제출해야 합니다. 만약 실제로 근무하지도 않았는데 급여를 비용

처리했다면, 그 인건비는 비용으로 인정받지 못할 가능성이 크고, 해당 급여 귀속자에 대해서는 소득세를 과세하는 처분이 내려집니다.

Q. **대표이사에게 지급한 급여도 경비로 처리되나요? 만약 회사 자금이 부족해서 대표이사에게 실제로 급여를 지급하지 않은 경우라면요?**

A. 대표이사에게 지급한 급여는 당연히 인건비로 비용이 인정됩니다. 회사에서 급여를 지급하지 못했어도 원천세를 신고하고 납부까지 해서 인건비로 처리했으면 경비 인정이 됩니다. 다만, 지급하지 못한 급여는 미지급급여가 되어 법인의 부채로 남고, 인건비에 대한 국민연금과 건강보험도 발생합니다.

Q. **임원의 퇴직금은 모두 경비 처리가 되나요?**

A. 임원에게 지급하는 모든 퇴직금이 무조건 비용으로 인정되는 것은 아닙니다. 우선 회사에 퇴직금 지급 규정이 마련돼 있어야 하고, 지급 규정 범위에서 지급하는 퇴직금만 퇴직금으로서 경비 인정이 됩니다. 지급 규정을 넘어선 퇴직금은 근로소득으로서 경비 인정이 되는 것이죠. 근로소득이 퇴직소득보다 일반적으로 소득세가 많이 발생하므로, 퇴직금으로 인정되는 게 절세 면에서는 더 유리합니다.

Q. **대표이사 가족의 사택 관리비도 비용 인정이 되나요?**

A. 법인의 주주나 출자임원(소액주주 임원 제외)이 사용하는 사택의 유

지 관리비는 법인의 경비로 인정되지 않습니다. 따라서 주주인 대표이사 가족이 쓰는 사택 관리비도 경비로 인정받을 수 없습니다.

Q. **법인이 대출금으로 아파트를 사면 대출금 이자는 비용으로 인정받을 수 있나요?**

A. 부동산 임대업을 하는 법인이 대출금으로 산 아파트를 임대 용도로 사용한 경우에는 업무 관련성이 있다고 봅니다. 그래서 대출금 이자는 비용 처리가 가능합니다. 단, 법인의 업무와 연관이 없는 아파트를 취득할 때는 차입한 대출금의 이자 비용은 경비로 인정되지 않습니다.

Q. **법인이 대출금으로 산 아파트에 대표이사 가족이 무상으로 거주하면 어떻게 처리되나요?**

A. 먼저 법인의 대출금 이자 비용이 부인 처리됩니다. 즉, 법인 입장에서는 이자로 나간 지출이 비용으로 인정받지 못하는 것이죠(손금불산입 처리). 이 경우 아파트 관리비도 법인이 지불했을 텐데, 역시 비용으로 인정받지 못하고 그 관리비만큼 대표이사에게 보너스를 지급한 것처럼 상여처분하게 됩니다(손금불산입 처리와 상여처분). 또한 아파트 월세 시세만큼 법인 수입을 증가시키면서 역시 대표자의 상여로 처분됩니다(익금산입 처리와 상여처분).

Q. **그렇다면 법인이 대출금으로 산 아파트에 대표이사 가족이 유상으로 거주하면 어떻게 처리되나요?**

A. 시세대로 거주한다면 아무런 문제가 없습니다. 그 월세나 전세가 적정한 시세인지만 검토하면 됩니다.

Q. 법인 명의 차량을 대표이사 가족이 탄다면 차량 유지로 발생하는 비용은 어떻게 처리되나요?

A. 대표이사 가족이 회사 임직원이 아닌 상황에서 법인 차량을 운행했다면, 그로 인해 발생한 차량 유지비는 모두 비용으로 인정될 수 없습니다.

Q. 법인이 교회에 낸 헌금도 비용으로 인정되나요?

A. 헌금을 낸 교회가 지정기부금 단체에 해당한다면, 한도 내의 금액에 한해 법인에 기부금 공제가 적용됩니다.

Q. 부가세 문제를 피하기 위해 법인은 중소형 아파트에만 투자하는 게 이득인가요?

A. 최근 들어 사업자가 있는 상태로 국민주택 규모를 초과하는 주택을 거래할 때 부가세가 발생한다는 사실이 많이 알려지기 시작했습니다. 대형 아파트보다는 중소형 아파트에 투자 수요도 몰리는 추세죠. 하지만 단순히 매매가액이 크다고 해서 부가세가 크게 발생하는 것도 아닙니다. 국민주택 규모를 초과하는 주택은 거래 시 토지와 주택을 함께 양도하는데, 이때 토지는 면세고 주택은 과세대상입니다. 양도가액(자산을 양도할 당시 양도자와 양수자 간 실제로 거래한 가액)은 토지와 주택이 안분하고, 부가세는 주택의 건물이 오래

될수록 평가된 가액 자체가 줄어들기 때문에 함께 낮아집니다. 그래서 오래전에 건설된 구축 아파트에 투자한다면 대형 평형일지라도 양도할 때 발생할 부가세를 너무 두려워할 필요는 없어 보입니다.

THEME 2

주택임대사업자 등록, GO? STOP?

법인에 앞서 절세 트렌드를 일으킨 선두주자는 주택임대사업자였다. 1세대 1주택 비과세 규정을 노린 다주택자가 '거주주택 비과세특례'(「소득령」 제115조 제20항) 요건을 충족시키기 위해 주택임대사업자로 등록했던 것이다. 양도차익이 많이 발생했을 때 팔려는 주택을 제외한 나머지 주택을 모두 임대사업자로 등록하는 방법으로, 한때 정부의 적극적인 홍보로 열풍이 불기도 했으나 다주택자에게 과도한 특혜를 준다는 논란으로 혜택이 대폭 축소되면서 그 인기도 한풀 꺾였다.

특히 9·13 대책 이후 득보다 실이 커졌다는 게 지배적인 의견이다. 조정대상지역에서 종합부동산세를 합산과세하는 것과 다주택자에 대한 양도소득세 중과세 규정 등이 이미 사업자 등록을 마친 사람에게도 등록 취소를 고려하게 한 요인이 되었다.

그림 6-4 주택임대사업자 등록 조건과 세제 혜택

주택임대사업자 등록 조건	
사업 주체	민간임대사업자
임대 호수	1호 이상
공급 면적	제한 없음 (오피스텔의 경우 전용면적 85㎡ 이하의 주거용 오피스텔에 한하여 등록 가능)
임대 기간	4년(8년) 이상
임대료 증액제한	임대료(임대보증금) 증가율 5% 이하
임대사업등록 기관	주소지 관할 시·군·구청 또는 홈페이지 '렌트홈'(www.renthome.go.kr) 이용 (물건 소재지 관할 시·군·구청도 가능)
세제 혜택	
취득	취득세 감면
보유	재산세 감면, 종합부동산세 합산 배제, 종합소득세 세액 감면
처분	1세대 1주택 비과세 거주요건 배제, 거주 주택 비과세 특례, 다주택자 양도소득세 중과세 배제, 장기보유 특별공제율 특례 적용(「조특법」 제97조3), 양도소득세 100% 감면(「조특법」 제97조5)

* 주택임대사업자 등록 조건은 「민간임대주택법」을 따름
* 취득·보유 시 세제 혜택에는 호수·면적 기준이 있으며, 처분 시 혜택에는 의무임대기간·기준 시가·면적·임대료 증액 기준이 있음

그림 6-5 9·13 대책에 따른 주택임대사업 관련 변화

2018년 9월 13일 이전 취득 주택	2018년 9월 14일 이후 취득 주택
- 조정대상지역 내 취득한 주택을 장기임대주택으로 등록한 경우 종합부동산세 합산배제 - 다주택자 양도소득세 중과배제	- 1주택 이상 소유한 1세대가 조정대상지역 내 취득한 주택은 장기임대주택으로 등록할지라도 종합부동산세 합산과세 - 다주택자 양도소득세 중과적용

* 단, 다음의 경우 종합부동산세 합산배제 및 다주택자 양도소득세 중과배제 혜택을 얻을 수 있음
  1) 2018년 9월 13일 이전에 주택을 취득한 경우(주택을 취득할 수 있는 권리 포함)
  2) 2018년 9월 13일 이전에 주택을 취득하기 위하여 매매계약을 체결하고 계약금을 지급한 사실이 증빙 서류에 의해 확인되는 경우
  3) 2018년 9월 14일 이후에 조정대상지역으로 지정된 주택으로서 조정대상지역의 공고가 있은 날 이전에 주택을 취득하거나(주택을 취득할 수 있는 권리 포함) 주택을 취득하기 위해 매매계약을 체결하고 계약금을 지급한 사실이 증빙 서류에 의해 확인되는 경우
  4) 2018년 9월 14일 이후에 조정대상지역 밖에 소재하고 있는 주택을 취득한 경우(건설임대주택은 조정대상지역 내 취득한 경우에도 법 소정요건을 충족한다면 종합부동산세 합산배제 가능)

주택임대사업자 등록 시 9·13 대책 이후 신규 취득한 주택은 임대개시일 당일 기준시가가 6억 원(수도권 밖은 3억 원) 이하여야 장기보유특별공제 최대 70% 또는 양도소득세 100% 감면 혜택을 받을 수 있다. 이때 주택이 조정대상지역에 속해 있는지 여부는 상관이 없다. 2019년 10월 24일부터는 신규 등록하는 임대주택에 임대료(임대보증금) 증액제한 적용 시점이 불리해지면서, 증액제한 준수 기간이 실질임대기간(의무임대기간 경과 후 임대주택으로 등록되어 있는 기간)으로까지 확대되었다. 2019년에 가장 많은 세무 문제가 불거진 '2년 이상 실거주 요건'도 임대사업자에게는 불리한 기준이다.

그림 6-6 임대료(임대보증금) 증액제한 관련 세제 혜택 기준

구분	세목	특례 내용
종전	양도소득세	1. 장기보유 특별공제율 특례적용(「조특법」 제97조3) 2. 양도소득세 100% 감면(「조특법」 제97조5)
현행	종합부동산세	1. 종합부동산세 합산배제
	종합소득세	1. 분리과세 시 필요경비율(60%) 적용 2. 분리과세 시 공제금액(400만 원) 적용 3. 종합소득세 세액감면
	양도소득세	1. 1세대 1주택 비과세 거주요건 배제 2. 거주주택 비과세특례 3. 다주택자 양도소득세 중과배제 4. 장기보유 특별공제율 특례적용(「조특법」 제97조3) 5. 양도소득세 100% 감면(「조특법」 제97조5)

* 2019월 2월 12일 이후 임대차계약을 갱신하거나 새로운 체결분부터 적용되며, 임대료 증액제한 규정을 위반할 경우 위의 세제 혜택은 받을 수 없음

2020년 1월 1일부터는 주택임대 시 주택임대사업자 등록을 해야 하며, 「민간임대주택법」에 따라 시·군·구청에서 한 주택임대사업자 등록과 별개로 세무서에 사업자 등록을 해야 한다. 원칙적으로는 이전과 달라지지 않았지만, 이를 어길 시 임대수입금액의 0.2%만큼 미등록가산세가 부과된다는 벌칙이 새로 생겼다(단, '렌트홈'에서 전자민원 처리하면 주택임대사업자 등록과 세무서 사업자 등록이 일괄 처리된다).

그림 6-7 주택임대사업자에 대한 세원 관리 강화(「소득법」 제168조)

종전	현행
① 새로 사업을 시작하는 사업자는 사업장 소재지 관할 세무서장에게 등록하여야 한다. 다만, 분리과세 주택임대소득만 있는 사업자의 경우에는 그러하지 아니하다.	① 새로 사업을 시작하는 사업자는 대통령령으로 정하는 바에 따라 사업장소재지 관할세무서장에게 등록하여야 한다. 〈단서 삭제〉 〈2019.01.01.이후 주택임대 사업을 개시한 경우 적용〉

- 주택임대사업자 미등록가산세 신설
  2020.01.01. 이후부터 주택임대소득 과세 대상자가 사업자 등록을 하지 않을 경우 미등록가산세(임대수입금액의 0.2%) 적용

이렇듯 이득보다는 지켜야 할 의무와 위반 시 받게 될 벌칙 부담이 증가하면서, 주택임대사업자 등록이 예년만큼 활발할지는 미지수다. 다주택자라면 임대사업자 등록을 했을 때 발생할 득과 실을 잘 따져보는 것은 물론, 법인 설립과도 저울질하며 신중에 신중을 기해야겠다.

주택임대사업자 관련 Q&A

Q. 공동소유 아파트와 단독소유 아파트를 보유하고 있습니다. 이 경우 주택임대사업자 등록 신청은 어떻게 해야 하나요?

A. 공동명의 아파트에 대한 주택임대사업자 등록과 단독명의 아파트에 대한 주택임대사업자 등록을 각각 해야 합니다. 세무서에서 발급받는 사업자등록증도 공동명의 사업자등록증과 단독명의 사

업자등록증을 각각 발급받아야 합니다. 2인 이상이 공동으로 소유하고 있는 아파트에 대한 주택임대사업자 등록은 반드시 공동명의로 신청해야 하며, 공동명의로 된 아파트를 단독명의로 신청할 수는 없습니다.

Q. 최근에 오피스텔을 분양받았습니다. 오피스텔도 주택임대사업자 등록을 할 수 있나요?

A. 오피스텔은 준주택으로 원칙적으로는 주택임대사업자 등록이 불가능합니다. 다만 전용면적이 85㎡ 이하면서 상하수도 시설을 갖춘 전용 입식부엌, 전용 수세식화장실, 목욕시설을 갖춘 주거용 오피스텔은 예외적으로 주택임대사업자 등록이 가능합니다.

Q. 주택임대사업자 등록을 한 경우 임대개시일은 언제부터인가요?

A. 주택임대사업자 등록을 하기 이전부터 임대를 개시했다면 주택임대사업자 등록일이 임대개시일이 되고, 주택임대사업자 등록일 이후에 임대를 개시한다면 임대를 개시하는 날이 임대개시일이 됩니다.

Q. 세입자와 임대차계약 신고 및 변경신고를 할 때 인터넷에 돌아다니는 임대차계약서를 사용해도 되나요?

A. 앞으로는 임대차계약 신고 및 변경신고를 할 때는 반드시 「민간임대주택법」에서 규정하는 「표준임대차계약서」를 사용해야 합니다. 그 외 다른 임대차계약서를 사용하면 과태료가 부과됩니다.

Q. **세입자가 자주 바뀌는 다세대주택을 임대하고 있습니다. 제 경우도 세입자 변동이 생길 때마다 임대차계약 변경신고를 해야 하나요?**

A. 원칙적으로는 그렇습니다. 온라인 전자민원 사이트 '렌트홈'을 이용하면 그나마 불편을 덜 수 있습니다.

Q. **임대차계약이 만료되고 묵시적으로 갱신된 경우에도 임대차계약 변경신고를 해야 하나요?**

A. 지금까지는 임대차계약 변경신고를 하지 않아도 됐지만, 최근 개정된 「민간임대주택법」에 따라 2019년 2월 15일부터는 묵시적 갱신이 이루어진 경우라도 임대차계약 변경신고를 해야 합니다. 다만, 이때는 표준임대차계약서 사본을 첨부하지 않아도 됩니다.

Q. **주택이 여러 채인 경우 종합부동산세처럼 주택분 재산세도 개인을 기준으로 인별 합산해서 계산되나요?**

A. 주택분 재산세는 종합부동산세와 달리 개인을 기준으로 인별 합산하지 않고 물건별, 주택별로 각각 개별 과세됩니다.

Q. **지방자치단체에만 주택임대사업자 등록을 하고 세무서에는 사업자 등록을 하지 않은 경우 재산세를 감면받을 수 있나요?**

A. 재산세는 지방자치단체가 부과하는 지방세입니다. 주택임대사업자의 재산세 감면은 지방자치단체에 임대사업자로 등록하기만 해도 충분합니다. 따라서 세무서에 사업자 등록 여부와 관계없이 재산세 감면을 적용받을 수 있습니다.

Q. **지방자치단체에만 주택임대사업자 등록을 하고 세무서에는 사업자 등록을 하지 않은 경우 종합부동산세 합산배제를 적용받을 수 있나요?**

A. 지방자치단체에 신청하는 사업자 등록을 1단계로 보고, 세무서에 신청하는 사업자 등록을 2단계로 봅니다. 국세 혜택을 받기 위해서는 2단계까지 등록을 진행하면서, 5% 임대료 상승 제한 규정도 준수해야 합니다. 따라서 주택임대사업자가 종합부동산세 합산배제라는 국세의 혜택을 보려면 지방자치단체와 세무서에 각각 주택임대사업자 등록을 해야 합니다.

Q. **최근 분양받은 아파트가 있습니다. 아직 아파트가 완공되지 않았는데 주택임대사업자 등록을 할 수 있나요?**

A. 현재 주택을 소유하고 있거나, 분양·매매·건설 등을 통해 주택을 소유할 예정인 사람도 주택임대사업자 등록이 가능합니다. 따라서 완공되지 않은 아파트라도 주택임대사업자 등록을 할 수 있습니다.

Q. **현재 조합이 설립된 재건축 진행 예정인 아파트에 대해서도 주택임대사업자 등록이 가능한가요?**

A. 임대사업자 등록일 현재 아파트가 멸실되지 않고 임차인이 거주하고 있다면 재개발이나 재건축이 예정된 아파트라 할지라도 주택임대사업자 등록이 가능합니다. 다만, 임차인이 이주하여 공실인 상태거나 아파트가 멸실된 경우에는 주택임대사업자 등록을 할 수 없습니다.

Q. 의무임대기간이지만 현재 아파트에 관리처분인가가 났고 재개발이 진행 중이라 임대가 불가능합니다. 이 경우에도 과태료가 부과되나요?

A. 재개발, 재건축 등으로 아파트가 멸실될 경우 남은 의무임대기간은 자동 종료되어 과태료 적용 대상이 되지 않습니다. 다만, 지방세나 국세의 세제 혜택을 받기 위해서는 남은 의무임대기간을 아파트 재건축 이후에 충족시켜야 합니다.

Q. 주택임대사업자 등록을 취소하고 싶습니다. 과태료가 부과되나요?

A. 지방자치단체에 주택임대사업자 등록을 하고 1개월이 지나기 전 말소신고를 한다면 과태료가 부과되지 않습니다. 다만 법에서 규정한 부득이한 사유가 아님에도 1개월이 경과한 후에 말소신고를 한다면 과태료 부과 대상에 해당합니다.

THEME 3

5월에 상륙할 태풍, 종합소득세

2019년과 2020년, 세금과 관련해 가장 굵직한 이슈는 아무래도 주택임대소득자에 대한 종합소득세 과세다. 2019년 귀속 소득을 신고하는 2020년 5월 종합소득세 신고부터 주택임대소득이 2000만 원을 초과하면 합산과세로, 2000만 원 이하면 분리과세나 종합과세 중 선택해서 신고해야 한다. 종합소득세의 10%만큼 지방소득세가 부과되고, 건강보

그림 6-8 주택임대소득 과세 방법 변화

임대수입금액	2018년 12월 31일 이전 귀속분	2019년 1월 1일 이후 귀속분
2000만 원 이하	비과세	분리과세 또는 종합과세(선택 가능)
2000만 원 초과	종합과세 대상	종합과세 대상

험료의 정산·책정에도 영향을 끼치는 만큼 어떤 방법을 선택할지 보다 전략적으로 접근해야 한다.

일단 고가주택이 아닌 부부 합산 1주택자라면 주택임대소득에 대한 종합소득세를 크게 걱정하지 않아도 좋다. 하지만 배우자와 주택수를

그림 6-9 주택임대소득자 종합소득세 과세 기준

주택수(부부 합산)	임대료	간주임대료(임대보증금·전세금)
1주택자	과세 제외 (단, 고가주택은 과세)	과세 제외
2주택자	과세	
3주택 이상자	과세	임대보증금 합계 3억 원 초과 시 과세, 임대보증금 합계 3억 원 이하 시 과세 제외

* 2019년 1월 1일 이후 주택수에 포함되지 않는 소형주택은 전용면적 40㎡ 이하, 기준시가 2억 원 이하를 충족해야 함

그림 6-10 임대수입에 대한 분리과세와 종합과세 비교

구분	분리과세	종합과세
임대수입금액	2000만 원 이하	2000만 원 초과 (2000만 원 이하도 선택 가능)
필요경비	주택임대사업자 등록 시 60% / 미등록 시 50%	실제(추계) 필요경비
소득공제	주택임대사업자 등록 시 400만 원 / 미등록 시 200만 원	부양가족 등에 따라 다름
세율	14%	초과누진세율(6~42%)
임대 기간에 따른 감면율	단기(30%), 장기(75%)	단기(30%), 장기(75%)

합산해 2주택 이상이라면 주택임대소득의 합계가 2000만 원 이하라도 분리과세나 종합과세로 소득세를 신고해야 하므로 머리가 복잡해진다. 분리과세 적용 시 납부세액 계산 방법과 종합과세 적용 시 납부세액 계산 방법에는 차이가 있고, 주택임대사업자 등록을 단기로 했는지, 장기로 했는지에 따라 세액공제 비율도 달라지기 때문이다.

특히 주택임대소득의 수입금액이 2000만 원을 초과한 경우에도 임대소득 외에 근로소득이나 사업소득 등 다른 소득이 있다면 소득세 합산과세로 적용되는 세율 구간이 보다 높아진다. 이처럼 분리과세가 적용되느냐 그렇지 않느냐에 따라 소득세 부담에 상당한 차이가 생기므로(종합과세로 적용될 경우 누진세율이 적용돼 산출세액 자체가 매우 커진다), 상황에 맞는 절세 전략을 꼼꼼히 짜야 한다. 다가오는 5월, 앞으로는 종합부동산세만큼이나 종합소득세를 꼭 신경 써야 한다는 걸 명심해두자.

종합소득세 관련 Q&A

Q. **주택임대사업자의 소득세 감면 요건을 판단할 때 다가구주택은 전체 전용면적을 기준으로 판단하나요?**

A. 전체 전용면적이 아닌 가구당 전용면적을 기준으로 합니다. 다세대주택은 세대별 전용면적을 기준으로 감면 요건을 판단합니다.

Q. **저는 현재 3주택자입니다. 주택 두 채는 전세, 주택 한 채는 월세를 줬습니다. 1년 동안 월세 합계 금액이 2000만 원은 넘지만 한 채에서만**

월세가 발생하므로 소득세 신고는 하지 않아도 되겠죠?

A. 소득세 신고를 판단할 때 '2주택 이상 소유자'는 임대소득이 발생하는 주택수를 의미하는 것이 아니라 부부가 소유한 주택수를 합산한 것을 말합니다. 따라서 질문자의 주택수는 한 채가 아닌 세 채이기에 소득세 신고를 해야 합니다.

Q. 주택임대소득 과세 대상 주택수를 계산할 때 조합원입주권도 주택으로 간주해야 하나요?

A. 주택임대소득 과세 대상 주택수에 조합원입주권은 포함되지 않습니다. 조합원입주권 상태인 아파트가 추후 완공된다면, 사용검사필증교부일(사용승인일)부터 주택수에 포함됩니다.

Q. 주택임대사업 1년 수입금액이 2000만 원 이하라 분리과세 대상자입니다. 저도 다음 해 2월 10일까지 면세사업장 현황신고를 해야 하나요?

A. 주택임대사업에 관한 사업장 현황신고는 임대수입금액에 상관없이 면세 개인사업자라면 모두 신고하는 게 원칙입니다. 소유한 주택이 모두 전세라서 임대수입금액이 발생하지 않는다고 하더라도 2월 10일까지 면세사업장 현황신고를 하고, 5월에는 종합소득세 신고를 해야 합니다. 2월 10일까지 신고한 수입금액은 5월 소득세 신고 기간에 홈택스에서 확인이 가능합니다.

Q. 지방자치단체에 임대차계약 신고 및 변경신고를 했다면 국세청에서도 그 내용을 확인 할 수 있나요?

A. 주택임대차정보시스템(RHMS)이 구축돼 국세청에서도 임대차계약 신고와 변경을 확인할 수 있습니다.

Q. 간주임대료를 계산할 때 주택수에서 제외되는 소형주택은 다가구주택의 경우 가구당 전용면적을 적용하나요? 아니면 전체면적을 가지고 판정해야 하나요?

A. 간주임대료 계산 시 주택수에서 제외되는 소형주택은 다가구주택의 경우 가구당 전용면적의 합으로 판정합니다(조심-2016-중-3116, 2016.10.12.). 이는 주택에 대한 간주임대료가 3주택자 이상에게만 적용되므로, 주택수 산정 시 다가구주택 전체를 1주택으로 보기 때문입니다.

Q. 지방자치단체나 세무서에 주택임대사업자로 등록하진 않았지만 주택임대소득은 발생하고 있습니다. 이때도 주택임대소득에 대한 소득세 신고를 해야 하나요?

A. 개인이 직접 소득을 신고하는 개인주의 과세인 소득세는 자진신고 납세제도입니다. 사업자 등록 여부에 관계없이 소득이 발생했다면 소득세 신고를 해야 합니다.

Q. 지방자치단체와 세무서에 주택임대사업자로 등록하진 않았지만 주택임대소득에 대한 소득세를 신고하려고 합니다. 소득세 감면 혜택이 있을까요?

A. 소득세 감면 혜택은 주택임대사업자로 등록한 경우에 한해 적용

받을 수 있습니다. 이때 주택임대사업자는 지방자치단체 주택임대사업자 등록과 세무서에 사업자 등록을 모두 거쳐야 세제 혜택을 받을 수 있습니다.

Q. **임대료 증액제한은 기존 임차인과 재계약할 때만 적용되나요? 아니면 신규 임차인과 계약할 때도 동일하게 적용되나요?**

A. 기존 임차인과 재계약할 때뿐만 아니라 신규 임차인과 계약할 경우에도 5% 이내 임대료 증액제한 상한률이 적용됩니다. 따라서 기존 임차인이 퇴거하고 새로운 임차인이 전입할 때도 기존 임대료의 5% 범위 안에서만 증액 청구가 가능합니다.

Q. **월세 계약을 3년으로 했다면 계약 만료일인 3년 후에는 15%의 월세 인상률을 적용할 수 있나요?**

A. 주택임대사업자가 임대료를 증액 청구할 때 적용받는 연 5%는 매년 5%를 의미하는 것이 아니라 '종전 계약금액'의 5%를 의미합니다. 즉, 월세 계약을 3년으로 했어도 종전 임대료의 5% 범위 안에서만 임대료를 인상할 수 있습니다.

THEME 4

1세대 1주택 비과세는 어쩌다 '지뢰밭'이 되었나?

지금까지 많은 부동산 투자자가 애용했던 절세 트렌드는 '1세대 1주택 비과세 규정'과 '일시적 2주택 비과세 규정'이었다. 정비사업(재개발·재건축) 열풍으로 구축에서 신축으로 갈아타려는 사람, 일시적 2주택 규정을 이용해 재테크를 시도하는 사람 등이 비교적 큰 혜택을 누렸는데, 정작 그 규정을 명확히 이해한 사람은 많지 않아 여기저기서 세금 사고가 터지고 있는 실정이다.

1세대 1주택 비과세에 관한 추세를 살펴보기에 앞서 많이들 헷갈려하는 '1세대'와 '1주택' 개념을 알아보겠다. 그림 6-11에서 1세대에 관한 내용 중 '가족'이란 거주자와 그 배우자의 직계존비속 및 형제자매를 말한다. 세대 구성의 기본 단위에는 본인을 포함해 배우자도 속하므로, 원칙적으로 배우자가 없는 단독세대는 세대로서 인정을 받지 못

그림 6-11 1세대 1주택 비과세 규정

구분	내용	
1세대	거주자 및 그 배우자가 그들과 동일한 주소 또는 거소에서 생계를 같이하는 가족과 함께 구성하는 하나의 세대	
1주택	상시 주거용 건물(공부상이 아닌 실제 용도로 판정함)	
2년 이상 보유 요건	2020년 12월 31일 양도분까지	취득일로부터 보유기간 기산
	2021년 1월 1일 양도분부터	최종 1주택만 보유하게 된 시점부터 보유기간 기산

한다(하지만 법이 규정한 몇몇 예외 규정이 있긴 하다). 더불어 부부가 세대분리를 해 주민등록상 다른 세대주를 구성하더라도 주택수 규정에 따라 부부가 소유한 주택은 합산해 계산된다. 간혹 부부가 별거하면 각각의 주택에 1세대 1주택 비과세 규정이 적용될 거라 기대하지만, 이는 잘못된 지식으로 실제 양도 후에 세무서에서 양도소득세를 부과한 사례가 종종 발생했다. 심지어는 서류상으로 이혼했더라도 사실혼 관계를 유지할 때 부부가 보유한 주택은 합산한다고 세법이 개정되면서, 최근에는 양도차익이 큰 지역에서 세대분리 시점을 검증하는 작업까지 이뤄지고 있다. 이렇듯 부동산 시세가 상승하는 분위기일수록 꼼수를 부리기보다는 사실관계를 명확히 해야 뒤탈이 없다.

1주택 개념을 혼동해서 중과세가 발생하는 사고도 늘고 있다. 일반인이 생각하는 주택과 세법에서 규정한 주택의 개념이 다르기 때문이다. 세법상 주택은 상시 주거용 건물을 말한다. 건축물대장 등 공부(관청이나 관공서에서 법규에 따라 작성·비치하는 장부)상 주택은 아닐지라도 상시 주거용으로 실제 사용하고 있으면 주택으로 간주한다. 일례로 아무도 살지 않는 폐가 수준의 주택을 멸실등기하지 않고 방치한 경우, 실제로 사람이 살고 있으나 미등기한 주택, 주거 용도로 쓰고 있는 오피스텔, 건축물 대장상 근린생활시설이지만 실제로는 주거 용도로 쓰는 상가 등이 이에 속한다. 양도소득세 신고 후 세무서의 실사를 통해 생각지도 못했던 주택이 과세 대상이 되기도 하니 미리 주의를 잘하면 대비할 수 있다.

이제는 조정대상지역에 속해 있는 주택을 취득할 때 1세대 1주택 비과세 혜택을 받으려면 보유기간과 거주기간의 두 가지 요건을 모두 충족해야 한다. 특히 2021년 1월 1일 양도분부터는 최종 1주택만 보유하게 된 날로부터 보유기간을 기산하므로, 1주택자의 실거주 목적이 아닌 이상 거주 요건과 보유 요건을 충족하기란 쉽지 않아 보인다.

일시적 2주택 비과세 요건 또한 엄격해져 조정대상지역 내 종전 주택 보유자가 조정대상지역에 있는 신규 주택을 취득할 경우, 신규 주택을 취득한 날로부터 2년 이내에 종전 주택을 양도해야 함도 명심해야 한다.

그림 6-12 일시적 2주택자 종전 주택 양도 시까지 중복 보유기간

종전 주택 → 신규 주택	종전 주택 양도 시까지 중복 보유기간
조정대상지역 → 비조정대상지역	3년
비조정대상지역 → 조정대상지역	
비조정대상지역 → 비조정대상지역	
조정대상지역 → 조정대상지역	2년

2020년 1월 1일 양도분부터 장기보유 특별공제에 관한 규정도 그림 6-13과 같이 바뀐다는 점을 참고하자. 1세대 1주택자가 2년 이상 거주하고 양도할 때와 그렇지 않은 경우 장기보유 특별공제 세부담을 비교하면 그림 6-14와 같다.

그림 6-13 현재 장기보유 특별공제에 관한 규정

과세대상부동산		공제율	최대 한도	비고
3년 이상 보유	토지, 건물 조합원입주권	보유연수×2%	30%	2020.01.01. 양도분부터 2년 이상 거주하지 않은 1세대 1주택 포함
	1세대 1주택	보유연수×8%	80%	2020.01.01. 양도분부터 2년 이상 거주한 경우에 한하여 적용

그림 6-14 1세대 1주택자 2년 이상 거주 여부에 따른 장기보유 특별공제 적용 예시
(출처: 지병근 외, 『주택임대사업자의 모든 것』, 리북스, 2019)

구분	2019년 12월 31일 이전 양도 시	2020년 1월 1일 이후 양도 시
전체 양도차익	800,000,000원	800,000,000원
과세대상 양도차익	200,000,000원	200,000,000원
장기보유 특별공제	160,000,000원 (10년X8%=80%)	60,000,000원 (15년X2%=30%)
소득금액	40,000,000원	140,000,000원
세율	15% – 1,080,000원	35% – 14,900,000원
산출세액	4,920,000원	34,100,000원

* 양도가액 12억 원, 취득가액 4억 원, 보유기간 15년, 기본공제 무시 기준

1세대 1주택 비과세 관련 Q&A

Q. **제 명의로 아파트 한 채, 함께 사는 26세 대학원생 딸 명의로 빌라 한 채가 있습니다. 딸을 세대분리하고 제 명의인 아파트를 팔 때 비과세 혜택을 받을 수 있을까요?**

A. 딸이 만 30세 미만이고 고정 수입이 발생하는 직업이 없으며, 아직 결혼도 하지 않았다면, 주소를 다른 곳으로 옮겨도 세대분리가 인정되지 않습니다. 현재의 상황으로는 비과세 혜택을 받기 힘들다고 할 수 있습니다.

Q. **서울 강남구 개포동에 있는 아파트가 재건축을 하면서 조합원입주권으로 변경되었습니다. 다른 주택은 없고 조합원입주권만 있는 경우인데요. 입주권 양도 시 비과세가 가능한가요?**

A. 다른 주택이 없고, 입주권 1개만 갖고 있다면 1세대 1주택 비과세를 적용받을 수 있습니다. 대신 관리처분인가일 현재 비과세 요건을 갖춘 주택이 입주권으로 바뀌었을 때 한합니다.

Q. **올해 사업을 시작했습니다. 개업 초기라 투자된 돈이 많아서 손실이 났는데요. 이번에 양도하는 부동산과 합쳐서 양도소득세가 줄어들 수 있을까요?**

A. 사업소득은 종합소득세 합산과세 대상이지만, 양도소득세는 분류과세로 종합소득세 합산과세 대상이 아닙니다. 따라서 양도소득세와 종합소득세는 어느 한쪽에 손실이 발생했다고 해서 합산

되지 않습니다. 즉, 사업소득에 손실이 났어도 양도소득세는 줄어들지 않습니다.

Q. **저희 부부는 직장이 먼 주말부부입니다. 각각 아파트 한 채를 갖고 있는데요. 따로 떨어져 사는 만큼 1세대 1주택 비과세 규정이 적용될 수 있을까요?**

A. 주말부부로 실제 오랜 시간을 살았다고 해도, 부부는 동일 세대로 간주합니다. 부부의 주택은 합산해서 주택수를 판단하므로, 비과세 적용을 받지 못합니다.

Q. **저는 결혼 전에 아파트 한 채를 취득했고, 와이프는 결혼 전 부모님에게 아파트 한 채를 증여받았습니다. 두 아파트 모두 조정대상지역에 있지는 않으며, 지금은 결혼한 지 3년이 지났습니다. 제 아파트를 매도할까 생각 중인데 비과세 혜택을 받을 수 있을까요?**

A. 결혼 전 각자가 취득한 주택 중 한 채를 혼인신고 후 5년 이내 팔면 혼인합가에 따른 일시적 2주택으로 비과세 혜택을 받을 수 있습니다. 단, 결혼한 후에 신규 아파트 매입이나 미계약분 당첨 등으로 아파트를 추가 취득할 경우 혼인합가로 인한 비과세를 받을 수 없다는 걸 유의해야 합니다.

Q. **아버지가 돌아가시면서 주택 한 채를 상속받았습니다. 저는 이미 주택을 한 채 보유한 상태라 2주택자가 되었습니다. 비과세 혜택을 받을 방법이 없을까요?**

A. 상속주택과 일반주택이 함께 있을 때 집을 파는 순서에 따라 양도소득세 차이가 크게 납니다. 위와 같은 상황에서는 일반주택에 대한 비과세 요건을 먼저 갖춘 뒤 양도하고, 그 후에 상속주택에 관한 비과세 요건을 충족시켜 양도한다면 두 주택 모두 1세대 1주택 비과세 혜택을 누릴 수 있습니다.

Q. 오피스텔 다섯 채를 갖고 있습니다. 이 중 주거용 오피스텔이 세 채이고, 사무용 오피스텔이 두 채입니다. 주거용 오피스텔을 팔려고 하는데, 1세대 1주택 비과세가 가능할까요?

A. 오피스텔은 주거용일 때만 주택으로 간주하고, 사무용인 경우 주택으로 보지 않습니다. 주거용 오피스텔이 세 채일 때 비과세는 힘들고, 오히려 해당 오피스텔이 조정대상지역에 속해 있다면 양도소득세 중과세가 적용될 수 있습니다. 이때 절세를 노려본다면, 양도차익이 적은 오피스텔을 먼저 매도하고, 차익이 가장 큰 오피스텔을 맨 나중에 양도하여 비과세를 받는 것이 좋습니다. 오피스텔이 조정대상지역에 있다면 취득시점에 따라 거주 요건이 적용될 수 있으므로 전략을 잘 짜야 합니다.

Q. 광명시에 다세대주택 한 채(8호), 서울 마포구에 아파트 한 채가 있습니다. 마포구의 아파트를 팔고 싶은데 일시적 2주택으로 비과세가 가능할까요?

A. 우리는 흔히 다세대주택을 빌라라고 합니다. 이는 호수별 구분등기가 되어 있고 각각을 독립된 주택으로 봅니다. 따라서 다세대주

택을 갖고 있다는 것은 일반적인 주택 한 채의 의미가 아니라 여러 채의 주택을 보유하고 있다는 것을 뜻합니다. 이에 일시적 2주택 비과세 규정은 적용하기 힘들어 보입니다. 다만 세법에서는 다가구주택을 주택 한 채로 판단합니다.

Q. **2017년 8월 2일 이후에 청약에 당첨돼서 계약금까지 입금한 상황입니다. 나중에 해당 아파트를 비과세 받으려면 어떻게 해야 하나요?**

A. 8·2 대책 이전에는 보유 요건만 충족하면 비과세 혜택을 받을 수 있었습니다. 하지만 2017년 8월 2일 이후 취득한 주택은 보유 요건과 거주 요건을 모두 충족해야 비과세 대상이 됩니다. 청약받은 아파트는 완공된 후 2년 이상 거주해야 양도 시 비과세 혜택을 받을 수 있습니다.

Q. **조만간 아파트를 사려고 합니다. 주변에서 공동명의가 절세에 도움이 된다는데 사실인가요?**

A. 부동산을 공동명의로 취득하면 훗날 매도할 때 양도소득세가 줄어듭니다. 양도소득세는 개인주의 과세라 지분별로 소득세를 각각 계산하기 때문인데요. 이에 따라 양도차익이 분산되는 효과로 단독명의보다 더 낮은 세율이 적용돼 양도소득세가 줄어듭니다. 더불어 종합소득세 역시 줄어들기 때문에 보유할 때나 처분할 때 공동명의가 절세에 도움이 됩니다.

THEME 5

자금출처조사를 대하는 우리의 자세

최근 서울 강남에서 주택에 대한 편법 증여와 미성년자에 대한 증여가 급증한 가운데, 일부에서는 아예 세금신고를 하지 않거나, 세금을 탈루하는 등 부동산 투기가 늘고 있다. 이에 언론에서는 연일 국세청의 세무조사가 집중 시행된다는 기사를 쏟아내고 있다.

국세청은 소득·지출 분석 시스템인 'PCI 시스템(Property, Consumption and Income Analysis System)'을 통해 자금출처가 의심스러운 사람을 탈세 혐의자로 선정해 조사한다. 일정 기간 신고 소득금액과 부동산·주식·회원권 취득에 따른 재산증가액, 해외체류비와 신용카드 사용액 등 소비지출액을 비교·분석해서 탈루혐의 금액을 도출하는 것이다. 예를 들어 서울 강남에 아파트를 20억 원에 취득하고, 신용카드 사용 등에 의한 지출액이 3억 원인 사람이 있는데, 그가 신고한 소득금액이 10억 원

그림 6-15 주택 세무조사 관련 기사

부동산 과열 조짐…'**자금 출처**' 대대적 **조사**
KBS PiCK | 2019.10.07. | 네이버뉴스

과열 조짐이 일고 있는 서울 부동산 거래에 대해 정부가 역대 최대 규모로 **자금출처 조사**에 나섭니다. 편법증여, 가족간 대출, 차입금 과다 등 수상한 거래 내역이 대상입니다. 김수영 기자입니다. [리포트] 오는 11일부터...

- "10대가 11억 아파트 현금 구입"…수… TV조선 | 2019.10.07. | 네이버뉴스
- 미성년자가 11억 아파트 구입? '수상… KBS | 2019.10.07. | 네이버뉴스
- [자막뉴스] 미성년자가 11억 아파트 … KBS | 2019.10.07. | 네이버뉴스

관련뉴스 4건 전체보기 >

"미성년자가 11억 아파트 구입"…수상한 부동산 거래 **조사**
TV조선 PiCK | 2019.10.08. | 네이버뉴스

부동산 규제에도 서울 아파트 가격이 오르자, 정부가 '수상한 거래'에 대해 대대적으로 **자금출처 조사**를 벌입니다. 김지아 기자가 보도합니다. [리포트] 10대 A군은 최근 서울의 11억 원짜리 아파트를 취득했습니다....

- 미성년자가 11억 아파트 구입?…'**자**… KBS | 2019.10.08. | 네이버뉴스
- **자금출처** 불분명한 부동산 거래 11… 동아일보 | 2019.10.08. | 네이버뉴스
- 미성년자가 11억 아파트 구입?…'**자**… KBS | 2019.10.08. | 네이버뉴스
- 미성년자가 11억 아파트 구입?…'**자**… KBS | 2019.10.08. | 네이버뉴스

관련뉴스 5건 전체보기 >

정부, 서울 부동산 거래 집중**조사**…차입금 과다·**자금출처** 의심 거래 등 단속
쿠키뉴스 | 2019.10.07.

오는 11일부터 서울지역에서 이뤄진 차입금 과다거래, **자금출처** 의심거래 등은 관계 당국의 집중 **조사**를 받게 된다. 7일 국토교통부·서울특별시·행정안전부·국세청·금융위원회·금융감독원·한국감정원 등에 따르면...

- 정부, '수상한 집거래' 잡는다…11일… 헤럴드경제 PiCK | 2019.10.07. | 네이버뉴스
- 차입금 과다 10억 이상 아파트 거래 … 뉴스토마토 | 2019.10.07.

밖에 되지 않았다면 23억 원에서 10억 원을 뺀 나머지 13억 원을 탈세 혐의로 보고 자금출처조사에 착수하는 것이다.

결론부터 말하면 자금출처조사는 부모에게 받은 재산이 있는지를 파악하는 증여세 조사와 다름없다. 이를 대비하려는 사람들은 국세청의 증여추정 배제기준을 참고하면 도움이 된다.

증여추정 배제기준의 의미는 증여액이 일정 금액 이하라면 행정 업무의 효율성을 위해 증여세 조사를 하지 않겠다는 취지다. 재산취득일

그림 6-16 국세청 증여추정 배제기준

구분	취득재산		채무상환	총액한도
	주택	기타재산		
1. 세대주인 경우				
가. 30세 이상인자	1억 5000만 원	5000만 원	5000만 원	2억 원
나. 40세 이상인자	3억 원	1억 원	5000만 원	4억 원
2. 세대주가 아닌 경우				
가. 30세 이상인 자	7000만 원	5000만 원	5000만 원	1억 2000만 원
나. 40세 이상인 자	1억 5000만 원	1억 원	5000만 원	2억 5000만 원
3. 30세 미만인 자	5000만 원	5000만 원	5000만 원	1억 원

이나 채무상환일로부터 10년 내에 주택과 기타 재산의 취득가액 및 채무상환금액이 증여추정 배제기준에 각각 미달하고, 주택 취득자금과 기타 재산 취득자금 및 채무상환자금의 합계액이 총액한도 기준에도 미달할 경우 증여세로 문제가 되지는 않는다. 증여추정 배제기준을 넘었다고 할지라도 취득자금이 10억 원 이하이면 80% 이상에 대한 출처만 입증하면 되고, 10억 원을 초과했다면 2억 원을 뺀 나머지 금액을 입증하면 된다. 단, 증여추정 배제기준에 미달한다고 해서 무조건 증여세 과세대상에서 제외된다고 오해해선 안 된다. 증여추정 배제규정은 국세청 내부에서 정한 사무 처리 규정일 뿐, 증여한 사실이 확실하다고 여겨지거나 탈세 제보가 들어와 증여가 명백히 인정된 경우에는 조사를 통해 과세가 이루어질 수 있다.

최근 부동산 법인에 대한 조사도 확대되는 추세다. 앞서도 언급한 가수금·가지급금과 함께 법인 세무조사에서 중요한 사항 중 하나는 특수

관계자와의 시가거래 여부다. 특히 법인으로 부동산에 투자할 때 특수 관계자와 시가에 맞지 않는 거래를 한다면 고가, 저가 여부에 따라 부당행위계산부인으로 간주되어 법인세나 증여세, 소득세 문제가 발생할 수 있다.

포상금이 높아지는 만큼 탈세 제보와 차명계좌에 대한 신고도 늘어나는 추세다. 내외부의 위험 요소를 피해 수익을 극대화하는 것이 부동산 투자의 전략인 만큼 대비해야 할 부분도 많다. 최종적인 투자 수익률은 세금과도 밀접한 연관이 있다. 장기적으로 얼마나 꼼꼼하게 세무 전략을 세웠는지, 리스크에 얼마나 치밀하게 대비했는지가 투자 성패를 좌우하므로, 절세는 성공 투자의 절대적인 전제 조건임을 잊어서는 안 되겠다.

자금출처조사 및 세무조사 관련 Q&A

Q. 조만간 강남의 아파트를 사려고 하는데 자금출처조사를 받게 될까요?

A. 특정 지역의 아파트를 산다고 해서 무조건 자금출처조사를 받는 건 아닙니다. 국세청에서는 PCI 분석을 통해 실질적인 수입을 초과해 재산을 취득하거나 지출이 발생한 경우 그 초과액을 검증합니다. 즉, 증여를 받았는데도 증여세 신고를 하지 않았거나 소득 신고를 누락하지 않은 이상 크게 걱정할 필요는 없습니다.

Q. 최근까지 보유한 자산과 지출액이 약 15억 원이라면 자금출처는 얼마

나 입증하면 되나요?

A. 10억 원을 초과할 경우 2억 원을 뺀 나머지 금액, 즉 최소 약 13억 원을 소명해야 합니다.

Q. 부모님에게 빌린 돈도 증여세를 내야 하나요?

A. 증여란 재산 가치가 있는 유체물·무체물을 무상으로 이전받는 것을 말합니다. 부모님에게 빌린 돈은 거기에 맞춰 이자를 지급해야 하고, 나중에 돌려드리는 걸 전제하기 때문에 증여라고 보기 힘듭니다. 그러나 직계존비속 간의 거래는 증여로 추정하기 때문에 이에 대한 입증 책임은 본인에게 있습니다. 따라서 부모님에게 돈을 빌릴 때도 남과 거래하듯 차용증을 쓰고 이자도 반드시 지급해야 함을 잊어선 안 됩니다. 가능하면 공증을 받아두는 편이 입증할 때 더 유리합니다.

Q. 증여세가 나오지 않는 증여 금액은 어느 정도인가요?

A. 증여재산공제는 10년간 직계존비속 간에 성년은 5000만 원, 미성년자는 2000만 원, 배우자는 6억 원, 친인척은 1000만 원입니다. 그 이하 증여금액에는 증여세가 발생하지 않습니다.

Q. 부담부증여를 하면 무조건 절세에 도움이 되나요?

A. 부담부증여란 재산을 증여할 때 전세보증금이나 주택담보대출과 같은 부채를 포함해 증여하는 것을 말합니다. 배우자에게 증여하느냐, 직계존비속에게 증여하느냐에 따라 세액이 달라질 수 있고,

수증자에게는 증여세, 증여자에게는 양도소득세가 발생하기 때문에 실질적인 이득이 있을지 여부는 객관적으로 계산하고 판단해야 합니다. 일반적으로는 부담부증여가 절세에 도움이 되지만, 때에 따라서는 불리한 경우도 있다는 걸 염두에 둬야 합니다.

INTERVIEW

합리적인 매매가 분석의 시작, 프롭테크

| 김범진(밸류맵 대표) |

부동산에 관심이 많은 분이라면 '프롭테크Proptech'라는 말을 한 번쯤 들어보았을 것입니다. 프롭테크란 '프로퍼티Property'와 '테크놀로지Technology'를 합친 말로 빅데이터, 알고리즘, AR(가상현실), VR(증강현실), 3D매핑, 드론, IoT 등 다양한 IT 기술을 활용한 부동산 서비스를 통칭하는 용어입니다. 그리고 이러한 서비스를 제공하는 기업을 '프롭테크 업체'라고 합니다. 요즘 실리콘밸리에서 프롭테크라는 말은 큰 화제를 모으고 있습니다. 손정의 소프트뱅크 회장을 필두로 전 세계 4000여 개에 달하는 기술 기업들이 '땅'과 '공간'을 앞세운 이 사업에 대거 뛰어들고 있기 때문입니다.

물론 예전에도 부동산 서비스에 기술을 도입하는 일은 있었습니다. 부동산 개발회사들은 일찌감치 홈오토메이션, 유비쿼터스, IoT 등의 신기술을 마케팅 차별화 요소로 내세워 분양을 진행해왔습니다. 다만 아직까지 시장성이 검증되지 않은 기술도 있었고, 꼭 필요해서라기보다는 높은 분양가를 관철시키기 위해 개발회사의 관점에서 도입한 기술도 많다 보니 실고객을 위한 서비스나 사후관리가 부실해 용두사미에 그치는 경우도 많았습니다. 하지만 4차 산업혁명시대가 도래한 지금, 부동산 시장을 둘러싼 기술은 점점 발달하고 있습니다. 프롭테크는 어떤 서비스를 새롭게 탄생시키고 있으며, 이들은 우리에게 어떤 경험을 제공할까요?

'정보의 비대칭'을 완화하는 기술

'부동산 시장'이라고 하면 무엇이 가장 먼저 떠오르시나요? 저는 '정보의 비대칭'이라는 말이 가장 먼저 떠오릅니다. 물론 기업 정보를 다루는 주식 시장도 완벽하게 효율적으로 모든 정보가 시장에 유통되는 것은 아닙니다. 하지만 부동산에 비하면 주식 시장은 정보의 천국이나 다름없습니다. 부동산의 경우 매물, 중개, 가치평가, 건축, 설계, 금융, 인테리어, 공간정보 등 산업의 거의 모든 분야에서 수요자와 공급자 간 정보의 간극이 극심합니다. 그중에서도 국민의 일상생활과 가계 경제에 가장 큰 영향을 미치는 정보가 바로 '부동산 가격'입니다.

부동산은 공장에서 찍어낸 공산품이 아니라서 특유의 개별성을 지니고 있습니다. 즉, 일물일가의 법칙(동일한 제품은 그 가격이 어떤 통화단위로 표시되든 동일한 가격으로 판매되어야 한다는 이론)이 적용되지 않습니다. 따라서 정확한 부동산 가격을 평가하기 위해서는 해당 부동산의 위치, 형상 및 공법적 특성과 더불어 인근의 유사 매매 사례, 투입 원가, 미래의 임대료 현금 흐름 분석 등 많은 정보를 분석해야 하며, 이조차도 담보물인지 개발 예정지인지, 상속 목적인지 과세 목적인지에 따라 평가 기준이 상이합니다. 한마디로 부동산 가격을 평가하려면 사회경제적으로 막대한 비용을 감수해야 했습니다.

프롭테크 업체는 바로 이 '가격' 문제를 해결하는 데 집중해 서비스를 제공하고 있습니다. 대표적인 업체로는 '호갱노노'(hogangnono.com)와 '밸류맵'이 있습니다. 호갱노노는 국토교통부의 아파트 실거래가 정보를 기반으로 누구나 한눈에 아파트 가격을 분석할 수 있도록 서비스를 제공합니다. 비교하자면 네이버 부동산은 매물 광고 플랫폼인데 비해 호갱노노는 이 매물 가격이 적정한 것인지를 판단하기 위해 이용하는 플랫폼입니다.

반면 거래 사례 공유가 활발한 아파트를 벗어나면 상황은 심각해집니다. 토지, 단독주택, 다가구주택, 빌딩, 상가, 공장 등의 부동산 영역에서는 아예 가격 정보 자체를 얻기가 어렵기 때문입니다. 따라서 해당 지역에서 거래 정보를 알고 있는 공인중개사나 경매 낙찰 정보에만 의존해 거래를 할 수밖에 없었습니다. 이런 문제를 최초로 해결한 업체가 '밸류맵'입니다.

밸류맵은 전국의 토지 및 건물의 실거래 사례를 공유하는 서비스입니다. 누구든 비용 지불 없이 토지나 건물, 상가의 실거래 사례를 지도에서 확인할 수 있으며 토지대장, 건축물대장, 업종 현황, 인근 개발 정보, 통계 정보, 예상 대출 계산 등의 기능을 사용할 수 있습니다. 밸류맵 서비스로 인해 기획부동산 피해 사례가 줄어들었을 정도로 정보 공유의 힘은 대단했습니다. 앞으로 밸류맵 같은 서비스를 통해 부동산 거래 시 매물뿐만 아니라 누가 중개를 했는지, 누가 이 건물을 설계·인테리어를 했는지, 토목공사는 어디서 했는지 등의 정보를 공유할 수 있게 될 것입니다.

점차 영역을 넓혀가는 프롭테크 서비스

호갱노노와 밸류맵뿐만 아니라 다양한 프롭테크 업체들이 속속 등장하고 있습니다. 한국프롭테크포럼에 따르면 2018년 11월 출범 이후 2019년 6월까지 회원사만 80여 개를 넘어섰습니다. 빅데이터와 AI를 기반으로 다세대주택의 가치를 평가하는 '빅밸류', 인공지능 기반 건축 설계 서비스를 선보인 '빌드잇'과 '랜드북'이 대표적이며, 건축 및 홈 인테리어 분야에서는 '오늘의 집', '집꾸미기', '아파트멘터리', '집닥' 같은 서비스가 활약하고 있습니다.

가상공간을 구현하는 기술 역시 부동산 업계에서 크게 발전될 수 있는 분야입니다. 3D VR공간을 구축하는 '큐픽스', '어반베이스' 같은 기술회사가 대표적입니다. 임대관리 영역 역시 IT기술의 수혜를 입을 전망입니다. 모바일로 손쉽게 임대 관리를 할 수 있는 '홈버튼'과 같은 서비스가 있으며, 보유하고 있는 주택을 셰어하우스로 운영할 수 있는 '에이블하우스', '우주' 같은 업체가 있습니다.

공유경제 역시 프롭테크에서 빠질 수 없습니다. 대표적인 공유부동

그림 6-17 밸류맵 홈페이지 메인화면과 통합검색 기능

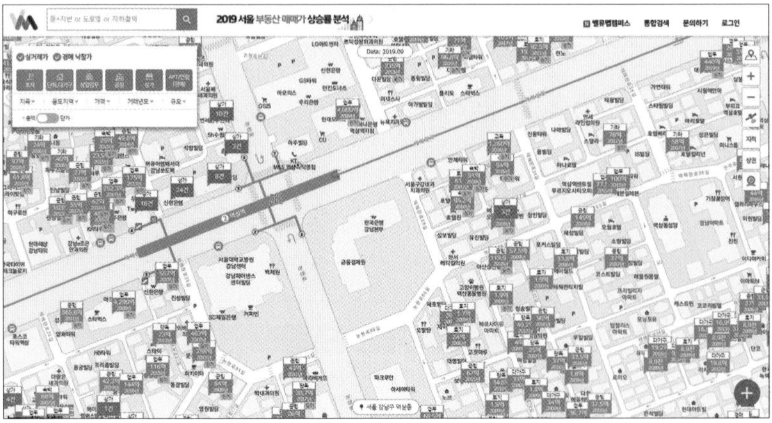

산으로는 '위워크'로 유명한 공유오피스 분야가 있으며, 현재 국내에서는 '위워크'와 '패스트파이브'가 널리 알려져 있습니다. 부동산 공유는 현재 '공유주방', '공유주택' 등으로 빠르게 확산되고 있는데 대표적으로 '위쿡', '고스트키친' 같은 공유주방 업체가 있으며, '미스터홈즈', '로컬스티치' 같은 공유주택 업체가 있습니다.

정부도 주목하는 프롭테크의 가능성

2019년 8월 한국프롭테크포럼은 최근 5년간 국내 40개 프롭테크 스타트업에 총 1조 44억 원의 투자가 이루어졌다고 밝혔습니다. 놀라운 점은 최근 2년 사이에 대규모 투자가 집중되었다는 것입니다.

실제로 정부에서도 프롭테크 생태계 조성에 열을 올리고 있습니다. 지난 6월, 국토교통부와 서울특별시, 인천광역시, 경기도는 부동산 실거래가 정보를 일원화한다고 발표했습니다. 앞으로는 연간 약 2000만 명에게 똑같은 실거래 정보를 제공할 수 있게 된 것입니다. 국토교통부는 지난 5월에 열린 한국프롭테크포럼 콘퍼런스에서 '프롭테크 스타트업의 다양한 의견을 정책에 반영하고, 600억 원 규모로 조성되는 도시재생펀드에서 하반기 투자 집행 방안도 추진할 것'이라고 밝히기도 했습니다. 또한 국토교통부와 마포구, 한국감정원은 지난 9월 스마트 건축정보 모바일서비스를 개발하기로 협약을 맺었습니다.

다만 아직까지 우리나라의 프롭테크 발전은 초기 단계로 평가됩니다. 대표적인 프롭테크 사례로 꼽히는 미국 질로우닷컴의 '제스티메이트Zestimate' 또는 손정의 회장이 투자한 '오픈도어랩스Opendoor Labs'의 경우를 살펴보면 차별화된 기술력도 돋보이지만, 그들이 성장하는 데 기반이 되고 있는 부동산 관련 오픈데이터와 전속 중개 제도 기반의 거래 문화도 상당히 발전되어 있음을 알 수 있습니다.

하지만 국내에도 국내 부동산 환경에 부합하는 다양한 프롭테크 서비스가 계속 등장하고 있으며, 자유로운 경쟁과 기술 개발을 통해 새로운 서비스와 부가가치가 생겨나고 있습니다. 그동안 당연하게 여겨진 부동산 시장의 각종 불합리성과 비대칭성도 앞으로 해소될 것으로 기대됩니다. 이제 부동산 투자자라면 자신의 손에 맞는 프롭테크 서비스 한두 개 정도는 자유자재로 다룰 수 있어야 할 것입니다.

김범진(밸류맵 대표)

㈜밸류맵의 대표. 감정평가사 출신으로 프롭테크 업계에서는 보기 드물게 부동산과 IT 두 분야의 전문가로 활동하고 있다. 국내 대형 감정평가법인에서 상업용 부동산 PF사업성 분석과 밸류에이션 업무를 주로 했으며, 전통적인 부동산 업계의 낙후된 IT 환경을 개척하고자 2015년 밸류업시스템즈를 창업했다. 창업 이후 공부관리시스템, 차세대 감정평가시스템 등을 업계 최초로 개발했고, 국내 토지시장의 고질적인 정보 비대칭 문제를 해결하고자 최초의 실거래가 공유 시스템인 '밸류맵'을 2017년 개발했다. 현재 밸류맵은 토지건물시장의 대표적인 대중 플랫폼으로 자리를 잡아가고 있으며, 향후 실중개사례, 매물 및 분양 정보, 다양한 시장 빅데이터 분석 시스템 등을 공급할 예정이다.

2020 부동산 시그널

초판 1쇄 인쇄 2019년 11월 14일
초판 1쇄 발행 2019년 11월 22일

지은이 서울휘, 망고쌤, 월용이, 새벽하늘, 시루, 별부자
펴낸이 김선식

경영총괄 김은영
책임편집 한다혜 **디자인** 윤유정 **크로스교정** 조세현, 문주연 **책임마케터** 권장규, 박지수
콘텐츠개발1팀장 임보윤 **콘텐츠개발1팀** 윤유정, 한다혜, 성기병, 문주연
마케팅본부 이주화, 정명찬, 권장규, 최혜령, 이고은, 최두영, 허윤선, 김은지, 박태준, 박재연, 박지수, 배시영, 기명리
저작권팀 한승빈, 이시은
경영관리본부 허대우, 하미선, 박상민, 윤이경, 권송이, 김재경, 최완규, 이우철
외부스태프 **교정** 김계영 **지도·그래프·표** 노경녀 **부록** 소소연

펴낸곳 다산북스 **출판등록** 2005년 12월 23일 제313-2005-00277호
주소 경기도 파주시 회동길 357 3층
전화 02-702-1724 **팩스** 02-703-2219 **이메일** dasanbooks@dasanbooks.com
홈페이지 www.dasanbooks.com **블로그** blog.naver.com/dasan_books
종이·인쇄·제본 상림문화인쇄

ISBN 979-11-306-2728-1 (03320)

• 이 도서의 국립중앙도서관 출판시도서목록(CIP)은 서지정보유통지원시스템 홈페이지(http://seoji.nl.go.kr)와 국가자료공동목록시스템(http://www.nl.go.kr/kolisnet)에서 이용하실 수 있습니다.
(CIP제어번호 : CIP2019045114)

다산북스(DASANBOOKS)는 독자 여러분의 책에 관한 아이디어와 원고 투고를 기쁜 마음으로 기다리고 있습니다.
책 출간을 원하는 아이디어가 있으신 분은 다산북스 홈페이지 '투고원고'란으로 간단한 개요와 취지, 연락처 등을 보내주세요.
머뭇거리지 말고 문을 두드리세요.